普通高等教育"十二五"规划教材

全国高等院校规划教材

U0657761

大学生性健康教育读本

◆刘文利 主编

清华大学出版社

北京

内 容 简 介

本书共分 15 章,针对中国的青年尤其是大学生所关心的一系列有关性的主题提供了必要的信息。全书从人类的生物属性、心理属性和社会属性三个角度,对大学生进行系统的性教育。以人生全程为主线,涵盖青年人成长过程中的各个方面,结合当代大学生面临的各种性困惑,对青春期的性发育、恋爱与婚姻、性行为与性反应周期、怀孕与避孕等内容进行了重点阐述。同时,结合我国国情,对于性别平等、性少数群体、性传播疾病等也进行了论述。本书供全国各高等院校学生以及从事性教育工作者使用。

图书在版编目(CIP)数据

大学生性健康教育读本/刘文利主编. --北京:清华大学出版社,2013(2025.8 重印)
普通高等教育"十二五"规划教材　全国高等院校规划教材
ISBN 978-7-302-33758-4

Ⅰ. ①大… Ⅱ. ①刘… Ⅲ. ①大学生—性教育—高等学校—教材 Ⅳ. ①G479

中国版本图书馆 CIP 数据核字(2013)第 211397 号

责任编辑:李 君 王 华
封面设计:戴国印
责任校对:刘玉霞
责任印制:杨 艳

出版发行:清华大学出版社
　　　　网　　　址:https://www.tup.com.cn,https://www.wqxuetang.com
　　　　地　　　址:北京清华大学学研大厦 A 座　　　　邮　　编:100084
　　　　社 总 机:010-83470000　　　　邮　　购:010-62786544
　　　　投稿与读者服务:010-62776969,c-service@tup.tsinghua.edu.cn
　　　　质量反馈:010-62772015,zhiliang@tup.tsinghua.edu.cn
印 装 者:三河市龙大印装有限公司
经　　销:全国新华书店
开　　本:185mm×260mm　　　　印　张:11.75　　　　字　数:290 千字
版　　次:2013 年 10 月第 1 版　　　　印　次:2025 年 8 月第 14 次印刷
定　　价:29.80 元

产品编号:048710-01

专家顾问委员会

编写委员会

主　　编　　刘文利

副主编　　（按姓氏汉语拼音排序）
　　　　　　李红艳　　李树琼　　周社刚

编　　者　　（按姓氏汉语拼音排序）
　　　　　　顾　超　　江　晖　　马春阳
　　　　　　李红艳　　刘文利　　吴　虹
　　　　　　岳　盼　　张瑞敏　　钟　瑶

PREFACE

序言一

有效的性教育可以为年轻人提供适合其年龄、符合其文化特点、同时在科学意义上又准确无误的性知识,同时也为年轻人提供各种机会,让他们探求自己的价值观,锻炼自己在性方面进行决策和知情选择的能力。有效的性教育是艾滋病预防的一个重要组成部分,是在生殖健康和艾滋病病毒的预防、治疗、关爱和支持服务等方面实现"普遍可及"这一目标的关键所在。规划和实施得当的性教育能够降低艾滋病和其他性传播感染、非意愿妊娠、性胁迫、性虐待和性剥削等风险。

让年轻人掌握正确的性知识和技能,以便为自己的人生做出负责任的选择,对这个问题各国正在给予越来越多的重视,尤其是现在的年轻人可以通过网络和其他媒体接触到大量直白的性信息的情况下。鉴于60%处于15～24岁年龄段的年轻人无法正确识别、预防艾滋病病毒传播的途径(UNAIDS,2008),我们迫切需要弥补他们在艾滋病预防知识方面的欠缺。同时,我们也迫切需要应对教育体系内基于社会性别的歧视和暴力,因为已有证据表明,世界上有大量的学生因为其实际或被怀疑具有不同的性倾向和性别身份而遭受校园暴力,从而丧失了获得良好教育的机会。

从20世纪90年代开始,中国政府就已经将年轻人的性与生殖健康作为国家计划生育工作的一个关键议题。中国的健康教育政策支持通过人体生理、心理健康、体育与健康等载体课程开展学校性教育。性教育的部分内容也通过艾滋病教育、安全教育、毒品预防教育、生活技能教育和人口教育等得以实施。特别是,包括人际关系在内的社会关系和价值观的教育被涵盖在"品德与生活"、"品德与社会"以及公民教育等相关课程中。这些努力为进一步推广综合性性教育提供了基础。然而,学校性教育的开展尚未达到普遍程度,师资力量严重不足,适合年龄和文化特点、具有科学准确性以及具有社会性别和权利视角的教学材料依然缺乏。

在此背景下,联合国教科文组织驻华代表处在2010年将《国际性教育技术指导纲要》介绍到了中国,并与北京师范大学、河南师范大学和云南师范大学合作,执行了一个名为"将全面的性教育纳入中国职前教师教育,深化中国的艾滋病教育"的试点项目。经过两年的努力，三所试点大学都开设了性教育校级公共选修课，每个学期有几百名学生受益，包括一大部分立志要成为教师的学生。同样重要的是，项目在参考《国际性教育技术指导纲要》和广泛征求教师和学生意见的基础上，开发了一系列实用的教学资源，本教材即是项目的重要成果之一。

　　这本教材针对中国的青年尤其是大学生所关心的一系列有关性的主题提供了必要的信息。我希望更多的学生和教师能够通过这本书丰富他们对性的理解。我相信，这本书能够为提高中国年轻人的健康和福祉做出有益的贡献。

辛格（Abhimanyu Singh）
联合国教科文组织驻华代表处代表

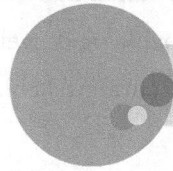

Preface

Effective sexuality education provides young people with age-appropriate, culturally relevant and scientifically accurate information. It also provides young people with structured opportunities to explore attitudes and values and to practice the skills they need to be able to make informed decisions about their sexual lives. Sexuality education is an essential element of HIV prevention and is critical to achieving universal access for reproductive health and HIV prevention, treatment, care and support. Properly designed and implemented sexuality programmes can reduce the risk of HIV and other sexually transmitted infections, unintended pregnancy, and coercive or abusive sexual activity and exploitation.

In recent years, countries are increasingly recognizing the importance of equipping young people with knowledge and skills to make responsible choices in their lives, particularly in a context where they have greater exposure to explicit material through the internet and other media. With 60% of young people aged 15～24 not able to correctly identify the ways of preventing HIV transmission (UNAIDS, 2008), there is an urgent need to address the gap in knowledge about HIV. There is also an urgent need to address gender-based discrimination and violence in educational settings, as available evidence suggests that students around the world are denied access to quality education due to bullying in schools on the basis of their actual or perceived sexual orientation and gender identity.

Since 1990s the Chinese government has recognized young people's sexual and reproductive health as a key priority in the national family planning agenda. The national policy on health education supports school-based sexuality education deliveredvia carrier subjects of biology, psychological health, physical education and health. Aspects of sexuality education are also addressed by HIV education, safety, drug prevention, life skills and population education. In particular, social relationships and values, including interpersonal relationships, are covered in "moral character and life", "moral character and society" and civic education. These efforts have laid the foundation for further promoting comprehensive sexuality education. However, school-based sexuality education has yet to become a common activity of teaching and learning in educational institutions. There is a dearth of capable and well-sensitized teachers and age-appropriate, culturally relevant and scientifically accurate teaching and learning materials with a balanced gender and rights perspective.

In the above context, UNESCO Beijing Office introduced the International Technical Guidance on Sexuality education (ITGSE) to China in 2010, through a pilot project titled "Deepening Education Response to HIV/AIDS by Integrating Comprehensive Sexuality Education into Pre-service Teacher Education in China", in collaboration with Beijing Normal University, Henan Normal University and Yunnan Normal University. As a result of our efforts over the last two years, all three universities are now able to offer an elective course on sexuality education on a continuous basis benefiting hundreds of students each semester, including a significant number of students who aim to become teachers. Equally importantly, the project resulted in a series of teaching and learning materials developed with reference to the ITGSE and through extensive consultation with students and teachers. This text book is one of the most important outputs of the project.

This text book provides essential information on a range of sexuality-related topics that are relevant to Chinese youth in general and university students in particular. I hope that more students and teachers can make use of this book to enrich their understanding about sexuality. I believe this book will contribute to improving the health and wellbeing of many young people in China.

Abhimanyu Singh

Director & Representative

UNESCO Beijing Office

序言二

性教育是一个非常重要的问题,早在20世纪60年代,周恩来总理就曾经讲过要对青少年进行性教育。其实更早一点,在我国30年代就已经有不少有识之士提倡过性教育,有过不少文章。国际上都很重视青少年的性教育。2009年联合国教科文组织和联合国儿童基金会等组织联合发布了《国际性教育技术指导纲要》。我国教育部也很重视,在三所师范大学试点实施这个纲要。去年我们在制定幼儿园、小学、中学教师专业标准的时候,《小学教师专业标准》里就特别提到性教育。我们在编写过程中大家都非常同意把这条写进去,这说明这个问题很重要,大家很重视。现在孩子成熟比较早了,从小学高年级就应该开始性教育。性教育不只是生理、生殖方面的教育,还有其他方面的教育。最近联合国教科文组织和美国布鲁金斯学会联合发布了0~19岁学生应该学什么的研究报告,每个学习阶段有七个维度,其中身体维度特别讲到性教育,在小学阶段要使学生"理解人类繁衍生育的基本概念";初中阶段讲到"理解性健康、组建家庭、怀孕和分娩的基本概念"。所以性教育是非常重要的,它关系到我们下一代健康成长,也关系到我们人类的延续问题、繁衍问题。

我们要对性教育有一个确切的定义。什么是性教育?性教育的内涵是什么?性教育不单指性生理的教育,应包括性别教育、性心理教育、性道德教育、性保护教育、家庭组织的知识等。从幼儿园就应该开始,让孩子们了解性别,男孩女孩的区别。小学开始就要让孩子了解人类繁衍的概念、男女性生理的特点、男女之间的关系等。英国小学生守则就有一条:"背心和裤衩里面不能让别人摸",这就是性保护教育。大学生已经到性成熟期,大学生对性的认识更是多方面的。但是由于我国中小学性教育的缺失,大学生的性教育变得尤为重要。对于师范生来讲就更加重要,不仅他们自身应该有这方面的知识,他们将来到中小学去当教师,要运用这些知识对青少年进行性教育。

进行性教育要有好的教材。由于我国长期对性教育缺乏应有的认识和重视,因此,老师不知道怎么入手,应该讲什么,应该怎么讲。所以编写一本大纲和教材是非常必要的。

北师大刘文利教授带领她的课题组进行了六年的探索,有丰硕的成果。刘文利老师在20世纪80年代做学生的时候就一直关注儿童性教育的问题。后来到美国留学,现在回到祖国,关心下一代健康，一直执着研究性教育方面的课题。《大学生性健康教育读本》可以说是她的团队的研究成果之一。该书内容全面、翔实，不仅可以作为大学生性教育的教材，对中小学性教育也提供了很好的教育资源。

　　我愿我国的青少年性教育普及和研究工作进一步推进，福祉我们的民族。刘文利教授诚邀我写几句话，是为序。

中国教育学会前会长

2013 年 9 月 5 日

F.ORWORD

前　言

2009 年，联合国教科文组织与联合国艾滋病规划署、联合国人口基金、联合国儿童基金会、世界卫生组织等联合发布了《国际性教育技术指导纲要》，旨在帮助各国的教育、健康及其他相关部门开发并实施以学校为基础的性教育资源和活动。

2010—2012 年，联合国教科文组织在中国开展了"将全面的性教育纳入中国职前教师教育，深化中国的艾滋病教育"试点项目，通过对《国际性教育技术指导纲要》的改编并将其整合到中国的职前教师教育中，深化中国教育部门对艾滋病的应对程度。

在教育部体育卫生与艺术教育司的建议与支持下，项目选取了三所试点师范院校，即北京师范大学、河南师范大学和云南师范大学，其中，北京师范大学在《国际性教育技术指导纲要》的改编以及课程和教育资源的开发中发挥了核心作用。在三所试点师范院校师生的通力合作下，在各学校领导的支持下，在项目专家团队的指导下，项目组顺利完成了师范院校大学生性教育现状调查、性教育的教材编写、教师培训、课堂教学和评估等各项工作，探索了将全面的性教育纳入职前教师教育的可行性和模式。

经过教师培训和课程实验，三所试点师范院校分别建立了自己的性教育教师队伍，由来自不同学科背景的教师组成，如生命科学、心理学、儿童发展、教育学、社会学、法学、公共管理、美学等，为学生开设了校级性教育公共选修课。同时，项目组开发了大学生性教育教材——《大学生性健康教育读本》，经过试用，本教材将作为大学生性教育公共选修课教材。

在项目开展和教材编写过程中，得到了以下三所试点师范院校领导和老师的大力支持。在此，一并致谢。

北京师范大学：韩震、刘复兴、韦蔚、田小刚、郑新蓉、王雁、方晓义、齐建国。

河南师范大学：黑建敏、罗建平、高中建、周社刚、张敏、纪文晓、赵晓歌、李乐。

云南师范大学：刘宗立、朱黎、师振黎、李树琼、何颖、杜敏菊、郑伟俊、查建友。

感谢北京大学的余小鸣教授和马迎华教授、中国人民大学的潘绥铭教授、中国社会科学院的卜卫教授、北京一零一中学的于惠莉老师为项目教师培训和教材编写所做的重要贡献。

感谢爱白文化教育中心和同语两所民间组织对教材的修改所给予的专业支持。

感谢联合国教科文组织驻华代表处教育项目官员比斯塔先生和李红艳女士对项目的指导。

感谢三所试点师范院校的学生对实验课程教学的支持和对教材提出的有价值的修改意见。

让我们深感荣幸的是，联合国教科文组织驻华代表处代表辛格先生和北京师范大学资深教授顾明远先生亲自为本书写序，借此机会深表感谢。

三所试点师范院校的项目团队在实践的基础上，就如何在师范院校推动性教育获得了一些经验和感悟。项目团队普遍认为，要推动性教育在大学的普及，国家必须要明确性教育课程的地位，建设综合性性教育课程体系，建立跨部门合作机制，提高教师的性教育课程开发、实施和研究能力，推动建立在证据基础上的性教育实践。联合国教科文组织表示愿意在这些方面为中国提供相应的技术支持。

《世界人权宣言》规定人人享有受教育的权利。性教育是教育的一部分，因此，人人享有性教育的权利。2010 年联合国大会第 65 次会议审议了一份关于教育权问题的特别报告，在国际人权法的框架内提出了性教育权，认为这项权利与教育权不可分割，是切实享有生命、健康、知情和不歧视等权利的关键。因此，各国必须采取尽责的行动和通过一切必要措施，确保个人从生命的最初阶段起即不受歧视地享有这种权利。

性教育对保障青少年的健康成长具有非常重要的意义。联合国教科文组织开展的试点项目初步探索了如何将全面的性教育纳入中国的职前教师教育，但是，要真正实现性教育在教师教育中的深入和普及，为中国 2 亿多中小学生提供优质的性教育师资，还需要来自政府部门、民间组织、学术团体等相关机构的持续努力。

让我们一起，为实现中国亿万青少年的性教育权利而奋斗！

水平所限，本教材中错误和不足在所难免，欢迎读者朋友不吝赐教。

主编　刘文利

2013 年 6 月

CONTENTS

目　录

性解剖和性生理 第1章

相对于人体其他器官来说，性器官的性别差异最大，也是最具有魅力的器官。不同时期、不同文化的人们对性器官的态度也是不同的，有些是保持缄默，有些是称赞歌颂，还有狂热的崇拜等，这些在文化艺术作品中都有体现。

生殖系统是人体内与生殖密切相关的器官总和。生殖系统的基本功能是产生生殖细胞，繁殖新个体，分泌性激素，形成并保持第二性征。

一、性解剖

生殖系统位于骨盆腔内。人体生殖系统有男性生殖系统和女性生殖系统两类。按生殖器官所在部位，又分为内生殖器官和外生殖器官两部分。

（一）骨盆

人体生殖系统大部分都位于盆腔内，骨盆对生殖器官起保护作用。骨盆由骶骨、尾骨及左右两块髋骨组成（图1.1）。髋骨是由髂骨、坐骨及耻骨联合组成的不规则骨骼。骨盆的关节包括耻骨联合、骶髂关节及骶尾关节。骨盆的主要韧带有骶骨、尾骨与坐骨结节间的骶结节韧带和骶骨、尾骨与坐骨棘之间的骶棘韧带。

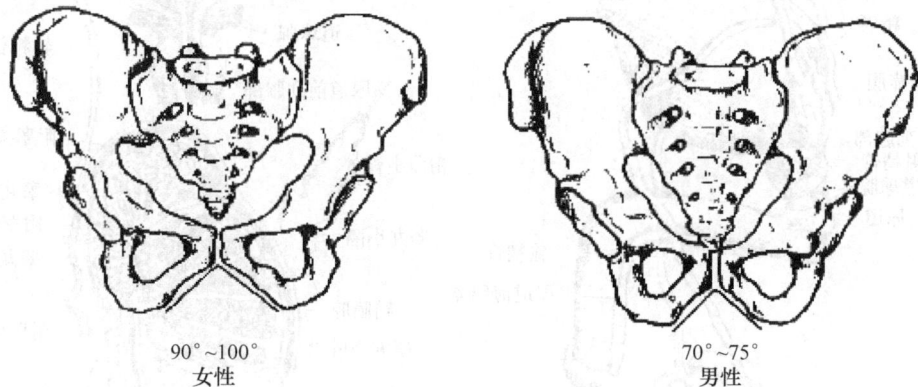

90°～100°
女性

70°～75°
男性

图1.1　骨盆

（摘自：柏树令. 2001. 系统解剖学［M］. 北京：人民卫生出版社.）

骨盆的性别差异最大，女性的骨盆较宽，耻骨下角也较大，便于妊娠和分娩；男性的骨盆较窄。

（二）男性生殖系统的结构和功能

男性生殖系统由内生殖器官和外生殖器官两部分组成。内生殖器官包括睾丸、附睾、输精管、射精管、精囊、尿道球腺、前列腺，外生殖器官包括阴茎和阴囊（图1.2）。

1. 男性内生殖器官   男性内生殖器官包括一对睾丸，储存、运送精子的管道系统（附睾、输精管、射精管）和附属腺（前列腺、精囊、尿道球腺）。

1）睾丸（testis, testicle）：睾丸是男性生殖腺，位于阴囊内，左右各一，一般左侧略低于右侧。睾丸呈微扁的椭圆形，表面光滑，分内、外侧两面，前、后两缘和上、下两端。其前缘游离；后缘有血管、神经和淋巴管出入，并接触附睾和输精管的睾丸部。睾丸的上端和后缘被附睾头遮盖，下端游离。外侧面较隆凸，内侧面较平坦。睾丸随性成熟而迅速生长，至老年随着性功能的衰退而萎缩变小。

睾丸的主要功能是产生精子和分泌雄性激素。睾丸表面有一层坚厚的纤维膜，称为白膜。沿睾丸后缘白膜增厚，凸入睾丸内形成睾丸纵隔。从纵隔发出许多睾丸小隔，将睾丸实质分成100～200个睾丸小叶。其中，每个小叶内含有2～4条弯曲细长的生精小管（又称精曲小管），生精小管的上皮能产生精子。小管之间的结缔组织内有分泌雄性激素的细胞。生精小管在近睾丸纵隔处变为短而直的精直小管。精直小管进入睾丸纵隔交织成睾丸网。

2）附睾（epididymis）：附睾紧贴睾丸的后外侧，呈新月形，可分为头、体、尾三部分。头部由睾丸输出小管组成，体部和尾部由附睾管组成。附睾管的末端向上弯曲直接延续成为输精管。附睾管除暂时储存精子外还能分泌附睾液，其中含有某些激素、酶和特异的营养物质，它们有助于精子的成熟。在射精时，附睾上的平滑肌剧烈收缩，将精子从附睾尾部排出，送到输精管（图1.3）。

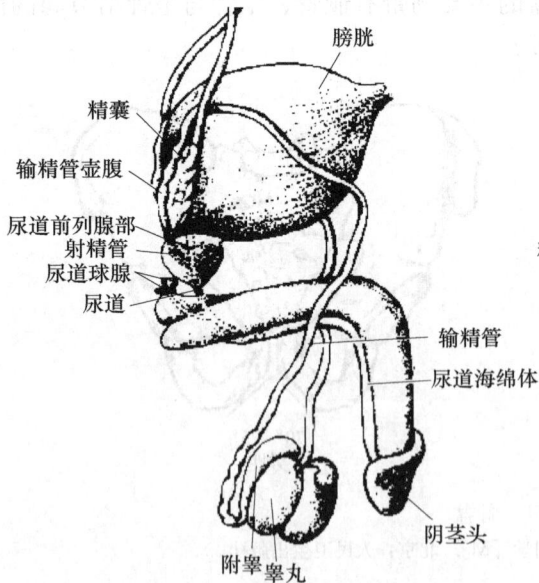

图1.2   男性生殖系统

（摘自：《中国性科学百科全书》编辑委员会，中国大百科全书出版社编辑部. 2006. 中国性科学百科全书［M］. 北京：中国大百科全书出版社.）

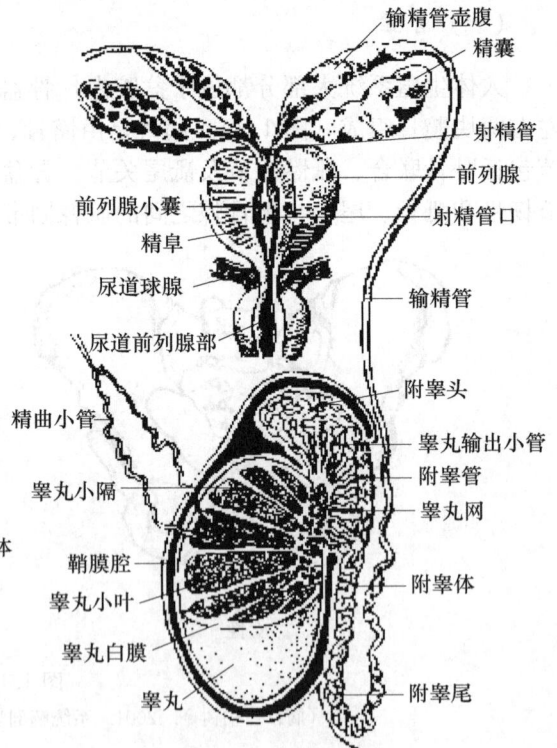

图1.3   睾丸与附睾模式图

（摘自：柏树令. 2001. 系统解剖学［M］. 北京：人民卫生出版社.）

3）输精管（vas deferens）：输精管是连接附睾管和射精管的通道。左右各一、每管长40～50cm。输精管主要作用是输送精子。输精管从阴囊部向上穿行进入腹腔，根据经过部位，一般把输精管分为睾丸部、精索部、腹股沟管部和盆部。输精管睾丸部最短，质地较硬，可用手直接触及，是进行结扎绝育手术的目标。输精管被阻断后，仅表现为精液内无精子，性交中仍有性高潮和射精活动。输精管末端呈梭形膨大的部位称输精管壶腹，在膀胱底部输精管壶腹的末端变细，在前列腺上缘与精囊的排泄管汇合形成射精管。射精管很短，直行穿过前列腺，开口于尿道。

4）射精管（ejaculatory duct）：射精管是精囊的排泄管与输精管汇合而成的肌性管道。位于膀胱底部，贯穿前列腺，左右各一，开口于尿道前列腺部。射精管长1～2cm，完全包埋在前列腺内，平时呈闭合状态，性高潮时出现节律性强烈收缩，促使附睾尾部、输精管的精子和精囊腺分泌物喷出于后尿道。

5）附属腺：男性有三种附性器官也参与精液的生产，分别是前列腺、精囊和尿道球腺。

（1）前列腺（prostate）：前列腺是男性特有的，不成对的性腺器官。前列腺外形微扁，底朝上而尖向下，犹如栗子。前列腺大小约4cm×3cm×2.5cm，重8～20g。前列腺位于膀胱出口，前面贴耻骨联合，背面与直肠仅有一层筋膜相隔，所以临床可做直肠指诊，触及前列腺的背面。前列腺分泌的前列腺液是精液中精浆的成分之一，含有多种成分，其中有蛋白分解酶、锌离子和枸橼酸等。前列腺液还含有前列腺特异抗原，是一种特异蛋白。

前列腺腺体的中间有尿道穿过，50岁以上的男性，尿道周围的前列腺常有不同程度的增生，也称良性前列腺肥大，严重时压迫尿道，造成排尿困难。

（2）精囊（seminal vesicle）：精囊位于前列腺后上方、输精管壶腹外侧和膀胱底与直肠之间。有两个囊，左右各一，由蟠曲的管道组成，其排泄管与输精管壶腹的末端合成射精管。在雄性激素刺激下，精囊分泌弱碱性的淡黄色液体，内含果糖、前列腺素等成分。果糖为精子的运动提供能量。

（3）尿道球腺（Cowper's gland，也称库柏腺）：尿道球腺是一对豌豆大的圆形小腺体。腺体的排泄管细长，开口于尿道球部。其分泌物为清亮而黏稠的液体。通常，这些分泌液的量很少，无法作为性交的润滑剂。由于尿道球腺分泌液中含有少量精子，因此，为避孕而在性交中使用避孕套时，男性应该在阴茎插入女性阴道前就戴上避孕套，而不是在射精前才戴避孕套。

2. 男性外生殖器官 男性外生殖器官包括阴茎和阴囊。

1）阴茎（penis）：阴茎是男性性交及排出尿液、精液的器官，可分为头、体和根三部分。阴茎由三个平行的海绵体构成，分别是两条阴茎海绵体和一条尿道海绵体。尿道贯穿阴茎，负责排出尿液和精液（图1.4）。每个阴茎海

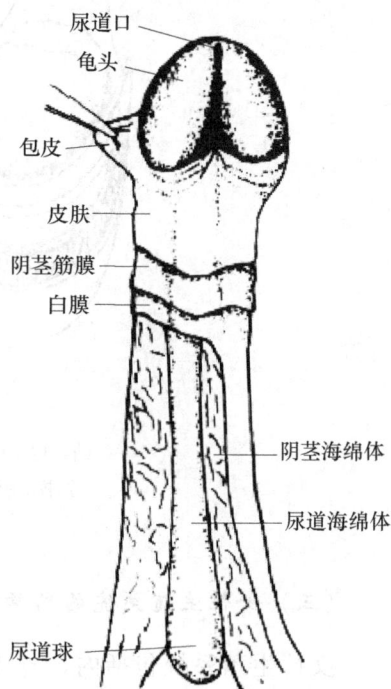

尿道口
龟头
包皮
皮肤
阴茎筋膜
白膜
阴茎海绵体
尿道海绵体
尿道球

图1.4 阴茎解剖面
（摘自：《中国性科学百科全书》编辑委员会，中国大百科全书出版社编辑部. 2006. 中国性科学百科全书 [M]. 北京：中国大百科全书出版社.）

绵体被纤维膜包裹。勃起时，尿道海绵体在阴茎腹侧突出，形成特征性的隆起部。

阴茎平滑、圆形的头部称为阴茎头［glans，或称龟头（acorn）］。阴茎头完全由尿道海绵体的游离末端组成。阴茎头有丰富的神经，十分敏感。阴茎头的尖端有尿道口。阴茎皮肤薄而柔软，以适应阴茎勃起时皮肤的扩张。阴茎皮肤在阴茎颈的前方呈双层游离皱襞，包绕阴茎头，称为阴茎包皮（prepuce，或 foreskin）。阴茎头冠和颈部的小腺体可产生一些松软的豆腐渣样的物质，称包皮垢（smegma）。包皮垢有特殊的气味，但无生理作用。

包绕着阴茎根部的肌肉主要与排尿、射精有关，在勃起上不具有什么作用。

2）阴囊（scrotum）：阴囊位于阴茎后下方，为多层的囊袋状结构，其皮肤颜色较身体其他部位更为深暗，有大量的汗腺。阴囊由两个独立的腔室组成，各含有睾丸（testicle）和精索（spermatic cord）（图1.5）。一般情况下，睾丸在出生前后降入阴囊。若在出生前后睾丸仍未降入阴囊，称为隐睾。隐睾会影响生殖能力，甚至可能发生恶变，需要及时手术。精索从阴囊通过腹壁斜行的腹股沟管进入腹腔。精索内含有输精管、血管、神经和肌纤维。肌纤维收缩时精索缩短，睾丸上提，此过程是性唤起的重要特征。

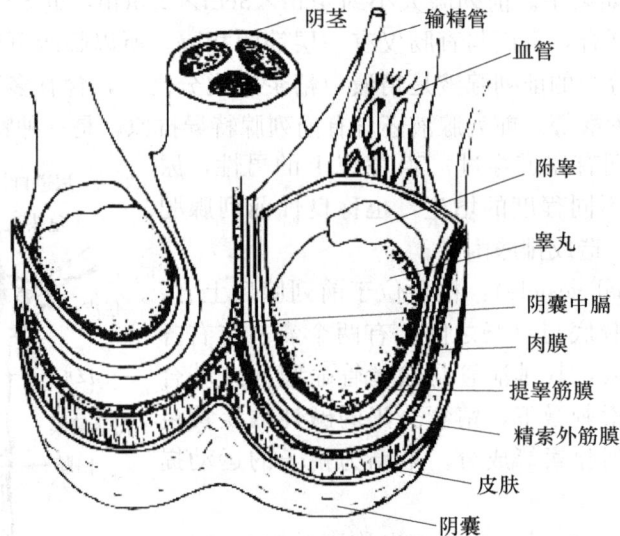

图 1.5　阴囊

（摘自：《中国性科学百科全书》编辑委员会，中国大百科
全书出版社编辑部. 2006. 中国性科学百科全书［M］.
北京：中国大百科全书出版社.）

（三）女性生殖系统的结构和功能

女性生殖系统包括内、外生殖器官及其相关组织（图1.6）。

1. 女性外生殖器官　女性外生殖器官指生殖器官外露的部分，总称为外阴（vulva，意为"覆盖"），包括阴阜、大阴唇、小阴唇、阴蒂、阴道前庭。女性外生殖器官是女性进行性活动的重要器官，是接受性刺激的感受器，亦是性兴奋的表达部位（图1.7）。

1）阴阜（mons pubis，也叫 monsveneris，意为"维纳斯丘"）：阴阜为耻骨联合前方隆起的圆形脂肪组织。青春期后，阴阜覆盖有阴毛。阴毛呈倒三角形分布，其疏密和颜色因人而异。阴阜也是女性外生殖器官中最易窥见的部分。它对性刺激有相当强烈的反应。

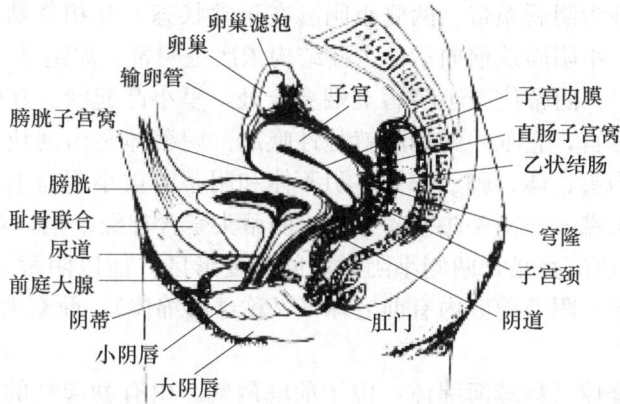

图 1.6　女性生殖系统

（摘自：《中国性科学百科全书》编辑委员会，中国大百科全书出版社编辑部．2006．中国性科学百科全书［M］．北京：中国大百科全书出版社．）

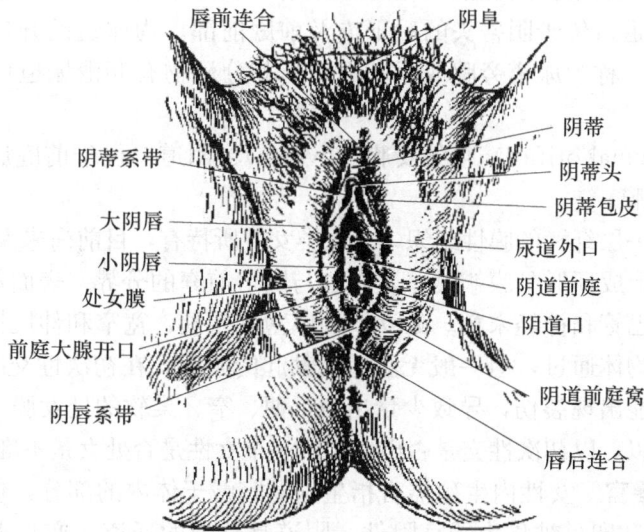

图 1.7　女性外生殖器官

（摘自：柏树令．2001．系统解剖学［M］．北京：人民卫生出版社．）

2）大阴唇（labium majus）：大阴唇为一对隆起的皮肤皱襞，起自阴阜，向后延至会阴。大阴唇在外形上个体间差异很大，有的呈扁平状，在浓密的阴毛遮掩下几乎看不见；有的丰满隆起，互相靠近，使女性生殖器官处在关闭状态。大阴唇之间的间隙称为外阴裂（pudendal cleft），只有将大阴唇分开时才能看到此裂隙。

大阴唇的外侧面肤色较深，青春期后长出阴毛，内含皮脂腺和汗腺；大阴唇的内侧面平滑、湿润、无毛。皮下含有平滑肌纤维、神经、丰富的血管和淋巴管，外伤后容易形成血肿。

3）小阴唇（labium minus）：小阴唇为位于大阴唇内侧的一对皮肤皱襞，表面湿润、色褐、无毛，富含血管和神经末梢，极为敏感。两侧小阴唇上端相互融合，再分为两叶，包绕阴蒂，前叶形成阴蒂包皮，后叶形成阴蒂系带。小阴唇的后端与大阴唇的后端相会合，在正中线形成皮肤皱襞，称为阴唇系带。两侧小阴唇在正常状态下互相紧贴，对尿道口及阴道口起到封闭、保护作用。小阴唇从前向后的主要结构依次是阴蒂、尿道外口、阴道口。

4）阴蒂（clitoris）：阴蒂位于小阴唇上端会合处，呈小凸起状。在整个女性解剖结构中是一个神奇而独特的器官，它唯一的功能就是性唤起。阴蒂体是由两块具有勃起性的海绵体组织组成。阴蒂可分为头、体、脚三部分。阴蒂体和阴蒂脚被小阴唇上半部的皮肤皱襞所覆盖，只有游离圆形的末端——阴蒂头暴露在外。阴蒂头富含神经末梢，对性刺激敏感。

5）阴道前庭：阴道前庭是指两侧小阴唇之间的菱形区，前以阴蒂为界，两侧为小阴唇，后面则以阴唇系带为界。阴道前庭内有前庭球（又称球海绵体）、前庭大腺、尿道口、阴道口与处女膜。

（1）前庭球：前庭球又称球海绵体，位于前庭两侧。由有勃起性的静脉丛构成。其前部与阴蒂相接，后部与前庭大腺相邻，浅层为球海绵体肌覆盖。

（2）前庭大腺（major vestibular gland）：前庭大腺位于两侧大阴唇下端，深层的一对黄豆大小的腺体，又称巴氏腺。其腺管细长，1～2cm，开口于前庭下端小阴唇与处女膜交界的沟内，表面被球海绵体肌覆盖。正常状态时，不能触及此腺体。当腺体感染、发炎时，腺管口容易闭塞，形成脓肿或囊肿，如治疗不彻底，炎症反复发作，需手术摘除囊肿或进行切开引流术。

（3）尿道口：尿道口位于阴蒂头的后下方及前庭前部。为尿道的开口，略呈圆形。其后壁上有一对并列腺体，称为尿道旁腺或斯基恩腺，其分泌物有润滑尿道口的作用，是细菌容易潜伏的场所。

（4）阴道口（vaginal orifice）与处女膜（hymen）：阴道口位于前庭后部，周围覆着一层较薄的皱襞，为处女膜。

处女膜是阴道口一层纤嫩的膜性组织，为人类女性所特有，目前尚未发现有任何生理功能。处女膜呈嵴状隆起，形成环形黏膜皱襞，是阴道与阴道前庭的分界。表面覆以鳞状上皮，黏膜下有丰富的血管、淋巴管和神经末梢。处女膜的厚薄、软硬、宽窄和伸展性因人而异。多数处女膜孔可容手指大小物体通过，但一般无法适应勃起的阴茎。在初次性交时，那种宽、厚和缺乏伸展性的处女膜可能出现裂伤，导致少量出血；薄、窄、柔软的处女膜不一定在初次性交时伴有裂伤或出血。所以，以初次性交是否出血判断一个女性是否处女是不准确的。

2. 女性内生殖器官 女性内生殖器官指生殖器官藏于体内的部分，包括阴道、子宫、输卵管和卵巢。输卵管和卵巢被称为子宫附件。阴道是分娩的通道，亦是人类性交的器官。阴道在接受性刺激后有特定的性反应模式。子宫是孕育胎儿的主体，是女性内分泌周期性改变的表达器官，亦是盆底支持组织的重要组成部分。

1）阴道（vagina）：阴道是女性性交器官，以及月经经血排出与胎儿娩出的通道。阴道位于真骨盆下部中央，是一个呈上宽下窄的管道。上端包围子宫颈，下端开口于阴道前庭后部。阴道壁由黏膜、肌层和纤维组织膜构成，有很多横纹皱襞，故有较大的伸展性。阴道壁富含静脉丛，所以，损伤后容易出血或形成血肿。

2）子宫（uterus，也叫 womb）：子宫位于盆腔中央，前有膀胱、耻骨，后有直肠、骶骨。有四对韧带附着在子宫上，维持子宫的高度和前倾位置。有一对输卵管附在子宫上方两侧。阴道接于子宫下口。子宫像一个倒置的鸭梨。未生育过的女性的子宫颈管内径只有火柴杆粗细。管的内口连着子宫腔，外口开向阴道。子宫由四部分组成：子宫底（fundus）、子宫体（body）、子宫峡部（cervical canal）和子宫颈部（cervix）（图1.8）。

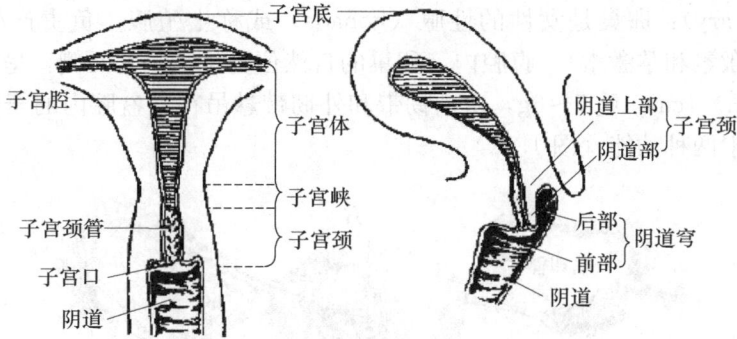

图 1.8　子宫的分布

（摘自：柏树令. 2001. 系统解剖学［M］. 北京：人民卫生出版社.）

　　子宫底为双侧输卵管开口以上的圆形子宫部分。子宫体则是子宫的主体部分。子宫峡部是子宫颈阴道上部与子宫体相接的狭细部分。子宫颈的下部突入阴道内称阴道部。子宫壁分三层，内层是黏膜层，也称子宫内膜，富含血管。这是胚胎成长的地方。其结构在女性一生中（青春前期、生育期、绝经期）有不同的变化，并且子宫内膜也随月经周期而改变。

　　3）输卵管（fallopian tubes）：输卵管是子宫与卵巢间成对的细长而弯曲的肌性管道。它接受卵巢排出的卵细胞，并将卵细胞输送入子宫。输卵管是卵细胞受精的场所，也是向子宫腔运送受精卵的管道。输卵管内侧与子宫角相连，外端则游离呈伞状。全长 8～14cm，官腔很细而且长满纤毛。输卵管距子宫由近而远分为四部分：① 埋藏在子宫角肌肉中的间质部；② 最细的峡部；③ 最粗的壶腹部；④ 最远端的伞端。卵巢位于输卵管的后下方。当卵细胞移动到远端 1/3 的壶腹部时，因管腔变粗，上述三项动力减弱，卵细胞暂停于此，受精就在壶腹内完成（图 1.9）。

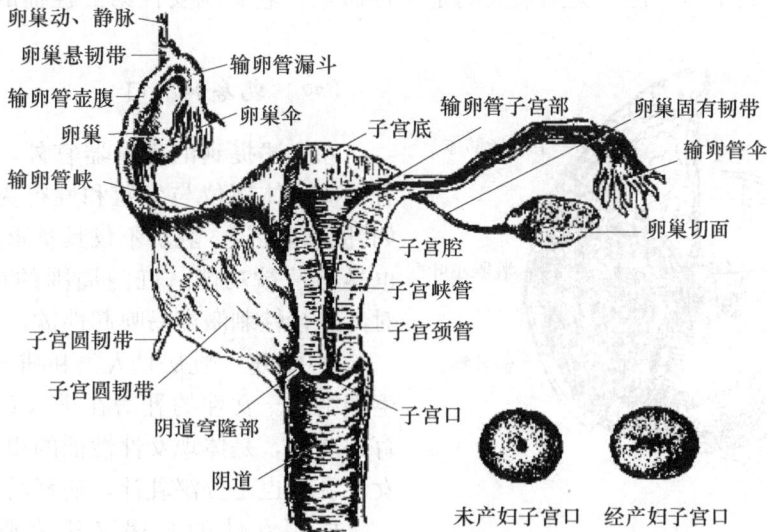

图 1.9　子宫与输卵管

（摘自：柏树令. 2001. 系统解剖学［M］. 北京：人民卫生出版社.）

4）卵巢（ovary）：卵巢是女性的性腺（gonads）或称生殖腺，负责产生卵细胞（ova）和性激素（雌性激素和孕激素）。腹腔内，卵巢的自然位置位于子宫两侧，呈垂直位。成人卵巢约为 4cm×3cm×1cm，重 5～6g；由内韧带和外韧带悬吊在骨盆腔内的子宫外上方。卵巢有排卵及分泌激素两种功能（图 1.10）。

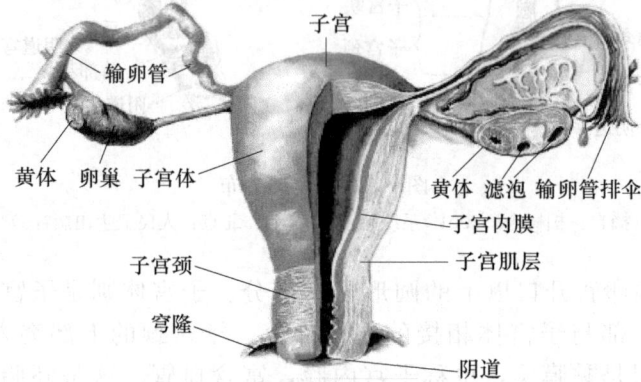

图 1.10　子宫、卵巢正视图
（摘自：《中国性科学百科全书》编辑委员会，中国大
百科全书出版社编辑部. 2006. 中国性科学百科全书［M］.
北京：中国大百科全书出版社.）

从青春期开始到绝经前，卵巢在形态和功能上发生周期性变化，称为卵巢周期。卵巢周期也是卵泡的发育和成熟、排卵、黄体形成及退化的过程。成熟女性每月排卵 1 个。卵泡中主要是清液，液中富含性激素，并有 1 个卵细胞。排卵时卵泡破裂，卵细胞和卵泡液溢出。卵巢本身无管道与外界直接相通。临近排卵时，输卵管伞端扣在卵泡上，卵细胞一排出就被拾进输卵管中。卵泡壁细胞负责产生性激素。女性也分泌少量雄性激素，但主要是分泌雌性激素和孕激素。其中与"性"关系最大的是雌性激素，它影响女性第二性征的发育成熟和性功能运行。

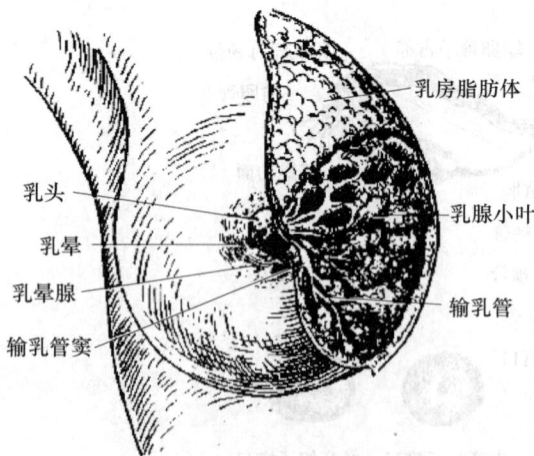

图 1.11　成年女性乳房正面
（摘自：柏树令. 2001. 系统解剖学［M］.
北京：人民卫生出版社.）

（四）乳房和肛门

除上述提到的生殖器官外，男性、女性还有一些身体部位与生殖和性行为息息相关。比如乳房和肛门。乳房不仅具备重要的泌乳功能，也具有情欲功能；肛门周围的皮肤十分敏感，对其进行性刺激容易唤起性欲。

1. 乳房　乳房是人类和哺乳类动物特有的生理结构。女性的乳房在进入青春期后迅速发育并变大，是体现女性性征的重要器官。同时，女性乳房也是分泌乳汁，哺育后代的器官。

成年女性的乳房又称乳腺，富有弹性，呈半球形（图 1.11）。乳房由皮肤、皮下脂肪组织、纤维组织和 15～25 个乳腺叶（其又分为若干个乳腺小叶）组成。每个乳腺叶都有一个输乳管。乳房中央有乳头，乳头的周围皮肤色素较多，形成一圈颜色较深的皮肤，即乳晕。乳晕表面有很多小隆起，深面是乳晕腺。乳晕腺的作用是分泌脂性物质润滑乳头。当女性怀孕时，在雌性激素、孕激素及催乳激素的作用下，乳腺腺体迅速增生，乳腺小叶中的腺泡开始分泌乳汁。断乳后，随着催乳激素水平的下降，乳房回到泌乳前状态。乳房的大小是由遗传因素决定的，与乳汁的产量无关。

乳头富含神经纤维，很敏感。在性接触中，刺激乳房能带来强烈的享受。同样，没有研究证明乳房的大小与性兴奋的体验有关。

一般提及乳房，总是和女性联系在一起。但实际上男性也有乳房的基本结构，也有乳头、乳晕、皮下脂肪以及腺体组织，只是男性乳房不太发达。倘若给予男性足够的雌性激素，他们的乳房也会像女性一样发育。刺激一些男性的乳头会带来性唤起，但这种现象并不会在每个男性身上出现。

2. 肛门　肛门主要的生理作用是排便。肛门周围的肌层主要由内括约肌和外括约肌构成。内、外括约肌使肛门保持紧闭。肛交中，对肛门入口的插入动作会带来快感。由于男性直肠的前面是前列腺，因此，刺激该部位可产生很强的快感。此外，男性、女性都可以通过肛门享受性的体验。

二、性生理

生殖系统中的各器官是如何运作的，女性的月经周期是如何形成的，男性的精液是怎样产生的，都是性生理所涉及的范围。

（一）生殖激素

目前认为，激素（hormone）是内分泌腺或器官组织的内分泌细胞所分泌，以体液为媒介，在细胞之间递送调节信息的高效能生物活性物质。性腺激素主要由性腺，也就是睾丸和卵巢分泌的甾体激素，肾上腺皮质也有少量的分泌。睾丸分泌的激素一般被称为雄性激素，卵巢分泌的激素一般被称为雌性激素。雄性激素和雌性激素在男性、女性体内都存在，化学结构也类似，只是浓度有所不同。

1. 雌性激素　雌性激素主要由卵巢分泌，包括雌二醇、雌酮和雌三醇。其中，雌二醇的活性最强，雌三醇的活性最弱。

简单地说，雌性激素的合成分为两个步骤，先由卵泡的内膜细胞生成雄性激素，再由颗粒细胞生成雌性激素。

雌性激素可促进女性生殖器官的发育并维持其正常生理功能，主要表现在促进卵泡发育和成熟，同时也是排卵不可缺少的调节因素。雌性激素可促进子宫的发育，使子宫内膜发生增生期变化。雌性激素还能使阴唇发育丰满，加深阴唇色素沉着。

雌性激素也具有促进女性第二性征出现的作用，包括促进乳房的发育，产生乳晕；促使脂肪在乳房和臀部等部位沉积；促进腋下和阴阜出现毛发。

雌性激素还可广泛影响代谢过程，能促进骨骼的同化作用，致长骨生长，使女孩在青春期早期的生长速度比男孩快。同时，血液中雌性激素升高又加速骨骺闭合，使女孩的生长停滞年龄比男孩早。另外，雌性激素对蛋白质、脂肪、水盐代谢都能产生一定影响。

2. 孕激素　孕激素也由卵巢分泌，主要有孕酮、20α-羟孕酮和17α-羟孕酮，其中，孕酮的活性最强。排卵后黄体细胞分泌大量的孕酮。妊娠两个月左右，胎盘开始合成大量孕酮。

孕激素的生理作用不如雌性激素广泛，由于孕酮受体的数量受雌性激素调节，所以孕激素的作用建立在雌性激素作用之上。

孕酮可使增生期的子宫内膜进入分泌期，为受精卵着床提供适宜的环境。此外，孕酮可抑制子宫的运动，有利于受精卵的着床和保胎。孕酮在雌性激素作用下，还可促进乳腺腺泡的发育和成熟，为乳房泌乳做准备。

3. 雄性激素　雄性激素不是男性特有激素，女性体内也有分泌。女性体内的雄性激素量较少，主要由卵泡内膜细胞和肾上腺皮质网状带细胞产生。男性体内的雄性激素主要由睾丸间质细胞分泌，肾上腺皮质也会释放少量的雄性激素。

雄性激素主要有睾酮、脱氢表雄酮、雄烯二酮和雄酮等几种，其中睾酮的生物活性最强。睾酮是睾丸间质细胞线粒体内的胆固醇经羟化、侧链裂解后形成孕烯醇酮，再经17α-羟化脱去侧链形成。睾酮进入靶组织后可转变为双氢睾酮，双氢睾酮的活性强于睾酮。

雄性激素不仅促进男性性行为，对于胎儿的性分化也有重要作用。它们可诱导含 Y 染色体的胚胎向男性分化，并促进男性生殖器官的发育。其中，双氢睾酮促进男性前列腺与外生殖器官的形成，睾酮促进附睾、输精管和精囊腺的形成。

睾酮转变为双氢睾酮后，通过对曲细精管的作用而促进生精细胞分化和维持生精。

男性第二性征的出现和发育也离不开睾酮的作用。青春期时，随着睾酮分泌的增加，能促进男性腋下、阴部的毛发生长；能促进阴茎、阴囊长大，阴茎具备勃起功能；能促进前列腺和精囊腺开始发育。

在代谢方面，睾酮也具有一定作用。它能促进蛋白质，尤其是肌肉与生殖器官蛋白质的合成。无论男性、女性，睾酮都具有促进骨骼生长的作用。同时，睾酮还可以促进红细胞生成，以及钙、磷的沉积。

睾酮也是维持女性正常性功能的重要激素，适量的雄性激素也可以促进女性性欲，还可以刺激女性腋毛和阴毛的生长。

4. 抑制素　睾丸和卵巢还可以产生一种激素，叫抑制素。抑制素可抑制促卵泡激素（follicle-stimulating hormone，FSH）的合成与释放，而 FSH 主要作用于卵巢的颗粒细胞和睾丸曲细精管的支持细胞，在精子的成熟以及卵泡的发育、成熟过程中都起着重要的作用。

除以上介绍的几种性腺激素外，还有一些激素，比如黄体生成素（luteinizing hormone，LH）、人绒毛膜促性腺激素（human chorionic gonadotropin，HCG）、促性腺激素释放激素（gonadotropin releasing hormone，GnRH）和催乳素（prolactin，PRL）等激素，对男性、女性的生殖系统生理功能都具有一定的作用。

（二）生殖细胞的发生和形成

男性、女性的生殖系统有一个共同的功能，就是生产生殖细胞，即精子和卵细胞。精子和卵细胞各自具有特定的功能，是完全不同的细胞，它们的生成过程也很不一样。

1. 精子的发生和形成 精子发生是指精原细胞形成精子的过程。精子是在睾丸内生成的，主要经历三个阶段：第一阶段，精原细胞经过增殖、分裂转变为初级精母细胞（内含 46 条染色体）；第二阶段，每个初级精母细胞经过减数分裂成为两个次级精母细胞（内含 23 条染色体）；第三阶段，每个次级精母细胞又分化为两个精子细胞（内含 23 条染色体）。从一个未成熟的生殖细胞即精原细胞演变为成熟精子的周期为 64～72 天。这种周期循环是不断的。随后，精子在附睾内停留 19～25 天进一步成熟，获得运动的能力（图 1.12）。

在显微镜下，精子形似蝌蚪。成熟的精子可分为头部、中段、尾部（图 1.13）。精子的头部呈卵圆形，其中有一个高度浓缩的细胞核，内含染色体。细胞核的前 2/3 有顶体覆盖。精子的尾部是运动装置，通过尾部的鞭样运动使精子活动。

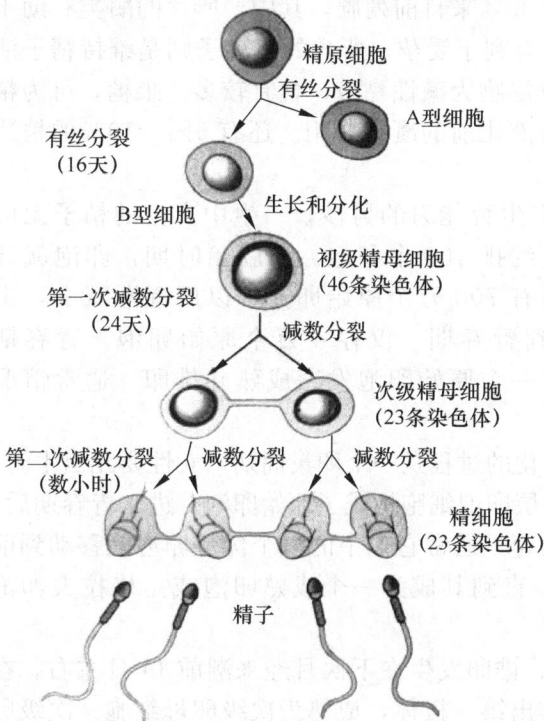

图 1.12 精子发生

（摘自：威廉·L. 雅博，芭芭拉·W. 萨亚德，
布莱恩·斯特朗，等. 2012. 认识性学 [M].
爱白文化教育中心，译. 北京：世界图书出版公司.）

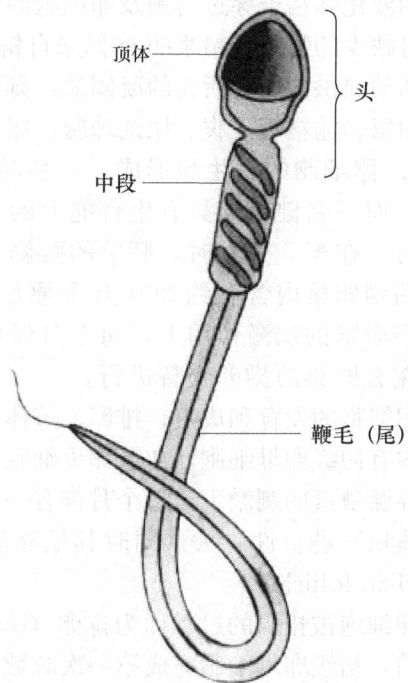

图 1.13 精子

（摘自：威廉·L. 雅博，芭芭拉·W. 萨亚德，
布莱恩·斯特朗，等. 2012. 认识性学 [M].
爱白文化教育中心，译. 北京：世界图书出版公司.）

由精曲小管内产生的精子，还缺乏自主向前运动及受精的能力。因此，精子随液流经睾丸管道流入附睾并在附睾得以完全成熟，同时获得运动的能力。然后，精子通过输精管到达射精管。在射精的过程中，精子与精囊和前列腺中的分泌物混合，成为精液。*

---

* 前列腺分泌物中富含酸性磷酸酶（acid phosphatase）。阴道中的这种物质通常被用作法定断定性交的推断证据（例如，在强奸案例中）。

这些分泌物提供营养物质和介质，以增强精子的流动能力。最后，精液通过输精管，由尿道口排出。

2. 精液与精浆   射出的精液大部分来自精囊和前列腺（精液的特殊气味源于两者的分泌物）。精液呈白色，半凝胶状；但短时间内重复射精，精液会变得越来越稀薄。精液暴露于空气中会凝固。精液凝固 10～30 分钟后，由凝胶状又变成液状的过程，称精液的液化。精液由精子和精浆组成。其中，精浆占 95% 以上，精子占不到 1%。

精子个头很小（约 $60\mu m$ 长），但数量众多，每毫升精液中含有 1 亿～3 亿个精子。精子由睾丸产生，并需要在附睾中停留 5～25 天才逐渐发育成熟。随着精子的不断产生，精子定时向外排出。精液分析是男性不育症诊断的基础检查。一般正常成年男性每次射精的精液量为 2～6ml，平均 3ml；pH 为 7.0～7.8；在室温中放置 30 分钟内液化；精子存活率大于 50%；正常形态精子占 66%～88%。

精浆指各附属性腺分泌物的混合体。精浆的 30% 来自前列腺，其中，所含的酶类有助于精液的液化和精子穿过宫颈及卵细胞的透明带，有利于受孕；所含的锌离子则是维持精子活动不可缺少的物质。精浆的 60% 来自精囊，其分泌物为碱性黏液，含有较多的果糖，可为精子的活动提供能量。所含的凝固酶，则参与精液液化前的凝固作用。还有 5%～10% 的精浆来自附睾、输精管壶腹、尿道球腺、尿道旁腺等。

3. 卵细胞的发生和形成   一名健康的具有生育能力的男性，一生中产生的精子无可计数。而一名健康的具有生育能力的女性一生约排 400 个卵泡。在胚胎时期，卵泡就开始发育。在第 5 个月时，胚胎的两侧卵巢大概有 700 万个原始卵泡，以后逐渐减少，出生时两侧卵巢内含有约 200 万个原始卵泡。到青春期，仅存 4 万个原始卵泡。青春期后，在激素的刺激作用下，每个月经周期会有一个原始卵泡发育成熟并排卵。通常情况下，左右卵巢的排卵交替进行。

卵细胞的发育和成熟、排卵、黄体形成及退化的过程是一个卵巢周期。女性婴儿出生时，卵巢内有初级卵母细胞，初级卵母细胞和周围一层卵泡细胞构成了原始卵泡。进入青春期后，在促性腺激素的刺激下，每个月都有一群卵泡发育。通常它们中的一个优势卵泡能移动到前部，体积呈进行性膨大（同时其他卵泡退化），直到其成为一个成熟卵泡或是格拉夫卵泡（Graafian follicle）。

卵细胞被排出的过程称为排卵（ovulation）。排卵发生在下次月经来潮前 14 日左右。在排卵前，初级卵母细胞完成第一次减数分裂，排出第一极体，成熟为次级卵母细胞。次级卵母细胞迅速进入第二次减数分裂，并停滞在分裂中期。排卵时，成熟卵泡破裂，次级卵母细胞从卵巢排出。若次级卵母细胞受精，则继续完成第二次减数分裂。

4. 卵细胞历程   前面提到，进入青春期后，在激素的作用下，每次月经周期都会排卵。在排卵时，卵泡通过卵巢表面，最后卵泡壁破裂，出现排卵。此后，次级卵母细胞自卵泡内游离，漂浮在液体中。在液流中，由于输卵管伞端的蠕动作用，次级卵母细胞被带入输卵管，剩余的卵泡壁后来成为黄体（corpus luteum）。

卵细胞经过大约 $15\mu m$ 长而狭窄的输卵管缓慢游向子宫，历时 3 天（图 1.14）。与精子不同的是，卵细胞缺乏自主运动的能力，它完全依赖于输卵管上皮细胞的纤毛运动，纤毛细胞向子宫方向摆动，从而将卵细胞推向子宫。卵细胞如未受精，则在随后的月经中排出。

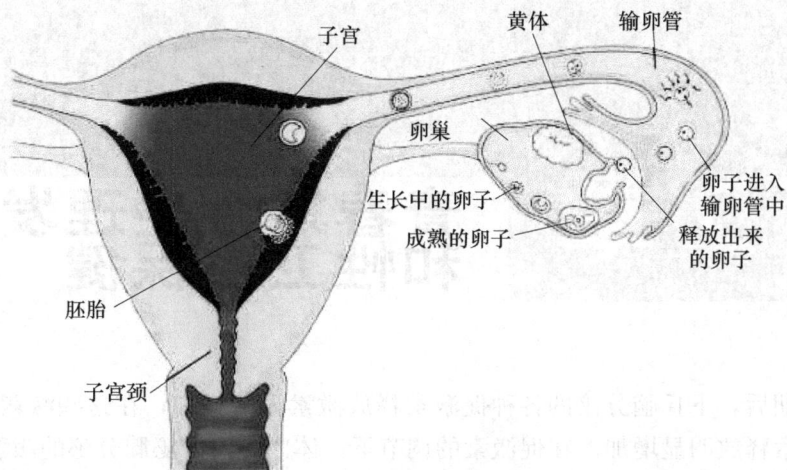

图 1.14　女性排卵过程

（摘自：黄体素完全解读. 专业妇女营养健康咨询网，

http://www.healthwomen.com.tw/lh.htm，2010-03-30.）

参 考 文 献

柏树令. 2001. 系统解剖学 ［M］. 北京：人民卫生出版社.

陈守良. 2005. 人类的性、生育与健康 ［M］. 北京：北京大学出版社.

贺兰特·凯查杜里安. 2009. 性学观止 ［M］. 胡颖翀，译. 6 版. 北京：世界图书出版公司.

乐杰. 2008. 妇产科学 ［M］. 7 版. 北京：人民卫生出版社.

司徒仪. 2003. 中西医结合妇产科学 ［M］. 北京：科学出版社.

威廉·L. 雅博，芭芭拉·W. 萨亚德，布莱恩·斯特朗，等. 2012. 认识性学 ［M］. 爱白文化教育中心，
　　译. 北京：世界图书出版公司.

《中国性科学百科全书》编辑委员会，中国大百科全书出版社编辑部. 2006. 中国性科学百科全书 ［M］. 北
　　京：中国大百科全书出版社.

邹仲之. 2001. 组织学与胚胎学 ［M］. 北京：人民卫生出版社.

第2章 青春期性生理发育和性卫生保健

进入青春期后，下丘脑分泌的各种促激素释放激素显著增加，在这些激素的作用下，腺垂体各种促激素释放明显增加。在促激素的调节下，体内各内分泌腺分泌的激素也随之增加，如性激素、甲状腺素、肾上腺素等均维持在较高水平，进而促进各器官和性征的发育。相应地，日常生活中要注意生殖器官的卫生保健，预防或减少疾病的发生。

一、青春期性生理发育

青春期发育指儿童向成人过渡、以性发育为突出表现的发育阶段。生殖系统是全身各系统中最后发育的一个系统，在 10 岁以前发育缓慢，进入青春期后快速发育，并逐渐趋向成熟，具备了繁衍后代的能力。世界卫生组织（World Health Organization，WHO）专家建议的青春期年龄范围是 10～20 岁。生活在不同社会背景下的青少年身心发育存在巨大群体差异，各国学者根据女性发育早于男性发育，且结束早的特点，把青春期的年龄范围划分为女性 10～18 岁；男性 12～20 岁。

（一）男性青春期性生理发育

进入青春期，男性身高、体重迅速增加，阴茎、睾丸逐渐增大，喉结突起，声音变粗，体毛（包括胡须、阴毛、腋毛）出现，开始发生遗精现象。

1. 男性生殖器官发育　青春期前的男性，睾丸的体积增加很小。曲细精管细长呈条索状，没有明显的管腔。大约从 10 岁起在生成精子的曲细精管中的精原细胞开始出现有丝分裂活动。经过 3 年左右的时间，睾丸就可以产生成熟的精子。同时，前列腺和精囊等伴随睾丸发育也逐渐成熟，并产生分泌物。精子与这些分泌物混合组成乳白色的液体，这就是精液。经历青春期之后，生殖器官基本达到了成熟水平，即性成熟。

男性生殖器官发育成熟受睾丸激素（睾丸酮）的控制。研究认为，男性生殖器官的发育可以分为五个阶段。

第一阶段，幼稚型的睾丸开始增大，此时，阴茎与阴囊在形态上没有明显的变化。

第二阶段，阴囊皮肤颜色变红，睾丸体积开始增大，出现竖直阴毛，前列腺开始分泌前列腺液，阴茎开始变粗，曲细精管管壁上的精原细胞开始分裂增殖。

第三阶段，阴茎增大，睾丸间质细胞已分化，次级精母细胞出现。但阴茎的周径增加不大，睾丸和阴囊的体积继续增大。

第四阶段，阴茎长度和周径快速增加，阴茎头发育变大，阴囊皮肤色泽变深，睾丸体积继续增大，出现卷曲阴毛，首次出现遗精。此阶段，乳头突出且有疼痛感，音调低沉，身高迅速增长。

第五阶段，外生殖器官的形状和大小开始表现为成人型。精液中出现精子，伴随睾丸发育而分泌大量以睾丸酮为主的雄性激素刺激了男性附属腺（附睾、精囊、前列腺等）的生长发育，功能逐渐完善。此阶段，腋毛生长，体脂减少，汗腺、皮脂腺增大。

首次遗精被认为是男性开始性发育成熟的重要标志之一，但也有少数男性不发生遗精。由于各人的遗传因素和后天的家庭生活条件、社会环境不同，性发育的成熟年龄亦有明显的差异。

尤其需要注意的是，阴茎的大小是困惑青春期男性比较常见的一个问题。当一些男性发现自己的阴茎比同龄人小的时候，会担心自己的发育及性功能是否有问题。其实，真正的小阴茎是极少见的。所谓小阴茎指男性到了成年后，阴茎仍像幼童样的形状和大小，而且也不能充分勃起。这是一种性发育不良的表现，与遗传和其他疾病有关。

正常男性的阴茎，其长度因体格、身高、发育等因素而有所差异。根据有关测量，我国青少年发育成熟后阴茎在勃起时长度在 7～12cm 之间，还有部分人在 5～7cm 或 12～18cm 之间。

如果怀疑自己的阴茎短小，千万不要有沉重的思想负担，而应该到正规医院请教医生，医生会通过系统检查，做出正确诊断。如需要的话，医生会进一步采取医疗措施。

2. 男性第二性征发育 男性第二性征主要有阴毛、腋毛、胡须、变声、喉结等。阴毛 11～12 岁出现，1～2 年后出现腋毛，再 1 年左右胡须萌出；额部发际后移，脸形从童年型向成年型演变。随着雄性激素水平的增高，喉结增大，声带变长、变厚，一般 13 岁后变声。多数男孩 18 岁前完成所有第二性征发育。

另外，在腋毛出现的同时，有些男孩的乳房也开始发育，经常是一侧，有时两侧都有，表现为乳头突起，偶尔在乳晕下有硬块，少数有不舒适感或轻度触痛，数月后即消失，这是正常现象，可能与雌性激素分泌过多有关。如果这些硬块半年多还不见消退，就应该到正规医院进行检查。

1）阴毛发育。男性阴毛发育大致会经历如下几个阶段。

（1）阴部无阴毛；

（2）阴茎根部及耻骨区出现少量、短小、色淡、细软的阴毛；

（3）阴毛开始变卷曲增粗，颜色加深，稍硬，其分布扩展到耻骨联合上缘及腹股沟部，并逐步扩展为倒三角形；

（4）阴毛变得粗而密，黑色、质硬，分布较广，并向脐部方向扩展；

（5）阴毛进一步向脐部、两大腿内侧和肛门四周扩展。

2）腋毛发育。以双臂侧平举位时观察，腋毛生长开始于腋窝的外侧，随着成熟进程而向腋窝中央扩展，但达到内侧者极少。腋毛发展经历如下阶段。

（1）腋下无腋毛；

（2）腋窝外侧出现细软、短稀的毛；

（3）腋窝外侧毛密而长，中心部也出现短细的毛；

（4）腋窝外侧及中心部腋毛均变密而长，色黑稍粗硬。

男青少年需要了解性发育成熟的顺序，在各种性征出现之前有充分的知识储备和心理准备，心情愉快地迎接青春期的到来。

阴茎勃起、遗精、自慰都是正常的，是正常生理发育的现象，不必要产生心理负担。阴茎的大小与男性性交能力或满足性伴侣的能力毫无关系，更与"男子气概"无关。

（二）女性青春期性生理发育

青春期发育，女性则表现为生殖器官的发育，乳房的发育，月经初潮、腋毛和阴毛的出现等生理变化。

1. 女性生殖器官发育　进入青春期后，女性在性激素的作用下生殖器官开始迅速发育。阴部隆起富有弹性，大阴唇由平薄变为肥厚，小阴唇由小变大，出现阴毛，并有色素沉着，整个外生殖器官逐渐转变为成人型。此外，卵巢功能开始启动，卵泡开始发育和生成黄体；子宫体积扩大、长度增加，宫颈相对变小，子宫内膜受雌性激素作用而增厚，并出现功能上的周期性变化。阴道变长、变宽，黏膜增厚，出现皱襞，颜色灰暗，分泌物增多，由碱性变为酸性。成熟的女性生殖器官在生理解剖、分泌物质等各个方面具备了自然防御能力，如自洁功能及免疫功能。

月经初潮被认为是女性开始性发育的重要标志之一。第一次来月经称为月经初潮，发生年龄在12～14岁，但在10～17岁之间仍属正常。月经初潮年龄主要与遗传、营养状况和生活环境有关。由于自然环境、生活水平和社会条件的不同，各个地区人群间的初潮年龄也会有所不同。女性一般到18岁卵巢才完全发育成熟，周期性分泌雌性激素，维持正常的月经，定期排卵，具备生育功能。但是，女性成熟年龄的个体差异较大。

2. 女性第二性征发育　女性第二性征主要有乳房、阴毛和腋毛等。首先是女性的骨盆增宽变大，骨盆的耻骨弓的弧度大于男性。其次是乳房发育，乳房开始发育后0.5～1年出现阴毛，再过1年出现腋毛。

1）乳房发育。乳房开始发育是女性进入青春期后，显现在身体外部变化的第一个信号。乳房发育一般分为5个阶段。

（1）乳头开始突起；

（2）乳晕直径增大，乳房和乳头像小土丘样隆起；

（3）乳房及乳晕进一步增大和隆起，外形上没有分开，呈现圆锥形的轮廓；

（4）乳头进一步隆起，在乳房上形成继发的丘形隆起；

（5）成熟阶段，乳房丰满，圆而光滑，呈半球形。

由于遗传、营养、地区和文化环境条件不同，女性乳房发育的年龄、乳房大小差别较大。实际上，乳房的大小、形状是由遗传基因决定的。

2）阴毛发育。女性阴毛的发育迟于乳房的发育，有些女性阴毛出现和乳房发育的时间间隔很长，甚至在乳房发育的第四阶段才出现阴毛。阴毛发育程度个体差异极大，少数女性的阴毛可能极稀少，这属于正常现象。女性阴毛发育一般经历5个阶段。

（1）青春初期，有细茸毛分布，但不是真正的阴毛；

（2）大阴唇外侧和阴阜上有稀疏阴毛分布，颜色比平常体毛稍黑，质软而竖直；

（3）阴毛数量有较少的增加，颜色变深，质粗硬而卷曲；

（4）阴毛数量剧增；

（5）阴毛分布在阴阜区达到成人型的倒三角形。

女性阴毛颜色、数量、分布情况也是由遗传基因决定的。

3）腋毛发育。腋毛通常在乳房发育的第三、四阶段才出现，极少数女性可早于乳房发育。腋毛出现一般在阴毛出现 0.5～1 年以后。许多女性的腋毛短而稀，且仅限于腋窝外侧部。

女性性生理发育开始的时间和进程是有差异的，青春期对每个人来说结束的时间也不尽相同。因此，在某一方面的发育早几年或晚几年都属正常现象，不必因自己某一方面的发育比他人早或晚一些就产生紧张情绪。

尤其需要注意的是，由于遗传、营养、运动等因素的影响，每个女性的乳房发育有较大差异。有的女性乳房长得圆润丰满，挺拔诱人；有的女性乳房小而平坦，几乎看不到乳峰；有的女性的两个乳房，一个大、一个小或一个高、一个低或两个乳房相距较宽或较窄。这些生理上的差异在一般情况下都属于正常现象，不影响日后夫妻性生活或哺育孩子。

二、性生理发育异常

前面谈到的是性生理的正常发育，由于遗传、环境等因素的影响，也会出现异常现象。青春发育迟缓、性发育抑制、性腺功能不全及性早熟等均属于性生理发育的异常情况。

（一）青春发育迟缓

青春发育迟缓或性幼稚指个体到了正常性发育的年龄，其第二性征和生殖器官系统仍停留在幼稚状态尚未发育。通常是指女性到了 14 岁乳房还不发育，15 岁还未出现身高突增；男性到 15 岁睾丸还不发育，16 岁还未出现身高突增，可能属发育迟缓。

研究认为，性发育迟缓大多属于体质性的。青春发育迟缓只是发育年龄推迟，并不是发育停滞。到了一定年龄期，第二性征和生殖器官仍然可以发育。

引起青春发育迟缓的原因有很多，常见的有以下几种。

1. 体质性青春发育迟缓　体质性青春发育迟缓是农村发育滞后儿童的常见原因。青春发育迟缓者身材矮小，其骨龄与血液内促性腺激素水平均落后于同龄组儿童。一般有家族倾向。

2. 锌营养不良性青春发育迟缓　锌营养缺乏引起的青春发育迟缓在动物蛋白摄入不足的国家和地区相当多见，除性发育不全外，常伴有矮小及食欲不振等现象。如果及时改善锌营养可促进发育。

3. 某些疾病导致青春发育迟缓　如在先天性心脏病、慢性腹泻、营养不良、神经性厌食、重症肺结核等疾病的影响下，可导致青春发育迟缓。这种情况应改善营养，进行原发病治疗。

4. 原发性或继发性性发育不全　如先天性卵巢或睾丸发育不良，功能失调，不能引起乳房发育等。如内分泌功能异常影响性腺功能。这两种情况通常伴有其他先天畸形、肿瘤或感染。

青春发育迟缓会对青少年产生一定的心理影响，有适当的方法给予治疗。当正常发育后，一般不影响生殖功能。

（二）性发育抑制

性发育抑制是正常的性发育过程被抑制。一般女性超过 18 岁仍未发育，男性超过 20 岁仍未发育，在不进行治疗的情况下不会出现性发育，则可考虑为性发育抑制。

性发育抑制的重要原因之一是性染色体异常。

女性性染色体异常多数是缺少一条 X 染色体，即 XO。男性性染色体异常，如多了一条 X 染色体，即 XXY。以上两种情况都会导致生殖器官的发育不全，如女性卵巢发育不全，有子宫和输卵管，但外生殖器官未发育，乳房及其他第二性征不发育，无月经。男性睾丸发育不全，精曲小管排列不齐、萎缩和玻璃状化，出现生精障碍或精子不存活。

性发育抑制宜及早发现和治疗，以免因晚熟导致不育、性功能障碍和因发育不良而受到歧视，形成异常心理和社会交往障碍。

（三）性腺功能不全

性腺功能不全，无论在女性还是男性，都可以分为原发性性腺功能不全和继发性性腺功能不全。

1. 女性卵巢功能不全

1) 原发性卵巢功能不全：这种情况属于先天性发育不全，性染色体异常，又叫特纳综合征。患有特纳综合征的女性体细胞染色体为 45 条（正常者为 46 条），包括 22 对常染色体和一条 X 染色体，性染色体 XO（正常者应为 XX）。临床表现除身材矮小、生殖器官发育不全、第二性征不发育外，还常伴有颈蹼、胸廓桶状或盾形、肘外翻以及心、肾、骨骼发育异常等。当然，这些特征不一定都同时出现。

2) 继发性卵巢功能不全：下丘脑垂体或其相邻部位的肿瘤、脑外伤、脑炎等病因引起下丘脑病变导致的肥胖性生殖无能综合征，多于青春期前发病。这种病人除表现为肥胖外，也因下丘脑垂体功能受损，导致性发育障碍。主要表现为到正常发育期，女性阴道、子宫不发育，无月经。除此之外，还常伴有尿崩症、颅内压增高等。

2. 男性睾丸功能不全

1) 原发性睾丸功能不全（无睾症）：睾丸炎症、肿瘤、创伤、血管栓塞等原因引起睾丸完全萎缩，或者手术割除可致本病。主要表现为男性第二性征不发育，阴茎不发育，仍为婴儿型，无阴毛生长，阴囊内无睾丸。

2) 继发性睾丸功能低下：由于垂体促性腺激素分泌减少（垂体其他激素分泌无显著变化）引起睾丸病理改变。隐睾症（即睾丸下降异常）是较多见的原发性和继发性睾丸功能低下的疾病，有两种类型。一种是睾丸下降不全，如睾丸位于腹股沟管内；另一种是睾丸异位，如睾丸位于耻骨部。隐睾还分单侧和双侧，无论哪种情况，都有发生睾丸扭转和恶变的可能，双侧隐睾还可导致男性不育。因此，隐睾宜尽早发现、治疗。

（四）性早熟

性早熟（precocious puberty）指性发育开始的年龄提前，一般男孩在 9 岁前，女孩在 8 岁前出现第二性征。根据发病原因以及临床表现，可分为中枢性（促性腺激素释放激素依赖性）性早熟和外周性（非促性腺激素释放激素依赖性）性早熟，以往分别称真性性早熟和假性性早熟。

1. 中枢性性早熟　中枢性性早熟有多种致病原因，如下丘脑、垂体肿瘤或其他中枢神经系统器质性病变，由外周性性早熟转化等。主要表现是第二性征出现的年龄提前，并按照正常发育程序进展。促性腺激素水平升高至青春期水平。有时还可见单纯性乳房早发育，表现为只有乳房早发育而不呈现其他第二性征，乳晕无着色，呈非进行性自限性病程，乳房多在数月后自然消退。

2. 外周性性早熟 外周性性早熟按第二性征特征分成两类：早现的第二性征与患儿原性别相同时称为同性性早熟，与原性别相反时称为异性性早熟。主要表现是第二性征出现的年龄提前，但性征发育不按正常发育程序发展。促性腺激素在青春前期水平。

此外，如果儿童食用含过量的性激素或类似性激素物质的食品、饮品，也可以导致性早熟。性早熟治疗目标是为抑制过早或过快的性发育，防止或缓解患儿或家长因性早熟所致的相关的社会或心理问题。

三、日常生活性卫生保健

根据世界卫生组织的解释，健康是体格、精神与社会的完全健康状态，而不仅仅是消除疾病。青少年青春期的生理、心理迅速发育，在了解性器官生理发育相关知识基础上，掌握一些日常生活卫生保健的措施，可以预防或减少疾病的发生，保持健康的状态。

(一) 男性性卫生保健

男性的外生殖器官外露，平时应注意阴茎、阴囊及睾丸的卫生和保健。

1. 阴茎的保健 阴茎是由阴茎根、阴茎体和阴茎头（龟头）三个部分组成的。阴茎体的表面由一层松弛的皮肤覆盖，这层皮肤一直延伸到龟头，并在冠状沟处重叠包裹住龟头的上半部，这层覆盖物称为包皮（foreskin/prepuce）。

幼儿时期的包皮较长，包裹整个阴茎头。一般到 3 岁以后，阴茎头和包皮之间的轻度粘连自行消失。包皮能轻易向后退缩、后翻，露出龟头。包皮有内、外两层皮肤，包皮内层与阴茎头紧贴。虽然包皮内层皮肤没有毛和汗腺，但有皮脂腺（即包皮腺），包皮腺的分泌物和脱落的上皮形成一些松软的、豆腐渣样的物质，这就是包皮垢。由于包皮垢是在包皮下聚集形成的，所以有特殊的气味，聚少成多就会发臭，还容易滋生细菌，导致炎症和其他疾病。因此，为避免感染，男性应该每天清洗阴茎和包皮。清洗时，要注意把包皮翻上去，彻底把包皮垢清洗掉。

如果包皮过紧、过长，不能轻易上翻露出阴茎头，这种情况称为包茎（phimosis）。包茎较为少见，但严重时不仅会影响排尿，甚至有可能造成整个泌尿系统的功能障碍。此外，如果不能随时保持包皮清洁，也很容易因包皮垢导致细菌感染，发生慢性炎症。长此以往，还存在诱发癌变的危险，对健康产生不利的影响。因此，一般会采取手术，即包皮环切术，治疗包茎。

2. 阴囊及睾丸的保健 阴囊的表面有稀疏的阴毛，颜色比其他身体部位颜色深。阴囊的皮肤极薄且柔软，皮下组织缺少脂肪，平时应避免使用刺激性强的药物，以防造成阴囊表面的损伤。阴囊的形态结构在不同条件下会发生变化，主要是为睾丸等器官提供适宜的温度环境，从而有利于精子的生成和发育。一般情况下，阴囊受到热刺激时，阴囊的皮肤延展，表面积会增大，睾丸相对远离身体，有利于散热。同时，由于阴囊富含血管、汗腺和皮脂腺。受热时，随着温度增加，阴囊的血流量以及汗腺的排泄量也会随之增加，这也大大加速了散热。当阴囊受到冷刺激时，因平滑肌收缩使阴囊的体积缩小，睾丸上提，靠近身体，减少散热。所以，在炎热季节，男性应尽量穿薄而透气、吸汗的内裤，避免穿厚重、质地较硬的牛仔裤等。而在寒冷季节，也应该注意保暖。另外，由于阴囊的皮肤皱襞的凹陷容易藏匿细菌，在每日清洗阴茎时也不要忽略阴囊的清洗。

睾丸的体积较小，活动度较大。睾丸不仅表面有一层坚厚的白膜（纤维膜）保护，还深藏于阴囊内，一般受到外伤的情况不多见。但在平时生活中也应避免睾丸受到撞击、暴力挤压、踢打等。由于睾丸是精子的生成器官，若外伤严重，治疗不及时，则有导致不育的风险。

正常情况下，男性胎儿双侧的睾丸在妊娠末期便会下降至阴囊内。但一些男婴在出生后有一侧或两侧的睾丸未降入阴囊，这种现象称为隐睾。隐睾需要及时手术治疗，否则亦可造成不育。

日常生活中，除了要保持生殖器官的干净外，也要时刻留意它们的变化。若出现有红肿、坠胀、疼痛等现象时，应及时到正规医院诊治。

（二）女性性卫生保健

女性的盆腔、子宫、阴道直接与外界环境相通，易受到病原体的入侵。但女性的自然防御机制起到了很好的保护作用。尽管如此，应保持生殖器官的清洁、干燥。另外，也要随时关注阴道分泌物、乳房等有无异常变化。这些都是女性日常卫生保健的内容。

1. 自然防御机制　女性的外阴与阴道的解剖结构及生理特点形成了自然的防御机制。女性的自然防御机制分别有解剖屏障和化学屏障两类。

1）解剖屏障。首先，两侧的大阴唇自然闭合，遮掩阴道口与尿道口，阻止了部分病原体进入阴道，起到一定的保护作用。其次，由于盆底肌的作用，阴道的前后壁相互紧贴使阴道口闭合，也防止了外界病原体的入侵。尽管如此，由于外阴经常受到阴道分泌物、尿液、粪便、经血的刺激，若不注意外阴皮肤的清洁则容易引起外阴的炎症。因此，平时应及时清洗外阴。

2）化学屏障。正常阴道内有多种病原体寄居，形成阴道正常微生物群。但由于阴道与这些菌群之间保持生态平衡，所以，这些病原体并不致病。生理情况下，卵巢分泌的雌性激素使阴道上皮细胞内糖原含量增加，糖原被分解为单糖，这种单糖在阴道乳酸杆菌的作用下转化为乳酸。因此，阴道在正常情况下维持酸性环境（pH≤4.5，多在3.8～4.4），抑制了其他病原体生长。在阴道正常菌群中，乳酸杆菌除维持正常的酸性环境外，还可抑制或杀灭其他细菌。如果阴道生态平衡一旦被打破，就可能发生炎症。因此，平时使用清水清洗外阴即可，不要频繁使用肥皂、护理液等清洗。此外，阴道冲洗、长期使用抗生素等都会抑制乳酸杆菌的生长，引起炎症。

2. 阴道分泌物　白带（leucorrhea）是由阴道黏膜渗出物、宫颈管及子宫内膜腺体分泌液等混合而成，其形成与雌性激素作用有关。白带内有阴道上皮脱落细胞、白细胞、乳酸杆菌等。

正常的生理性白带量少，外观呈白色稀糊状或蛋清样，一般无气味，高度黏稠，对女性健康没有不利的影响。通常在接近排卵期时，白带量会增多，质地变清澈。排卵2～3天后，白带量减少，质地变黏稠。在性交前后、月经期前后、妊娠时，由于雌性激素水平升高，盆腔充血，子宫颈内膜分泌旺盛，白带量也会增多。这些都属于正常生理现象，但要注意清洗外阴，保持外阴清洁、干爽。

3. 保持外阴的卫生　女性外阴皱褶较多，容易积聚污垢，阴道口又靠近肛门，也易被污染。如果不经常清洗，则容易引起外阴的炎症。保持外阴的清洁，最主要的方法就是清洗外阴。平时应每天清洗一次，月经期最好早晚各清洗一次。清洗时，要使用干净的盆和干净的毛巾，用温水擦洗，或者用流动的温水冲洗。注意不要盆浴，不要让外阴浸泡在水里，以防止污水进入阴道内。洗具一定要单独使用，并要与洗脸、洗脚用具分开。清洗外阴前，要先用肥皂清洗双手。清洗外阴时，先清洗大阴唇内侧，接着是小阴唇、阴蒂及阴道前庭。尿道旁腺是细菌容易潜伏的场所，所以，尿道口、阴道口也要仔细清洗。然后再清洗大阴唇外侧、阴阜和大腿根部内侧，最后清洗肛门。一般用清水清洗即可，偶尔可使用肥皂或者含药物的清洗剂，但不要频繁使用，以免打破阴道正常的酸性环境。

除清洗外阴外，内裤也应该每日换洗。另外，化纤材质的内裤不透气，容易引起异味或炎症，故宜穿舒适、易透气的内裤。内裤也不宜过紧，以免压迫阴蒂引起盆腔充血。清洗内裤的用具也应该是专人专用，不要和其他衣物混洗，用肥皂清洗即可。清洗后的内裤最好放到阳光下晾晒。

4. 月经期卫生及保健　大部分女性在月经期使用卫生巾吸收经血，也有部分女性选择卫生棉。卫生巾是体外使用，卫生棉是放置于阴道内使用。使用卫生巾或是卫生棉，都是个人的选择。但无论选择哪种，都要注意及时更换。另外，也要用正确的方法及时清洗外阴上的经血。

女性对待月经的看法是不同的，有些人认为这是个麻烦，有些则认为月经只是生活的一部分。对绝大多数女性来说，月经会引起生理、心理上的变化，对生活、工作会有一定的影响，最为常见的是痛经、经前期综合征和闭经。

1) 痛经（dysmenorrhea）：痛经指月经期前或月经期出现下腹部疼痛、坠胀，伴有腰酸或其他身体不适，并严重影响生活质量的现象。痛经的强度依靠自身的感觉，暂时没有客观方法来测量。痛经分为原发性和继发性。原发性痛经多指功能性的，即生殖器官没有器质性的病变，这类痛经占绝大多数。继发性痛经指生殖器官出现器质性病变而引起的痛经。

原发性痛经主要与月经时子宫内膜前列腺素含量增高有关，另外也受心理、神经因素影响。原发性痛经多见于青春期，一般在经期第 1 日最剧烈，持续 2～3 日后可缓解。疼痛通常位于下腹部，可放射至腰骶部及大腿内侧。原发性痛经还常伴有虚弱、手足冰冷、乏力、恶心、腹泻等症状，严重时还会面色苍白、出冷汗，但妇科检查不会有异常的发现。原发性痛经发生时，应注意消除紧张和压力，对缓解疼痛有一定的效果。若疼痛不能忍受时，可辅以药物治疗，布洛芬是比较常用的一种治疗痛经的药物。口服避孕药通过减少前列腺素的含量，也可达到缓解痛经的效果。

继发性痛经可能是继发于盆腔炎、子宫内膜异位症、宫颈狭窄或其他疾病，这种情况最好的办法是就医诊治，而非单纯止痛。

2) 经前期综合征（premenstrual syndrome，PMS）：经前期综合征指月经来潮前的 7～14 天出现周期性的以生理、心理上的各种症状为特征的综合征。一旦月经来潮后，症状就会自然消失。目前，经前期综合征的形成原因还尚无定论，但可能与卵巢激素水平变化、心理因素有关。

经前期综合征主要表现为生理上、心理上的症状。生理上症状包括头痛、乳房胀痛、背痛、胀气、便秘、体重增加、食欲增加等。心理上症状包括易怒、焦虑、疲劳、情绪不稳定、性欲改变等。许多女性在不同的月份里，这些症状的严重程度会有不同。

对于经前期综合征，尽管目前还没有特效办法防止其发生，但健康的生活方式有助于缓解部分症状，包括合理的饮食及营养，适当的身体锻炼，戒烟，限制咖啡摄入量等。

3）闭经：这里说的闭经指女性非衰老原因而停经，最主要原因是妊娠和哺乳。除上述两个原因外，还有原发性闭经和继发性闭经两类。原发性闭经指年龄超过 16 岁，还无月经来潮者。原发性闭经较为少见，往往与遗传因素或先天发育缺陷有关，大部分原发性闭经可经激素来治疗。

继发性闭经是指原本已经建立起了正常的月经周期，但此后因某种病理性原因一连几个月都不来月经的情况。继发性闭经发生率高于原发性闭经，其病因也很复杂。常见的是由各种原因导致机体处于紧张的应激状态，如从事紧张工作的脑力劳动者，畏惧妊娠或盼子心切等强烈的精神压力等。体脂肪率过低、营养缺乏、过于剧烈运动、某些药物以及厌食症也可能导致继发性闭经。当一名女性在没有怀孕、哺乳或激素水平失调的情况下出现继发性闭经，就应该就医。

大多数女性在月经期可以照常生活、学习和工作，但也要避免重体力劳动和剧烈运动。一般认为在月经期不宜用冷水洗脚、食用冰冻的食物和饮料，但也因人而异，以自我感觉舒服为准。

5. 异常白带　生理性白带是白色稀糊状或蛋清样，无臭味，高度黏稠的，量少。当生殖道有炎症或发生癌变时，白带在数量、颜色、质地上也会发生病理性改变。常见的异常白带有以下几种。

1）透明黏性白带：这种白带在外观上与生理性白带一致，但数量明显增加，可能是由于卵巢功能失调、阴道腺病或在使用雌性激素类药物及阴道避孕药之后。

2）灰黄色或黄白色泡沫状白带：当白带为灰黄色或黄白色，成泡沫状，稀薄，且有臭味时，大多为滴虫性阴道炎，这种情况还可伴有外阴瘙痒。

3）豆渣样白带：白带呈凝乳块状，像豆腐渣样，为假丝酵母菌阴道炎的特征，常伴有严重的外阴瘙痒和灼痛的症状。

4）灰白色白带：白带颜色成灰白色，并有鱼腥臭味，多见于细菌性阴道炎，也多伴轻度的外阴瘙痒症状。

5）脓性白带：细菌感染所致的阴道炎、急性宫颈炎及宫颈管炎的白带成黄色或黄绿色，黏稠，多有臭味。脓性白带还见于阴道癌或宫颈癌并发感染等疾病。

6）血性白带：若白带中混有血液，血量多少不定，这种白带应警惕生殖器官癌变的可能。如宫颈癌、子宫内膜癌、宫颈息肉或子宫黏膜下肌瘤等。放置宫内节育器也可能出现血性白带。

7）水样白带：白带呈淘米水样，且恶臭，一般见于晚期宫颈癌、阴道癌等。若是间歇性出现清澈的、黄红色或红色的水样白带，有可能是输卵管癌。

6. 外阴瘙痒（pruritus vulvae）　外阴瘙痒是较为常见的妇科症状。外阴瘙痒多由各种病变引起，外阴正常者也有可能发生。如果得不到适当的治疗，可以反复发作，延长病程。当瘙痒严重时，甚至会影响病人的生活。

引起外阴瘙痒的原因很多，有局部原因也有全身原因。最为常见的局部原因是阴道假丝酵母菌病和滴虫性阴道炎。细菌性阴道炎、阴虱、疱疹、湿疹等疾病也会引起外阴瘙痒。另外，不良的卫生习惯、化妆品刺激或某些药物过敏等也是引发外阴瘙痒的原因。

外阴瘙痒的全身原因见于糖尿病，黄疸，重度贫血，白血病，维生素 A、B 族维生素缺乏等疾病。还有一些属于不明原因的外阴瘙痒。

外阴瘙痒多位于阴蒂、小阴唇附近，也可发生在大阴唇、会阴甚至肛门周围。如果得不到及时治愈，长期搔抓瘙痒部位，会出现抓痕、血痂或继发毛囊炎。外阴瘙痒通常在夜间加重，常为阵发性，也可为持续性发作。症状严重时，奇痒难忍，坐卧不安，甚至会影响正常的生活、学习和工作。

若患有外阴瘙痒，严禁搔抓病发部位，应及时就医。另外，要加强个人卫生，保持外阴的清洁、干燥，消除病因。

7. 乳房保健　乳房是男性、女性都具有的暴露于体表外的器官，属于人体第二性征器官。乳房对于女性来说更为重要，它不仅是哺育后代的重要器官，也是体现女性性征的器官。乳房的大小并不会影响其泌乳功能，但通常情况下，健美的乳房可以给女性带来更完美的外形。对不处于泌乳期的女性来说，乳房的大小与脂肪含量的多少有关，这是由遗传因素决定的。

对于乳房的保健，除要注意平时的卫生外，还要关注以下乳房常见疾病。

1）乳腺疾病：乳腺疾病的病理为乳管和腺泡呈良性增生状态，表现为乳房内出现肿块，并伴有乳房胀痛，多在月经期前疼痛加重。乳房肿块可单侧发生，也可双侧都有，肿块的大小不定，质地软，可在皮下移动。若出现乳房胀痛、触摸到乳房肿块，应及时就医诊治。

2）乳腺癌：乳腺癌是女性最为常见的恶性肿瘤，其病因较为复杂，可能是病毒、遗传、内分泌、膳食等引起，也可能是多种因素综合作用的结果。每年 10 月，世界各国都会举行预防乳腺癌的宣传活动，"粉红丝带"已成为全球乳腺癌防治的公认标志，宣传的口号是"及早预防，及早发现，及早治疗"。

养成良好的健康生活、饮食习惯，控制酒精摄入量，避免体重过重等对预防乳腺癌有一定的作用。尽管如此，早期发现以改善乳腺癌结果和存活率仍然是控制乳腺癌的基石。目前，早期诊断和筛查是及早发现乳腺癌的有效方法。早期诊断可促进诊断和早期治疗，乳房造影筛查是在无症状的人群中系统地检测，可以尽早识别出现暗示有癌症的异常情况者。另外，乳房自检也是对自身健康负责的表现。

参 考 文 献

胡珍，王进鑫 . 2004. 大学生性健康教程 ［M］. 成都：四川科学技术出版社 .

江剑平 . 2006. 大学生性健康教育 ［M］. 北京：科学出版社 .

乐杰 . 2008. 妇产科学 ［M］. 7 版 . 北京：人民卫生出版社 .

潘绥铭 . 2004. 性爱十年：全国大学生性行为的追踪调查 ［M］. 北京：社会科学文献出版社 .

彭晓辉，阮芳赋 . 2007. 人的性与性的人 ［M］. 北京：科文图书业信息技术有限公司 .

彭晓辉 . 2002. 性科学概论 ［M］. 北京：科学出版社 .

司徒仪 . 2003. 中西医结合妇产科学 ［M］. 北京：科学出版社 .

威廉·L. 雅博，芭芭拉·W. 萨亚德，布莱恩·斯特朗，等 . 2012. 认识性学 ［M］. 爱白文化教育中心，译 . 北京：世界图书出版公司.

徐晓阳，黄勋彬 . 2007. 性医学 ［M］. 北京：人民卫生出版社 .

《中国性科学百科全书》编辑委员会，中国大百科全书出版社编辑部 . 2006. 中国性科学百科全书 ［M］. 北京：中国大百科全书出版社 .

第3章 社会性别和性别平等

性别是性教育中一个非常重要的话题。性别平等更是教育平等中最为主要的内容之一。作为当代大学生，应该能够意识到社会生活中种种性别不平等现象，并运用所学知识，改变沿袭已久的性别刻板印象和性别偏见。特别是对师范大学的学生来说，形成性别平等的教育理念，对中国实现教育公平具有重大的现实意义。

一、性别界定

性别问题是两性研究领域的重要问题。两性在生理、社会行为等方面都存在着不同之处，但在这些差异中，有些区别并非与生俱来、由生理因素决定。

（一）生理性别

从解剖学、生物学的角度区别男女两性，人作为生物体，具有生理性别（birth sex）。男女两性不仅在生殖器官、染色体、性激素分泌方面有区别，发育过程、身体素质也存在一定差异。生理性别是指："男女两性在生理上的分化，具体表现为生理结构和生理功能两方面的差别。"[1]

早期的许多性别研究，更强调生理性别的决定作用。这些研究试图从人的生理构造、遗传基因等方面探讨男女差异，并认为这些生理机能是造成性别差异的主要原因。

（二）社会性别

社会性别的概念兴起于第二次女性主义浪潮中，旨在探讨造成性别差异的根本原因，并对传统的生物决定论提出了质疑和批判。社会性别这一概念客观上促进了女性主义研究的开展和性别平等的推进。联合国应用社会性别的概念，提出了"社会性别主流化"的策略，希望政治、经济、社会领域的政策方案中都能纳入社会性别的概念，并最终实现性别平等。

1. 社会性别的概念　一些学者认为，男女两性的差异并非完全由生物学因素所决定，在很大程度上是由社会文化所造成的。人作为社会动物，形成了特有的社会性别（gender）。社会性别是指："两性在社会文化的建构下形成的性别特征和差异，即社会文化形成的对男女差异的理解，以及在社会文化中形成的属于男性或女性的群体特征和行为方式。"[1]

作为生物构成的生理性别，用来表现男女两性之间由基因、解剖结构等不同而造成的生理差异，是与生俱来的生物属性；而社会性别反映的是在社会实践中，男女两性在角色、行为、思想和感情特征方面的差异，属于社会范畴，是一种文化构成。

1　郑新蓉.2005.性别与教育［M］.北京：教育科学出版社，16，38.

2. 社会性别概念提出的背景　20世纪60年代，第二次女性主义浪潮促进了女性主义的学术研究，各女性主义流派在探讨男女平等的过程中，都会探究女性受压迫的根源，即造成男女性别分工的决定因素是什么。当时的社会意识形态强调，男女的性别角色分工是由生理构造和功能的差异决定的，女性贤妻良母的角色是由生物因素所决定的，这也就决定了女性的从属地位。

在这个背景下，当代女性主义者使用社会性别这一概念，解释女性气质的社会构成，并从社会性别关系的角度分析男性特权，冲击性别的生物决定论。20世纪70年代，社会性别的概念逐渐在女性主义者中流行开来。

3. 社会性别概念提出的意义　社会性别概念强调，性别角色主要是在社会文化的制约中形成的，两性在社会中的地位、社会对性别角色的期待和评价，主要是社会产物，而不是由生理决定的。将生理性别与社会性别区分开来，使更多的人意识到，生理特性并非性别角色的决定因素。人的性别意识不是与生俱来的，而是在与父母、同伴的互动中形成的。人的性别角色观念、行为都受到社会文化的影响和规范，因此，会伴随社会文化的变化而改变。

尽管社会性别这一概念也受到来自多方面的质疑，引发了更深层次的争论，但作为西方女性主义理论中的一个中心概念，社会性别概念的提出，在探索不平等性别关系的形成与改善、推动女性思想解放等方面，发挥了重要作用。

二、性别角色

社会对不同性别的人有着不同的要求，使男性和女性在行为方式、心理特征等方面出现明显的差异，形成了性别角色。这些关于性别差异的观念不断累积，人们对男性和女性形成了较为固定的看法，也就是性别刻板印象。这些观念直接影响着人们的行为，但却并不是完全客观的。

1. 性别角色的概念　性别角色指"每种性别在所属的社会和群体中占有的位置，以及被该社会和群体所规定及希望的特定的行为模式。"[1] 联合国1991年的一份报告中曾提到："世界各个地方，都是女性负责多数的家务劳动。而且在夫妻共同做的家务中，烹饪和洗盘子是最少被分享的家务活。"这类对男女行为的期待，界定了性别角色。性别角色是对自身性别认同感的表达，即个体用言行来表明自己的性别。有学者认为，性别角色不仅指行为模式，也包括外在形象（sexual expression）。

2. 性别角色的形成　很多研究表明，性别角色分化是个体社会化的结果。在很小的时候，男孩和女孩就已经被区别对待了。进入幼儿园时，儿童已经能很清楚地意识到性别角色期望，并遵从这一期望，做出相应的行为。孩子的父母和同伴对他们抱有与其性别相符的性别角色期望，对于符合这一期望的行为予以奖励。

儿童通过观察，会注意到某种特定的行为更多地表现在某种性别的人身上。因此，父母、同伴和媒体都在个体获得性别角色的过程中，发挥了重要作用。

三、性别刻板印象

性别刻板印象是一些概括了的性别观念，但常常使人们忽略了同一性别的人之间也存在

[1] 郑新蓉.2005.性别与教育［M］.北京：教育科学出版社，50.

着很大的差异。性别刻板印象影响着每个人的生活，突破不合理的性别刻板印象的束缚，可以使两性同时获得更多的发展机会。

1. 性别刻板印象的概念　性别刻板印象是一种普遍的社会心理现象，指人们对男性或女性在行为、人格特征等方面的期望、要求和笼统的看法。传统的性别角色观念普遍具有刻板的性质，是性别刻板印象的重要组成部分。

以男性为主的传统社会文化，要求男性勇敢、独立、理性、果断、坚毅、主动，而要求女性温柔、依赖、感性、文静、整洁、委婉、被动，逐渐形成了男性要阳刚，女性要阴柔的性别角色刻板印象。关于性别刻板印象的调查结果也显示，被调查者认为男性重要的人格特征是自立、乐观、精干，认为女性重要的人格特征则是善良、贤淑、温柔、文雅，这些特征反映出了社会对于两性特质不同的期望。

2. 突破性别刻板印象的束缚　当代许多学者认为，严格地界定性别角色标准会限制男性和女性的行为发展，因此，是有害的。为了更好地测量和识别性别角色行为，美国心理学家桑德拉·贝姆（Sandra Bem）于20世纪70年代提出了一种新的理论，即双性化模型。双性化模型认为男性特征和女性特征是相对独立的特质，而不是同处于一个连续体上的对立面。此外，双性化模型认为只有男性特征或女性特征的人都缺乏适应能力，一个适应良好的人必须具有一定的可塑性，在需要时表现出相应的男性行为或女性行为。

双性化理论为个体性别社会化的过程指出了一个新的发展方向，即鼓励传统观点中男性特征和女性特征的合理融合，促进男女两性潜能的充分发挥和健康发展。可以说，在如今这样一个更具包容性的社会中，性别角色已经变得越来越灵活——学前教育不再是女性的专属工作，而建筑也不再是男性的专属工作。事实证明，这些挑战传统的性别刻板印象的行为也可以获得成功。

需要说明的是，不能将"双性化"简单地理解为"中性化"，如男性追求阴柔、女性追求刚强，却摒弃了两性原有的气质，这样的观念忽略了客观存在的性别差异。双性化理念的实质在于鼓励男女双方相互学习，集合两性的优点，摆脱性别角色刻板印象的束缚。

四、性别平等

性别平等是我国的基本国策，也是社会发展的方向。尽管在半个世纪的时间里，针对女性的性别歧视有了很大改变，但仍有很多不平等的现象发生。消除性别歧视、实现性别平等需要每个人参与其中，转变不正确的性别观念，共同创造适于两性共同发展的社会环境。

（一）性别不平等的表现

我国法律规定，女性与男性享有平等的权利，伴随着社会的发展，虽然针对女性的歧视态度变化很快，但在现实中，女性在教育、就业、参政等方面，尚没有获得与男性相同的发展机会，反映出性别不平等的现象依然广泛存在。性别不平等现象是一个世界性的问题，并在一定时间内难以避免，但在国家的倡导下，社会各界可以采取适宜的措施，减少性别不平等现象的发生。

1. 人口性别失衡　在广泛采用超声技术检测胎儿性别，人工流产可行性增加，执行计划生育政策等多个因素的影响下，人们对新生儿的性别偏好表现得更为明显。这种偏好不利于女孩的出生，并可能造成婚姻、家庭、社会秩序等多方面的社会问题。

倾向于生男孩的态度，在全世界范围都是常见的。1941 年，美国一项针对性别歧视的调查访问了一些怀孕的妇女及其配偶，其中，38% 的受访者表示，如果他们只养一个孩子的话，他们更希望要男孩，表示喜欢要女孩的约占 24%。到 2003 年，这一状况与 1941 年的调查结果几乎相同，喜欢要男孩的比例仍然为 38%。2001 年，印度人口统计报告显示，在旁遮普省的新生儿中，每出生 100 名女婴，就会出生 126 名男婴。在我国，从 1982 年到 2010 年的近 30 年中，人口性别比（以女性为 100，男性对女性的比例）大致呈现持续走高的趋势（图 3.1）。2010 年 11 月开始的第六次全国人口普查中，总人口性别比为 106.74，而出生人口性别比为 118.06，高于 104～107 的正常值。

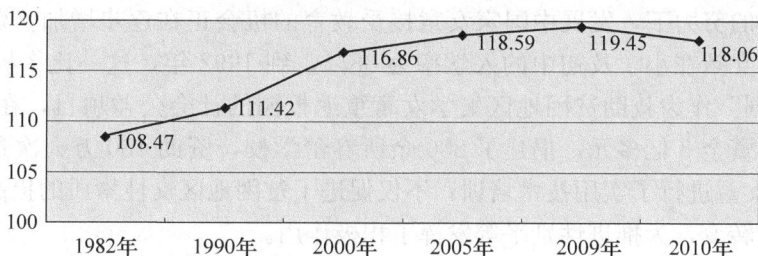

图 3.1　我国人口性别比变化趋势

面对人口性别失衡的现状，应当采取有力的措施，关爱女孩，并在社会生活的各个方面进一步推进性别平等。2011 年 8 月公布的《中国妇女发展纲要（2011—2020 年）》中的"妇女与环境"部分强调，应"加大男女平等基本国策的理论研究和宣传力度。将男女平等基本国策理论研究与中国特色社会主义理论研究相结合，不断丰富男女平等基本国策的理论基础。"此外，还要"营造平等、和谐的家庭环境。通过开展多种形式的宣传教育活动，弘扬尊老爱幼、男女平等、夫妻和睦、勤俭持家、邻里团结的家庭美德，树立先进的性别文化，倡导文明、健康、科学的生活方式和男女共同承担家庭责任。"同期公布的《中国儿童发展纲要（2011—2020 年）》也指出，要"消除对女童的歧视。宣传性别平等观念，增强全社会性别平等意识。建立有利于女孩及其家庭的利益导向机制，提高农村生育女孩家庭的经济社会地位。加大对利用 B 超等进行非医学需要的胎儿性别鉴定和选择性别人工终止妊娠行为的打击力度。"通过此类综合措施，实现优化女性的发展环境、提高女性的社会地位的目标，从而将出生人口性别比、总人口性别比控制在正常的范围内。

2. 女童教育受阻　1990 年，在泰国召开的世界全民教育大会上，明确提出了"全民教育"的概念。女童作为特殊的弱势群体，其教育问题受到越来越多的关注。尽管全球男童和女童小学入学率的差距在逐渐缩小，但在发展中国家，女童受教育机会不如男童的现象仍普遍存在。

联合国 1991 年的报告显示，世界上未上学的儿童中，2/3 为女童。2011 年，国务院新闻办公室就第三期中国妇女社会地位调查等情况举行新闻发布会，指出，我国第三期妇女社会地位抽样调查结果显示，尽管女性的总体受教育水平有了较大提高，女性的平均受教育年限达到 8.8 年，相比 2000 年提高了 2.7 年，但农村女性的受教育水平仍然偏低。在城市，接受过高中阶段及以上教育的女性比例为 54.2%，在农村，这一比例为 18.2%，而在中西部地区的农村，接受过高中阶段及以上教育的女性仅占 10%。造成这一情况的原因与家庭对女性教育的期望值偏低有关。可见，轻视女性的观念仍然影响着父母对男童和女童的期待和教育投入，使女童的受教育权受到威胁。

《中国妇女发展纲要（2011—2020 年）》中的"妇女与教育"部分，明确提出女童平等接受学前教育、女童平等接受九年义务教育、消除女童辍学现象等目标，并要求"切实保障女童平等接受学前教育。资助贫困家庭女童和残疾女童接受普惠性学前教育。提高农村学前教育普及程度，多形式增加农村学前教育资源，着力保证留守女童入园。确保适龄女童平等接受义务教育。加大对教育法和义务教育法等法律、法规的宣传力度，提高家长保障女童接受义务教育的守法意识和自觉性"。《中国儿童发展纲要（2011—2020 年）》也提及，要"巩固提高九年义务教育水平，促进女童接受学前和高中阶段教育"。

在各国政府的努力下，发展中国家女童接受教育的机会正在逐步增加。资料显示，1970 年，发展中国家女童在小学及初中的入学率为 38%，到 1992 年，这一比率提高到 68%。在我国，"春蕾计划"作为救助贫困地区失学女童重返校园的社会公益项目，在 1989—2008 年期间，累计筹集资金 8 亿多元，捐建了 800 余所春蕾学校，资助 180 万人次贫困女童重返校园，对 40 余万女童进行了实用技术培训，不仅促进了贫困地区女性素质的提高，同时有助于重男轻女观念的转变，为推进性别平等发挥了积极作用。

3. 就业性别歧视 就业性别歧视的含义是指，求职者在求职过程中，仅因为性别的差异而不能享有平等的就业机会以及工资、配置、升迁、培训机会等就业安全保障的平等待遇，从而其平等就业权受到损害的现象。从这个定义看，就业性别歧视包括对男性的就业性别歧视和对女性的就业性别歧视两种类型，但在现实中，对女性的就业性别歧视现象更为普遍和严重。

尽管用人单位了解《中华人民共和国宪法》、《中华人民共和国劳动法》和《中华人民共和国妇女权益保障法》中有关消除性别歧视的规定，但明确注明只要男性的用人单位比例远高于明确注明只要女性的用人单位比例。有调查结果显示，2004 年 3 月北京市的三场招聘会中，明确注明只要男性的用人单位比例约 30%，而明确注明只要女性的用人单位比例约 3%。此外，男女大学生在签约时的拟付工资也存在明显的差异，2002 年 6～7 月间，厦门大学女性发展研究中心调查了 1608 名本科毕业生的就业情况，结果显示，拟付工资低于 3000 元的女生比例为 78.8%，较男生高 11.3%；而拟付工资低于 2000 元的女生占女生总数的 64.4%，较男生高 14%。

《中国妇女发展纲要（2011—2020 年）》提出，应保障妇女平等享有劳动权利，同时提高技能劳动者、高级专业技术人员的女性比例，确保农村妇女平等获得、拥有土地承包经营权。"除法律规定不适合女性的工种和岗位外，任何单位在录用人员时不得以性别或变相以性别为由拒绝录用女性或提高女性录用标准，不得在劳动合同中规定或以其他方式变相限制女性结婚、生育。加大劳动保障监察执法力度，依法查处用人单位和职业中介机构的性别歧视行为。"加大女性经济权利的保障力度，可以有效地遏制就业中的性别歧视，保障女性的劳动权益。

4. 女性参政议政 《中华人民共和国宪法》第四十八条第一款明确指出："中华人民共和国妇女在政治的、经济的、文化的、社会的和家庭的生活等各方面享有同男子平等的权利。"政治权利和政治参与程度是衡量女性政治地位的重要标准，也是实现男女平等的重要标志之一。

在我国，为了有效提高女性对高层决策的参与水平，1990 年以来，中央组织部先后召开了 5 次培养选拔女干部工作会议，有效地促进了妇女参政。2011 年，第三期中国妇女社会地位抽样调查结果显示，女性对公共事务的关切度有所提高，92.9％的女性关注"国内外重大事务"，54.1％的女性至少有过一种民主监督行为，18.3％的女性主动给所在单位、社区和村提过建议，83.6％的农村女性近 5 年来参与了村委会选举。此外，在国家机关、党群组织、企事业单位领导队伍中，女性负责人的比例占在业女性的 2.2％，达到了男性相应比例的一半。

但同时，调查数据也显示，高层人才所在单位中，"一把手"为男性的比例依然很高，达到 80.5％，30.8％的高层人才所在单位存在"同等条件下男性晋升比女性快"的情况。领导岗位上女性比例偏低的原因，不仅包括社会对女性抱持的偏见，还与对女性干部的培养、选拔不力有关。因此，改变社会偏见，健全培养选拔机制是鼓励女性参与公共事务、进入领导队伍的重要手段，应着重予以推进。

《中国妇女发展纲要（2011—2020 年）》指出，要"积极推动有关方面逐步提高女性在全国和地方各级人大代表、政协委员以及人大、政协常委中的比例"，同时应使各级政府领导班子、政府工作部门领导班子、国家机关部委、企业管理层、职工代表大会、村委会成员、居委会成员中的女性比例达到一定水平，并逐步提高。具体的措施包括制定和完善促进妇女参与决策和管理的相关法规政策，为妇女参与决策和管理创造良好社会环境，提高妇女参与决策和管理的意识和能力，完善干部人事制度和公务员管理制度，提高妇联组织参与决策和管理的影响力等。

（二）我国关于性别平等的政策

促进男女平等一直是我国的一项基本国策。自 1949 年中华人民共和国成立后，起临时宪法作用的《中国人民政治协商会议共同纲领》中就明确规定："中华人民共和国废除束缚妇女的封建制度。妇女在政治的、经济的、文化教育的、社会的生活各方面，均有与男子平等的权利，实行男女婚姻自由。"

《中华人民共和国宪法》在"公民的基本权利和义务"章节中明确指出："中华人民共和国妇女在政治的、经济的、文化的、社会的和家庭的生活等各方面享有同男子平等的权利。国家保护妇女的权利和利益，实行男女同工同酬，培养和选拔妇女干部。"

为了进一步提高妇女的社会地位，有效遏制侵害妇女权益的现象，使妇女获得平等参与经济、文化事务的机会，1992 年，我国颁布实施了《中华人民共和国妇女权益保障法》。该法的颁布为倡导宪法精神、保障妇女的基本权益提供了有力的法律依据，得到社会大众的普遍认可。

2011 年 8 月，依照《中华人民共和国宪法》的基本原则，根据《中华人民共和国妇女权益保障法》和有关法律规定，遵循联合国《消除对妇女一切形式歧视公约》、第四次世界妇女大会通过的北京宣言、行动纲领等国际公约和文件的宗旨，按照我国经济社会发展的总体目标和要求，结合我国妇女发展和男女平等的实际情况，国务院制定印发了《中国妇女发展纲要（2011—2020 年）》，旨在进一步提高妇女享有社会保障的程度，改善贫困妇女状况，提高妇女参政水平和社会参与意识，提高妇女受教育水平，提高妇女健康水平，保障妇女权益，改善妇女发展的社会环境。随着中国经济持续增长和社会全面进步，相信两性平等的权利与机会将得到越来越多的保障，女性的发展也将获得全新的机遇。

（三）实现性别平等的途径

作为一个世界性的社会问题，性别平等的实现是一项长期的任务，需要依靠决策者的重视，引导全社会广泛参与、共同努力。促进性别平等可以从以下几方面逐步推进。

1. 重视学校性别平等的教育 学校是学生学习社会性别平等的正规途径。教材、教师、教育管理者以及教育环境都对学生社会性别意识的形成产生深刻的影响。教育主管部门应对学生使用的所有教材内容进行社会性别评估，使学生能够使用具有更加公平的性别视角的教材。开展对教师的社会性别与教育培训，提高教师的社会性别敏感性和性别平等意识，通过教师不带有社会性别偏见的授课，学生能够树立性别平等意识。建设性别平等的学校环境，让学生在耳濡目染中认识社会性别平等的意义。

2. 加强性别平等政策的宣传 尽管我国法律中针对性别平等做出了明确的规定，但很多人还没有意识到性别平等与个人、家庭和社会的密切关系，没有树立起积极、正确的性别观念，影响了实现性别平等的进程。针对这一情况，应当加大研究和宣传的力度，并综合运用法律、经济、行政等多种手段，促进相关机构间的密切合作，共同贯彻落实男女平等的基本国策，推进男女平等基本国策的实施。

3. 创建平等的社会环境 女性的发展也需要良好社会环境的支持。女性参与决策和管理的环境需要进一步优化，争取与男性平等的机会；各类女性团体、维权机构应完善工作机制，充分发挥监督作用，提供及时有效的服务，并动员社会力量共同维护女性的合法权益，促进相关法律、法规的贯彻实施；社会舆论环境能够倾听女性的声音，使女性的需求和意见能够反映到决策机构中，争取自身权利的平等。

4. 强化媒体的引导作用 应充分发挥传媒在促进性别平等中的积极作用，引导人们树立性别平等的观念。除了介绍国家关于女性工作的法律、法规、方针政策外，也应重视女性在国家经济建设和社会发展中所发挥的作用，关注女性发展过程中所面临的重大问题，如女性在参政、就业、教育、健康以及婚姻家庭生活等方面的发展现状和遇到的困难，充分发挥舆论的监督作用，对女性形象形成新的认识，进而倡导性别平等。

五、大众媒体与社会性别

媒体与社会性别是当今世界各国的一个热点话题。这不仅因为社会性别作为社会责任的主要内容之一，受到包括媒体在内的社会各界的普遍关注和广泛重视，还因为媒体引领社会的价值取向和舆论导向，对促进性别平等发挥着不可替代的作用。

（一）媒体中的社会性别形象

媒体中的社会性别形象，反映的是社会对于两性特质的不同期待，会被受众逐渐内化为自身的性别标准，并成为衡量自身和异性的重要工具。因此，分析常见媒体中的社会性别形象，有助于发现其中所存在的问题和相应的解决方法。

1. 新闻 在报纸、电视、广播等多种媒体中，男性都是新闻报道中的主角，不仅出现的比例更高，形象也以决策者、专业人士为主，他们当中，将近50%的人年龄在50岁以上。

而出现在新闻中的女性，不仅比例很低，且以家庭成员或明星为主，其中75%左右的人年龄低于50岁。这种对两性刻意的区别对待的现象与实际情况不符，说明传媒对于女性在许多职业领域的贡献和事迹不够重视。新媒体女性网络曾在全国的7个大区域中，选择了8家报纸、9家电视、8家广播进行抽样调查，并于2006年3月5日"媒介有性别"的活动中发布了监测报告。结果显示，在这些媒体的新闻人物中，广播中的女性新闻人物所占的比例最高，但仅为28%，电视中女性新闻人物的比例为20%，报纸中的这一比例最低，仅为11%。综合几种媒体，女性所占的比例为19%，作为发言人、专家和评论者身份出现的女性就更加稀少，仅占10%左右，但以家庭角色出现的女性，却是男性的3倍以上，被描述为受害者的女性，也达到男性的2倍。

媒体中的性别倾向在全球都有很大程度的相似。美国一项针对新闻报道的调查同样发现，对于男性新闻人物，报道中普遍关注的是他们的政治见解、专业职责等，但在介绍女性政治家时，强调的却是她们的婚姻、家庭状况和外貌，对那些有主见、强势的女性，传媒往往充满敌意，如关于美国前第一夫人希拉里的新闻中，有60%是负面的。

2. 教材 2001年5月22日，国务院发布了《中国儿童发展纲要（2001—2010年）》，其中强调："将性别平等意识纳入教育内容。"在这一政策的指导下，许多研究分析了教材中所存在的性别问题，并推动了新的教材改革。

作为学生学习的主要资源，教材所提供的信息直接影响着学生的观念和行为。因此，教材需要特别注重信息的全面性、准确性。但在以往的很多教材中，男女两性的人物在数量、身份上都存在着很大的差异。一项针对小学语文系列教材的分析结果显示，人教版1994—1998年间的12册语文教材，在描写或包含人物的课文中，涉及人物总数236人（次），其中，男性出现频数为177人（次），占人物总数的75%。此外，这些男性形象既包括领导人、科学家，也涉及军人、医生、教师、干部等，具有社会角色的男性占到总数的64.4%，颂扬的是这些人物的能力和主体性。而女性角色方面，出现频率最高的身份是妈妈或奶奶，其次是女儿或孙女、学生等，以家庭型角色出现的人物占总数的60%，社会型角色稀少。

在某地理教科书课后练习部分，"想一想"、"做一做"使用的是男孩的图标，而"读一读"则使用女孩做图标。这一现象实际上反映出了对男孩和女孩不同的观念和期待，即认为男孩更善于思考和动手操作，女孩更擅长资料的收集和整理。也有调查发现，在反映智力水平要求比较高的活动时，插图使用男性形象的比例达到60%，生活习惯中犯错误的孩子使用男性形象的比例达到63%，研究者认为，这反映了传统观念中对男孩的刻板印象，认为男孩聪明、调皮。此外，教材中的职业形象也表现出明显的性别刻板印象：插图中科学家、军人更多地使用男性形象，教师、服务员则主要使用女性形象。而在实际生活中，这样的性别分工已被突破，教材中更应展现现代性别平等的理念。

教材中的性别刻板印象对学生有一定的负面影响。由于缺乏可效仿的榜样，女生的全面发展受到阻碍，甚至产生内化的性别自卑感。而教材对公共领域和私人领域做出的性别划分，潜在地影响了男生参与家庭生活的积极性，对男性勇敢、坚强、独立自主等品质的过分宣扬，也使男生习惯于压抑自己的情感。

20世纪70年代后，美国等国家的教材在男女人物比例、插图、社会角色的多样性方面有了明显的改善。1987年的一项研究发现显示，在教材的1121个故事中，女性的职业达到

37 种，相较于 60 年代初和 60 年代末的 5 种和 23 种，有了很大幅度的提高。此外，教材中以男性为主角的故事占 18%，以女性为主角的故事占 17%，比例较为接近。随着新一轮教材改革的开展，我国通过教材体现性别平等观念的趋势也已经越来越明显。调查显示，在我国的新版教材中，女性形象选文的比例有所增加，女性形象也更为丰富，力求体现时代感。

3. 文学及影视作品 在传统文学、影视作品中，男女两性的形象存在一定差异。美国著名的女性主义电影批评家劳拉·穆尔维认为，在很多经典电影中，男性人物被塑造为积极、强有力的，支配着剧情的发展，而女性人物则被刻画为被动、无奈的，只是男性人物欲望的对象而已。相对于男性形象，女性形象呈现更明显的两极性，符合男性期待的女性形象被描绘成正面的、美丽的，而违背男性期待的女性，则往往被夸大、贬低。

在汉乐府民歌《孔雀东南飞》中，女主人公刘兰芝端庄、善良，被普遍认为是具备传统美德的女性形象。刘兰芝的言行举止，体现的是汉代对女性妇德、妇言、妇容等方面的要求。刘兰芝被遣前对焦母的孝顺，被遣后以死抗争家长和官吏对她的操纵，突出了女性应为家庭、感情牺牲的观念。

另一方面，背离传统女性标准的行为，常会使女性形象被刻意贬低。在莎士比亚著名的戏剧《驯悍记》中，凯瑟丽娜被描绘成狂暴、凶悍的，彼特鲁乔为了获得凯瑟丽娜的嫁妆，愿意娶她为妻。两人结婚后，彼特鲁乔用精神和肉体的双重折磨将凯瑟丽娜驯化成为男性社会所接受的女人。到了现代，很多新版《驯悍记》作品淡化了原剧中的男性主义色彩，但《驯悍记》仍能够体现出时代背景下，男性对女性的要求及男女关系的不平等。

文学、影视作品中的性别形象，实际反映的是社会对两性特质的要求和期待。如中国传统文化要求女性贤淑、端庄，强调女性对丈夫的忠贞、对长辈的孝顺。因此，很长一段时期的作品中，具备这些特征的女性形象就会被颂扬，而违背这些要求的女性形象则被贬低。

20 世纪 90 年代，中国的文学、影视作品对女性的描述出现了转变和突破，现代女性独立、时尚的特征，在一定程度上反映了现实中女性形象的改变。目前，男女两性在文学、影视作品中的形象已经有了很大改变，但媒体仍习惯于将男性描述为理性的、有能力的，而倾向于将女性描述为感性的、柔弱的，很多作品通过男性的视角、价值观，或男女两性的关系塑造女性形象，将符合男性标准的女性美化、理想化，或经常出现女性需要男性给予帮助的情节，这些都是性别刻板印象在现代作品中的体现。如在电影《花木兰》中，花木兰女性形象的建构存在一定突破，体现了反传统的一面，女性的地位和价值在影片中得到了提升。尽管影片中的花木兰英勇不屈，但仍被描述为重视感情、缺乏理性的，性格上仍存在很大缺陷，而文泰这一男性形象则被赋予了"救世主"的色彩，帮助花木兰克服了性格上的缺陷。可以看出，文学、影视作品中对两性的塑造依然没有完全摆脱传统的性别刻板印象。

4. 商业广告 广告对人们生活的影响已经渗透到各个方面，广告或展示商品，或营造气氛，使观众受到吸引和影响。广告作为文化的重要表征，同样通过大量的男女两性形象，引发观众的欲望，达到商品促销的目的。

在现代广告中，男女的形象存在很大差异。与家庭生活有关的广告人物，几乎都由女性担任，涉及家用电器、洗涤用品、食品等，而与事业有关的广告人物，大部分由男性担任。有统计称，在被调查的商品广告中，洗涤用品等广告上的人物全部为女性，而食品等广告上的女性比男性多一倍。在这些广告中，男性形象多是成熟的、干练的，而女性形象则是温柔的、母性的。同时，很多无性别区分的商品或男性商品广告也采用女性形象，在这一类广告中，很多女性形象的出现只为展现女性的外貌、身体，超出了说明商品功能的需要，把女性放在供男性观赏的位置。

广告中所反映出的性别刻板印象是显而易见的。广告中的男女人物承担了完全不同的社会分工，男性更多地出现在工作场景中，女性在广告中常常忙碌于家务劳动，或仅仅是其他男性的观赏对象。有研究者对 1994 年全国十大城市电视广告的调查分析发现，在广告中，女性出现在家庭场景中的比例为 50.8%，其中 26.8% 的女性在做家务，而在从事工作的女性形象仅占 14.5%；出现在家庭场景中的男性占 36.6%，但在做家务的仅占男性形象的 5.3%，其余表现的是男性在家庭中休闲、娱乐的情景。这一现象反映出了媒体对于男女两性评判标准的不同，对男性以事业成就为导向，而女性的价值则以为家庭的付出或外表特征为导向。在这种视角下，是否对男性具有吸引力成为衡量女性的重要标准，而女性的主体性、独立性被忽视和淡化。

随着社会的发展，广告中的女性形象出现了积极的转变，能够更全面、更真实地反映实际生活中女性的状态。女性形象不再局限于推荐厨房用品、美容用品，一些科技产品的广告中也出现了女性形象，表现出现代女性对事业、生活的追求，有助于降低广告中性别刻板印象对观众的影响。

（二）媒体与社会性别的关系

伴随着科技的进步，媒体在人们的生活中起着越来越重要的作用，不仅传递了大量的信息，也深刻影响着人们的价值观。媒体使不同的人群都有机会表达自己的看法，促进性别平等的实现，但也有可能加强固有的性别观念，即加强了人们的性别刻板印象。

1. 媒体对两性特质的描述　目前，媒体中两性的形象仍然受到传统性别观念的影响，男性坚强、理性，女性温柔、感性的性格特点被媒体放大和肯定，男性作为对事业富有进取心的成功人士、女性作为年轻美丽的代表或家庭主妇的形象在媒体中相对固定，体现了媒体利用受众熟悉的价值和占主导地位的意识形态，来建构不同性别模式的趋势。

一些媒体过于关注女性的情感、家庭生活，对两性特质的表述已经超出了真实的性别差异表现，使性别刻板印象进一步加深。

2. 媒体对两性形象的塑造作用　媒体对社会的价值取向和舆论导向具有一定的引领作用。因此，媒体对两性的描述影响着人们评价自己和异性的标准。

事实上，女性美的标准在很大程度上与媒体所提供的女性形象有关，媒体所宣传的女性形象也成为规范女性和女性自我规范的一种标准。而媒体中将女性描述为被欣赏者的现象，使女性被动的审美客体地位被进一步巩固。在一些女性报刊和网站中，存在着误导女性盲目瘦身、整容的现象，使女性受到媒体商业化和消费主义倾向的负面影响。

媒体对大众的塑造作用不仅体现在女性身上。媒体塑造的男性标准，也增加了男性的高成就动机，加重了男性的精神负担和心理压力，使男性群体更经常地感受到来自挫折与失败的威胁，对自己的满意程度也因此大为降低。

可见，媒体不恰当的性别观念很容易影响人们的价值取向，使女性的追求更多地集中于对外表、服装的修饰上，使男性过于看重事业成就和由此带来的经济利益，在一定程度上限制了两性的自由发展。作为大学生，对于媒体所提供的性别角色信息，应具备一定的辨别和批判能力。

（三）媒体中的性别歧视及应对

要改变性别刻板印象充斥于媒体作品中的现象，需要政策的积极倡导，注重培养媒体从业人员的性别意识，加强对媒体的监测，女性也应当通过媒体表达看法、提出建议，通过媒体促进性别平等的实现。

1. 媒体中的性别歧视倾向 目前，媒体的性别意识仍然比较薄弱，尽管女性已经在社会发展中发挥了与男性同样重要的作用，担负起了相应的社会责任，但媒体的报道视角仍然没有改变，女性常以妻子、母亲、情人等他者角色在媒体中出现，没有被媒体视为独立的个体，而是被男性欣赏、评论的对象，以附属品的形象出现。大众媒体使女性的形象仅停留在审美的层面上，体现了男性作为欣赏者，女性作为被欣赏者的不平等的两性关系。

媒体对女性形象的表现和传播，与现实生活中的女性形象和特征并不完全符合，对观众存在一定的误导作用。如电视广告为了刺激人们的消费欲望，突出女性外在形象对男性的吸引，表现了男性以自身观念和期待而对女性形成的一种评判标准，影响了女性对自身的判断，而趋向于追求被男性所认可的外在特征。

另一方面，媒体在女性形象塑造上的缺失现象仍然普遍存在。媒体对女性的报道，焦点仍多集中于家庭、教育、美容等领域，针对女性的工作能力、成就或需要等方面的报道却很少，对女性在这些方面所做的贡献、发挥的作用不够重视，尚不能全面、正确地反映女性在社会上的地位和作用。女性的意见在媒体中的表达不够充分，导致女性的影响力低于应有的水平，也在一定程度上限制了女性在社会工作领域获得与男性相同的发展机会。

2. 媒体与性别平等的推动 媒体与社会性别之所以能够成为当今的热点话题，一方面，缘于媒体对于社会性别的关注、重视程度越来越高；另一方面，媒体对公众有很大影响力，能够将适宜的性别意识和性别观念传递给受众，在有效促进性别平等方面发挥了不可替代的作用。

因此，国家将媒体视为重要的社会环境，通过政策对媒体所传递的性别观念予以规范和优化。2005年8月，国务院新闻办公室发表了《中国性别平等与妇女发展状况》白皮书，在"妇女与环境"部分介绍了不同媒体形式对性别平等所做出的努力："中国政府不断优化妇女的生存和发展环境，积极发挥妇女在保护和改善环境中的作用，努力为妇女创造良好的生存环境和发展空间……积极创造有利于性别平等与妇女发展的社会环境，逐步消除社会对妇女的偏见、歧视及贬抑。国家加大了对男女平等基本国策的宣传力度，政府有关部门负责人和各省（自治区、直辖市）领导分别在国家和地方新闻媒体上发表文章，阐述性别平等对社会发展的意义，肯定妇女在经济和社会各领域的作用和贡献。报纸、电视台、电台等新闻媒体制作播出了一批倡导性别平等、维护妇女权益、展示妇女风采的节目和报道。此外，政府支持妇女组织与新闻媒体合作开办节目，展示妇女在经济和社会发展中的作用，激励妇女使用和掌握信息资源。"

而随着社会环境的改善，女性有了更多的机会，通过媒体表达性别平等的观念，提出自己的意见。首先，媒体从业人员中女性比例的增加，特别是成为制片人以及进入管理中高层、作为决策者的女性人数的上升，将有助于把女性的意见融入影视、新闻、广告等作品中，并通过这些作品展示真实、健康的女性形象，向受众传递正确的性别意识。此外，随着互联网等现代媒体形式的普及，越来越多的女性能够更便捷、更自由地获取信息、发表意见、相互交流并讨论性别平等问题。新媒体技术的应用在一定程度上改变了受众的被动地位，使用网络的女性有更多的表达、交流途径，也因此满足了更多的个人需求，其社会价值观念更为开放，拥有更多的生活选择。此外，许多学者、活动家和妇女组织创建了相关网站，使性别平等的声音有了更多的表达和传播途径，成为促进女性发展、传播性别平等意识的重要途径。作为大学生，也应形成通过媒体合理、有效地发表观点的意识，为推动性别平等的实现做出贡献。

参 考 文 献

卜卫. 2006. 社会性别与儿童报道培训手册［Z］. 国务院妇女儿童工作委员会办公室，联合国儿童基金会.

卜卫. 2002. 社会性别视角中的传播新技术与女性［J］. 妇女研究论丛，2：34-42.

卜卫. 2001. 媒介与性别［M］. 南京：江苏人民出版社.

陈雨亭. 2003. 我国中小学教科书中性别不平等的社会学分析［J］. 当代教育科学，3：40-42，46.

戴维·迈尔斯. 2006. 社会心理学［M］. 张智勇，乐国安，侯玉波，等，译. 8 版. 北京：人民邮电出版社.

高洋，窦克林. 2010. 电影《花木兰》中的女性形象分析［J］. 青年记者，11：49.

国务院. 中国儿童发展纲要（2011—2020 年）［Z］. 2011-08-08.

国务院. 中国妇女发展纲要（2011—2020 年）［Z］. 2011-08-08.

国务院. 中国儿童发展纲要（2001—2010 年）［Z］. 2001-05-22.

国新办就第六次全国人口普查主要数据公报举行发布会［EB/OL］. 中国网，http：//www. china. com. cn/zhibo/2011-04/28/content＿22446706. htm，2011-04-28.

国新办就第三期中国妇女社会地位调查等情况举行新闻发布会［EB/OL］. 中国网，http：//www. china. com. cn/zhibo/2011-10/21/content＿23658179. htm，2011-10-21.

黄琳. 2005. 劳动力市场中性别歧视的社会成本分析［J］. 人才开发，12：16-17.

杰瑞·M. 伯格. 2004. 人格心理学［M］. 陈会昌，等，译. 北京：中国轻工业出版社.

李巍. 1997. 设计家——女性形象广告［M］. 杭州：浙江人民美术出版社.

凌菁，唐亚琴. 2009. 媒介素养与性别意识的重建［J］. 东南传播，9：92-94.

刘建中，孙中欣，邱晓露. 2010. 社会性别概论［M］. 上海：复旦大学出版社.

刘霓. 2001. 社会性别——西方女性主义理论的中心概念［J］. 国外社会科学，6：52-57.

媒介有性别，新闻有歧视？［EB/OL］. 新浪网，http：//ent. sina. com. cn/x/2006-03-15/10041016348. html.

2010 年第六次全国人口普查主要数据公报（第 1 号）［EB/OL］. 中华人民共和国国家统计局，http：//www. stats. gov. cn/tjgb/rkpcgb/qgrkpcgb/t20110428＿402722232. htm，2011-04-28.

彭飞. 2005. 大众媒体中的性别意识对女性发展的影响［J］. 理论界，11：107.

乔晖. 2008. 小学语文教材的性别偏见——从女性主义视角出发［J］. 教育学术月刊，7：26-42.

秦启文，余华. 2001. 性别角色刻板印象的调查［J］. 心理科学，24（5）：593-594.

石美遐. 2005. 中国现阶段女大学生就业问题研究［J］. 妇女研究论丛，69：43-46.

时蓉华. 1999. 现代社会心理学［M］. 上海：华东师范大学出版社.

史静寰. 2004. 走进教材与教学的性别世界［M］. 北京：教育科学出版社.

史静寰. 2002. 教材与教学：影响学生性别观念及行为的重要媒介［J］. 妇女研究论丛，2：32-36.

史习江. 2005. 性别平等与新一轮课程教材改革［J］. 妇女研究论丛，69：21-23，28.

孙颖. 2006. 新闻重男轻女，广告重女轻男？［N］. 北京晚报，03-08.

王建平. 2005. 变态心理学［M］. 北京：高等教育出版社.

王金玲. 2006. 中国妇女发展报告 No. 1（′95＋10）——妇女发展蓝皮书［M］. 北京：社会科学文献出版社.

王金玲. 2001. "社会性别与社会学"读书研讨班综述［J］. 妇女研究论丛，2：63-67.

西蒙娜·德·波伏娃. 1998. 第二性［M］. 陶铁柱，译. 北京：中国书籍出版社.

杨洁，吕改莲. 2002. 社会性别刻板印象的直接映射——对小学语文教材人物的性别分析［J］. 陕西师范大学学报（哲学社会科学版），31（4）：109-116.

叶文振，刘建华，等. 2002. 女大学生的"同民同工"——2002年大学本科毕业生就业调查的启示［J］. 中国人口科学，6：56-62.

游飞，蔡为. 2002. 世界电影理论思潮［M］. 北京：中国广播电视出版社.

张龙. 2007. 我国反就业性别歧视立法研究［J］. 北京工商大学学报（社会科学版），22（5）：97-102.

郑新蓉. 2005. 性别与教育［M］. 北京：教育科学出版社.

中国儿童少年基金会. 春蕾计划项目介绍［EB/OL］. 中国少年儿童基金会网站，http：//www.cctf.org.cn/xmjs.asp? cc＝1&dd＝11.

中国国务院新闻办公室. 中国性别平等与妇女发展状况［EB/OL］. 新华网，http：//news.xinhuanet.com/newscenter/2005-08-24/content_3395409.htm，2005-08-24.

中国人民政治协商会议共同纲领［Z］. 新华网，http：//news.xinhuanet.com/ziliao/2004-12/07/content_2304465.htm.

中华人民共和国宪法［M］. 北京：法律出版社，2004.

周乐诗. 2005. 女性学教程［M］. 北京：时事出版社.

性倾向和性别多元　第4章

人的性本质不仅包含生理性别和社会性别角色，也包括性倾向和性别认同。人们对生理性别和社会性别角色的了解，远远多于对性倾向和性别认同的认识。在性倾向和性别认同方面似乎与主流不符的一些人群，如同性恋、双性恋和跨性别群体，虽然在数量上来说属于少数群体，但是他们跟所有人一样，享有平等和不受歧视的权利。社会主流人群曾经将这些群体统称为弱势群体，但近年来不带有感情色彩的表述，称之为"性少数群体"则更为性别多元者所接受。

一、性倾向

有学者认为，人的性倾向是天生的而非后天塑造，但受文化、社会宽容度等因素的影响，有些人可能不会一开始就清楚地意识到自己真正的性倾向。虽然从 20 世纪 80 年代起一些所谓先锋的文化观点认为人的性倾向不是天生的，而是通过社会和文化建构的，但这种理论并没有得到科学界研究的支持，只在文学评论、性别文化表达和性权运动中具有一定的影响。

作为大学生需要分清作为生物属性人的性倾向和作为文化研究视角下的性倾向表达，与我们个人如何相关。

（一）性倾向的类型

性倾向指一个人在情感、浪漫、与性上对男性及女性有何种型态的耐久吸引。通常，性倾向被归为三类：异性恋（对异性产生浪漫情感与性的吸引）、同性恋（对同性产生浪漫情感与性的吸引）、双性恋（对两性均能产生浪漫情感与性的吸引），此外，亦有无性恋的概念（对两性均无浪漫情感与性的吸引）。性倾向的多样情况，在人类历史和世界不同国家与文化中都有描述。

根据心理学、社会学和人类学等统计结果，异性倾向者约占总人口的 95%，而同性倾向者、双性倾向者的比例分别为 3%～5% 和 1%～2%。没有科学研究足以证明"改变性倾向"的治疗是安全或有效的；事实上，对于同性恋者或双性恋者，这些治疗通常会带来负面影响或心理阴影。

研究表明，性倾向形成于童年或青少年早期。通常情况下，个体在 7～10 岁时已经出现性吸引。通过觉察性吸引和感情欲望，可以判断自身的性倾向。有学者主张，性倾向具有持久性，是不可改变的，而人类的性行为具有高度可控性。因此，个体可能出现与性倾向不相符合的性行为，如同性倾向者涉入异性性行为，或异性倾向者涉入同性性行为。与同性或异性的性行为，并不能说明一个人的性倾向。

（二）性倾向的根源

性倾向的根源可能与遗传基因有关。有针对男性的调查结果显示，如果同卵双生子中的一个是同性恋者，另一个也是同性恋者的比例为52%，在异卵双生子中，这一比例为22%，而在非双生子的兄弟中，这一比例为9%。另一项关于女性同性恋者的调查结果与此相似，双方都是女同性恋者的比例在同卵双生子中占51%，在异卵双生子中为10%。这也就是说，共享的遗传基因多，性倾向相同的可能性也更高些。

人类的性倾向还有可能具有解剖学基础。通常情况下，男性的下丘脑前部较女性更为复杂，而西蒙·列维（Simon LeVay）的研究发现，男同性恋者的下丘脑前部组织数量约是男异性恋者的一半，与女性的组织数量更接近。根据动物实验结果，下丘脑前部是控制雄性老鼠性行为的脑区，研究者推测，怀孕早期的激素阻断可能导致后代下丘脑前部变小，并影响到后代的性倾向。

环境学派的研究者则通过追溯同性恋者的童年家庭教养经历和早期性经历，寻找可能的原因。这些研究往往反映出同性恋者父辈和异性恋者父辈的不同，男同性恋者报告说，母亲对他们的态度是引诱而压抑的，并且不允许他们追求"男子气"，而女同性恋则报告，她们的家庭环境中，母亲疏远自己，她们的行为方式是非女性的。还有的研究提示，青春期的第一次性经历对性倾向有影响。

目前，产生不同性倾向的原因还有待进一步的研究，但多数学者认为，这一现象是多种因素共同作用的结果。

仅有少数人，特别是在女性群体中，性倾向存在一定的流动性，而绝大多数人的性倾向是终身不变、也无法改变的。迄今为止，没有足够的证据显示通过外界干预的方式，可以改变个体的性倾向。

（三）平等对待不同性倾向者

过去，将性障碍定义为损害男女之间亲密性关系的各种不正当情况，因此，同性恋等性倾向也被视为一种障碍。现在的理论则认为，虽然同性恋可能会损害两性间的性关系，但并不会损害两个男人或两个女人之间的关系，因此，已经不再把同性恋视作一种障碍。

尽管如此，非异性性倾向人群仍存在被社会边缘化的现象，并且承受着较大的压力，特别是同性恋者，他们较为强烈地希望能与固定的同性伴侣一起生活、受到国家的保护，并希望法律承认同性间的婚姻。由于保护同性恋者的相关法律的缺失，以及"不孝有三，无后为大"这一社会传统思想的影响，很多同性恋者被迫选择异性婚姻，同时在婚姻外寻找同性性伴侣。这在很大程度上严重损害了其异性婚姻配偶的利益。据估计，中国目前大约有1600万"同妻"，即在不知情的情况下与同性恋男性结婚的女性，她们在身心方面所遭受的痛苦正在日渐受到社会的关注。

目前，社会上依然存在基于性倾向和性别身份的污名和歧视，包括对于双性恋存在的漠视等。很多同性恋者在儿童时期就曾经因为其不同的性表达和性行为而遭受过言语和身体上的羞辱、骚扰甚至暴力，这严重影响到他们的身心健康和正常生活，严重者甚至会出现自杀倾向和行为。鉴于这种状况，我们应该强调，不同的性倾向者同样享有健康、教育、安全、尊严、不受歧视和暴力的权利，同样需要社会的关爱和给予表达空间。

二、同性恋合法化历史和进程

同性恋一词自 1869 年由匈牙利医生卡尔·柯本尼（Karl Maria Kertbeny）第一次使用后，同性恋人群争取平等权利的运动就成为人类追求自由和进步的历史的一个组成部分。1969 年，在美国的纽约州发生了同性恋者与当地警察的暴力冲突，即著名的"石墙起义"，被认为是同性恋人群争取权利运动的转折点。同性恋运动的目标主要包括争取同性恋的非罪化和非病化，以及平等的婚姻权利。

（一）同性恋的非罪化

《中华人民共和国刑法（1997 年修订）》，把流氓罪分解为几个罪名，不再单独设立流氓罪。由于此前流氓罪常用于处罚同性恋，因此，流氓罪的取消被广泛地认为是"中国同性恋的非罪化"的标志。尽管有学者认为，中国并不存在"同性恋的非罪化"的改变过程，但这仍然被视作同性恋在法律上得到正名。

尽管目前中国并不承认同性婚姻，也没有相应的反歧视保护措施，但是具有同性恋者身份、同性性行为以及同性之间建立非婚的感情和同居关系并不受到法律限制。在一些地方法规的立法中，同性伴侣关系正在被逐渐视为亲密关系中的一种，尤其在涉及亲密关系暴力问题的保护立法进程中。

（二）同性恋的非病化

1990 年 5 月 17 日，世界卫生组织将同性恋从《国际疾病和相关健康问题分类》（第十版）（ICD-10）名单上删除。

2001 年 4 月 20 日，中国精神病学会颁布《中国精神病分类与诊断标准》（第三版，即 CCMD-3），不再把同性恋统划为病态。新标准公布认定同性恋的性活动并非是心理异常，具有去病理化历史意义。"纠正"同性恋的治疗不再具有"合法性"。

（三）同性婚姻

同性婚姻指生理性别或性别认同相同的两人之间的婚姻关系。

自 2001 年荷兰成为第一个允许同性伴侣登记并认可其婚姻有效性的国家以来，截至 2013 年 3 月全球已有 11 个国家全国性、美国九个州与首都（美国由各州自主管辖婚姻事务）及墨西哥首都均先后承认同性婚姻的权利并准予注册。

此外，19 个国家及 4 个国家内的司法区域承认"民事结合"，在权利与义务上与传统婚姻具有同等法律地位，但不称作"婚姻"；6 个国家及 1 个美国的州承认其他司法区域的同性婚姻，但在本国或本州仍不予登记。另外，在几十个国家及美国多个州，有关同性婚姻的政治与法律辩论正在进行中。

在中国，亦有学者和社会工作者在推动法律允许同性婚姻。

三、跨性别现象

通常情况下，个体对自身性别的认定与生理特征是一致的，但也有些人的性别感与其他人不同。性别认同指的是个体对自身性别的认定，当我们的性别认同与我们解剖、生理上的性别特征恰好相反，就出现了跨性别（transgender）现象。

2012 年 12 月 1 日，美国精神病学学会批准了新版《精神疾病诊断与统计手册》（DSM-5），对之前版本的修订内容，包括删除通常被用来指跨性别的"性别认同障碍"（gender identity disorder），将其改为"性别焦虑"（gender dysphoria），指因自我认同的性别与生理性别之差异而产生的情绪不安等。世界范围内跨性别的非病理化过程正在推进中。目前在中国，跨性别仍然被视为精神疾病。

（一）跨性别的表现

在跨性别群体中还有一些细微的差异，形成了一些次团体。包括变性症者（transsexual/TS）、异装者（crossdresser/CD）以及扮异性者（transvestite/TV）。

1. 变性症（transsexualism） 一个生物学上的男性或女性个体，尽管他（她）们清楚地知道自己的生物学性别，但却在心理上感觉到自己是异性，并渴望改变自己的生物学性别，1949 年，考尔德韦尔（Cauldwell）首先把这种现象称之为"变性症"，这样的个体称之为"变性症者"。

从过去的医学角度看，变性欲望被称为"性别认同障碍"或者"自我认知障碍性疾病"（gender identity disorder）。这不是简单地希望成为另一性别的人，而是一种内在的、不可抗拒的感觉。变性症者认为自己被困在了异性的身体中，因此，想要彻底摆脱自己的生殖器官，并拥有异性的性别特征，希望自己能像异性一样生活。对于变性症者来说，自己原本的身体常令他们感到厌恶，他们对未来感到渺茫、沮丧，甚至可能出现切断生殖器、自杀等行为。

相对而言，变性症者的比例是比较低的，根据瑞典和澳大利亚的相关研究，人们估计变性症者在两国男性中的比例分别为 1/37 000 和 1/24 000，在女性中的比例则为 1/103 000 和 1/150 000。约有 1/3 变性症者会结婚，其中半数最终离婚，有 16% 左右伴有抑郁状态。

需要注意的是，变性欲望与同性倾向没有任何关系，是两个完全不同的现象。

2. 异装 异装指反复、强烈性渴求、性想象设计异性装扮，并付诸行动的情况，通常表现为异性恋的男性持续地穿着女性服装以产生性唤起、达到性满足。这与之前所述的变性症者是有所区别的，尽管他们的表现可能都是穿着异性的服装，但目的不同，变性症者的目的在于以异性的方式生活，异装者的目的是达到性满足，而不是变成异性。当穿着异性服装时，异装者会感到放松、舒服，若遭到阻止会感到非常沮丧。但通常情况下，异装者不会公开地进行这些行为，因此，异装者的比例很难估计。目前，学者们估计异装者的比例低于 1%。

3. 扮异性 扮异性则指经常性地穿着异性服装者，有些甚至在日常生活的所有时间里都以异性的社会角色度日。有的人会通过长期服用激素类药物尽量减弱自己原本的生理性别特征，让自己的第二性征更加接近自己所认同的性别。但是也有的人不选择服用药物来改变自己的生理特征。

（二）跨性别的可能原因

对于跨性别的原因，目前还没有确切的答案。医学研究发现，早期胚胎有发展成为男性或女性器官的潜能：在怀孕 7 周后，如果没有分泌胎儿雄性激素，胚胎就倾向于发展为女性，若分泌了足够的雄性激素，男性生殖器官将开始发育。这一时期的雄性激素水平不仅决定了生殖器官的发育，也决定了性别认同。

学者们推测，决定性别认同的最主要因素是胎儿期激素，并且为决定性的因素，但教养、青春期激素、生殖器官等因素也起到了一定的作用，这些因素的作用在于加强或削弱性别认同感。在一些案例中，报告了跨性别者在幼年时期被父母当作异性孩子抚养，而加强了儿童对异性性别认同的情况。

（三）性别重组

过去，对变性症者的治疗包括心理治疗、药物治疗和外科治疗。有些专家认为，常见的心理治疗对变性症者几乎是无效的，而性别重组，也就是性别转换手术，使变性症者有机会获得他们希望得到的性别特征。

目前，已经有许多国家允许个体改变自己的性别认同，主要的手段是通过外科手术和激素水平的改变获得异性的性别特征。性别转换手术始于 1926 年，并在 1945 年后得到较为广泛的应用。通常情况下，申请接受手术的变性症者需要先改变自己的姓名、着装、举止，以异性的身份生活两年，从而减少手术所带来的心理伤害。

通过对手术效果的追踪调查，不同的研究者得到的结论不完全相同。荣格（Junge）等人的研究结果显示，10%～15% 的变性症者在手术后感到不满意。而荷兰的研究结果表明，大部分变性症者在手术后对自己新的性别角色感到自信，对手术效果比较满意，他们对生活的适应良好，也比以前更快乐。

2006 年 6 月 2 日，西班牙政府通过一项新提案，允许变性症者不必接受变性手术的情况下获得法律认可的变性身份。而且，目前而言，对于手术变性，西班牙国内一些地方已经把变性手术费用纳入社保福利范围。相对于"手术变性"的简称，有人将西班牙国家主张的这种"不改变生理性别、直接更改法律上性别身份"的做法简称为"法律变性"。

我国对变性手术有相关规定，包括在法律上承认接受变性手术者的性别身份改变。有资料显示，我国已有 1000 余人做了变性手术。著名的舞蹈表演艺术家金星就是中国一个典型的变性案例，并获得了一定的社会认可度。但是在我国，变性手术的医疗标准尚未统一，既没有法律标准，也没有权威的行业标准。

（四）平等对待跨性别者

通常情况下，跨性别者不会对他人和社会构成伤害，不应该简单地以好坏、对错评价他们。如果在生活中遇到跨性别者，不必感到害怕或刻意孤立他们，采用关心原则协助、接纳他们，可以使跨性别者感受到温暖，从而更好地处理与他人和社会的关系。此外，对待跨性别者，不应歧视或以异样的目光审视他们，而要真诚、友善、理解，使跨性别者也能融入正常的社会生活中。

跨性别青少年更容易遭遇到校园欺凌和暴力伤害，这种伤害可能来自肢体，也可能来自言语，需要我们所有人勇敢地站出来阻止欺凌现象，给予跨性别青少年更多的关心和帮助。

四、媒体中的性别多元表现

（一）电影电视

在早期主流的电影中，比较少见到同性恋、双性恋和跨性别者，即使有也通常具有严重的刻板印象。如将男同性恋者塑造为阴柔、敏感、举止扭捏造作的形象，将女同性恋者塑造成男人婆。同性恋者在剧中也往往处于被奚落和嘲笑的地位，他们的故事也常具有悲剧和阴暗色彩。

随着社会的理解和接纳，性少数群体在西方国家电影和电视剧中的形象发生了巨大的变化。一个时期以来，正面描写性少数群体感情、生活的电影和电视剧增多，甚至成为故事的主要情节。而最新的发展趋势是，性少数群体的身份不再被视作电影和电视剧的卖点，而是作为与异性恋一样的普通人物背景。

在中国，电影和电视剧中的性少数群体的表现仍然非常隐晦。

（二）新闻报道

早期媒体关于性少数群体的报道，往往具有猎奇心态，将性少数群体相关的社会事件放大审视，甚至将其放在道德批判的位置。例如，当同性恋伴侣之间发生感情、金钱纠纷时，媒体可能冠以"为新欢分道扬镳同性旧爱争夺房产闹上法庭"这样的标题，以此博得眼球和制造污名。而同样的事情如果发生在异性关系中，他们的异性倾向不会成为新闻卖点。

随着社会对于性少数群体的理解和接纳，新闻媒体的报道也开始发生变化，更多的开始走入性少数人群中，个人故事的呈现和面临的生存困境成为主要的内容。近年来，有关性少数人群及密切相关人群的社会问题的讨论，包括对于同妻、同性婚姻立法、反歧视等议题，进入新闻报道的视野。以下是一个具有标志性的媒体报道事件：

2011年，中央电视台《24小时》发表了对吕丽萍"反同"言论的评述。主持人邱启明在节目中说："我想，作为一个社会名人，有影响力的名人，自己应该反思或者反省一下。我们尊重名人本人的信仰，甚至我们也允许他们对事物有自己独特的看法，但是，这并不等于去认同一个具有社会影响力的公众人物可以如此公开地对一个在中国社会还有些特殊的群体去表达你的歧视。不用回避，在我们身边有一部分人的性倾向和大多数人是不同的，但是，他们也在为这个社会辛勤地付出着。同性恋者和我们一样，都拥有在这个社会当中生存和发展的权利，并且这样的权利不应该受到哪怕是观念上的侵犯。我们想对同性恋人群说一声，套用一句我们非常熟悉的话，'我可以不认同你生活的方式，但我愿意捍卫你不同于我的生活的权利。'"

（三）网络

互联网对于性少数群体社群的建立具有积极意义，它在某种程度上取代了此前仅有的建立社会关系的空间，如酒吧、公园等。同时，由于互联网的隐匿性使得性少数群体可以更安全地隐藏个人身份与他人建立联络。另一方面，通过网络获得和分享相关的知识，对于帮助性少数群体接纳自我发挥了积极作用。

但是，由于网络的随意性，互联网上仍然充斥着大量不科学的信息。利用网络侵害性少数人权益的事情也经常发生。网络媒体比传统媒体更为开放和自由，在对待性少数议题上也显得较为宽容和灵活。也有专门面向性少数人群提供信息和交友平台的网站存在。

随着移动上网方式的普及，性少数群体（尤其是男同性恋群体）利用手机定位寻找和发现同类变得异常方便，也因此影响了社会关系网络的构成方式和社交格局的变化。与普通公众一样，网络正在深刻地影响每个人的生活，但对于性少数群体，网络则更多一层重要的意义。

参 考 文 献

北京爱知行研究所. 我们的跨性别孩子 [EB/OL]. http：//www. tongyulala. com/communityview. php? id＝37.

跨性别 ABC http：//www. aibai. com/booksview. php? id＝19524.

跨性别——你需要知道的 111 件事 . http：//www. aibai. com/booksview. php? id＝19535.

李洋，张北川，陈官芝，等. 2010. MSM 中同性与双性性取向的男性性工作者的行为特征比较 [J]. 中国艾滋病性学，16（2）：152-156.

李银河. 2009. 同性恋亚文化 [M]. 呼和浩特：内蒙古大学出版社 .

沈渔邨. 2006. 精神病学 [M]. 北京：人民卫生出版社.

王建平. 2005. 变态心理学 [M]. 北京：高等教育出版社.

维基百科，同性恋婚姻 . http：//zh. wikipedia. org/wiki.

我们走进"TA 时代"：双性化、中性化还是性别错乱 [EB/OL]. 中国新闻网，http：//www. chinanews. com/cul/news/2010/05-25/2301681. shtml，2010-05-25.

新闻晨报：央视批评吕丽萍"反同"言论 同性权利不容侵犯. http：//ent. sina. com. cn/s/m/2011-07-06/10243352436. shtml.

约翰·盖格农 . 2009. 性社会学——人类性行为 [M]. 李银河，译. 呼和浩特：内蒙古大学出版社.

LU D. 同志问答：关于性倾向的一些基本知识和概念 [EB/OL]. http：//www. aibai. com/advice _ pages. php? linkwords＝Sexual _ Orientation.

第5章 爱情和亲密关系

自古以来，不论是在诗歌、小说、戏剧中，还是在普通人的生活里，爱情和婚姻都占据着十分重要的地位，成为亘古不变的热门素材和话题。大学校园里，恋爱已不再是让人们大惊小怪的事情，年轻的大学生有着对美好爱情的憧憬和向往，更有着追求美好爱情的权利和自由。那么，对于爱情，人们有着怎样的理解？在选择男女朋友时，有哪些需要注意的方面？应该如何去追求理想中的爱情？在恋爱中，如何正确处理和恋人之间的冲突、维系和谐的关系？失恋了，要用怎样的方式和心态去调适自己？这些都是应该面对和思考的问题。

一、爱情

爱情，它可以使你获得无比的幸福，也可以使你坠入不幸的深渊；可以使你有个腾飞的起点，也可以给你画出一条失足的轨迹。

——斯宾塞·约翰逊（Spencer Johnson）

（一）友谊和爱情

人生得一知己足矣，斯世当以同怀视之。

——鲁迅

友谊和爱情是我们生活中非常重要的两种情感。这两种情感把我们和朋友、恋人紧密联系在一起，使我们得到活力，为我们提供情感的养分，为我们抗压作缓冲，还帮助我们保持身心健康。

一项研究发现，亲密的朋友关系和恋人/配偶关系有很多相似之处，包括接受的程度、尊重的程度、理解的程度、信任的程度、倾吐秘密的程度、默契的程度。同样，两种关系的满意度和幸福度也很相似。共同的兴趣和价值观，相互接受、尊重、理解、信任并乐在其中，是友谊的根基，也是爱情的基础。

友谊和爱情也有一些不同之处，爱人比朋友更迷恋对方，爱情关系也更有排他性；虽然爱情中更可能产生困扰、冲突和相互指责，但是爱情也比友谊更深入、更牢固；友谊似乎是牢固的恋爱关系的基础。加入激情和亲密情感的成分会改变友谊的性质，从而激发新的期待和可能。

但是，友谊和爱情是两种不同性质的关系，人们恋爱或结婚后，会继续维持已有的朋友，并结交新的朋友，对友谊和爱情的关系理解不足，可能会影响恋爱或婚姻的满意度。因此，恋人双方或夫妻双方要进行沟通，表示可以接受伴侣的友谊关系的哪些行为，哪种亲密程度，以寻求相互理解，形成明确的界限，达成共同的观点。

（二）古时的爱情观点

现代的很多爱情宣言都来自早期佛教及希腊语和希伯来语著作。

1. 佛教中的爱情　佛教中有两种爱情——"不幸"的爱情（自爱）和"好的"爱情（创造精神依恋）。"好的"爱情被描述为"独立的爱情"，它不是说不让人们去关心他人，而是要人们接受对方本来的样子，不要求对方改变什么。对一个佛教徒来说，最好的爱是接受对方原来的样子，而不需要对方像你一样。

2. 希腊语和希伯来语中的爱情　希腊人对于爱情的理解有三种，在《新约》中把爱情理解为相伴之爱（phileo）、无私之爱（agape）和身体之爱（eros）。

相伴之爱指建立在友谊基础上的爱，它可以存在于家庭成员之间、朋友之间及爱人之间。

无私之爱指建立在关注他人福祉基础上的爱。无私之爱是精神的、无性的、自然的。这种爱是利他的，不需要任何回报。"为了让你幸福我可以做任何事情"是无私爱人的座右铭，即使这意味着要放弃对别人的爱。这种爱经常不是相互的。

身体之爱指性爱。这种爱寻找一种性方面的表达与满足。在希腊神话中，Eros 是爱神，是阿佛洛狄特（Aphrodite）的儿子。柏拉图认为"真正的"身体之爱存在于两个男人之间。在柏拉图看来，同性之爱是爱情的最高形式，因为它的存在摆脱了生殖本能，没有婚姻束缚。女性由于地位低下，没有受过教育，因此不被考虑成为男人的理想伴侣。这也暗示，爱情与婚姻应该分开对待。

（三）爱情三元论

关于爱情，有各种理论，如美国社会心理学家鲁宾（Zick Rubin）的爱情理论（1970）、加拿大社会学家约翰·艾伦·李（John Alan Lee）的爱情理论（1973）等。美国心理学家罗伯特·J. 斯滕伯格（Robert J. Sternberg）的爱情三元论是目前最重要且令人熟知的理论之一。

斯滕伯格认为，爱情由三个要素组成：亲密、激情、决心/承诺。这三个要素可以形成八类不同的组合，产生八类不同类型的爱情（表 5.1）。

表 5.1　不同种类的爱情

爱情的种类	亲密	激情	决心/承诺
非爱	-	-	-
喜欢	+	-	-
迷恋	-	+	-
空洞的爱	-	-	+
浪漫的爱	+	+	-
友伴的爱	+	-	+
愚昧的爱	-	+	+
完美的爱	+	+	+

1. 非爱　"非爱"指同时缺乏亲密、激情和决心/承诺三个要素的爱情。生活中大部分

人与人之间的关系都属于这一类。两个人也许仅仅是点头之交而不是朋友，彼此的关系是随便的、肤浅的、没有承诺的。

2. 喜欢   "喜欢"指只有爱情中的亲密要素，而没有激情和决心/承诺要素的爱情。喜欢不是随便对哪个熟人或者路人所怀有的感觉，喜欢发生在有着真正的亲近和温暖的友情中。

如果对一个朋友确实有了激情，他/她离开的时候就会强烈地思念他/她，这种关系已经超越了喜爱，可能就是下面要讨论的某种关系了。

3. 迷恋   "迷恋"即一见钟情，指只有爱情中的激情要素，而没有亲密和决心/承诺要素的爱情。当我们被不太熟悉的人激起欲望时会有这种体验。我不认识你，我们从未分享过任何秘密。因为我们素未相识，我没有义务界定我们的关系，我对未来也没有承诺，事实上，我对未来连想都没想过。我想的只有当下，可是，我深深地被你吸引。这就是迷恋的感觉。

迷恋通常是显而易见的，一般作为旁观者往往会看得比较清楚，而体验这一激情的人通常不大明白是怎么回事，这就是所谓的"当局者迷，旁观者清"。迷恋可能突如其来又转瞬即逝。迷恋通常伴有高度的生理心理唤起，如心跳加快、激素分泌增多、生殖器官（阴茎或阴蒂）勃起等。

4. 空洞的爱   "空洞的爱"指只有爱情中的决心/承诺要素，而没有亲密和激情要素的爱情。这种爱见于激情燃尽的关系中，既没有温暖也没有激情，仅仅存在着留下的决心。除非对爱情的责任承诺足够强大，不然，这样的爱情实际上几乎名存实亡，最终很可能变成无爱。

人们一般把空洞的爱情看作长期爱情的最终阶段或接近最终阶段。然而，在一些社会里，空洞的爱是配偶们共同生活的第一个阶段。在包办婚姻中，结婚双方先做出法定承诺，而后慢慢爱上对方。这也说明，空洞的爱不一定是一段长期关系的最末阶段，它也可能是一段爱情的开始。有趣的是，这种婚姻的离婚率并不比因爱情而结婚的人离婚率高。此类婚姻可能发生在不赞成离婚的社会。在这样的社会里，离婚成本比较高。

5. 浪漫的爱   "浪漫的爱"指有爱情中的亲密和激情要素，而没有决心承诺要素的爱情。本质上，浪漫的爱是喜欢和迷恋的结合，相爱的人不仅身体上相互吸引，精神上也彼此默契。这类爱情类似于经典文学作品《罗密欧与朱丽叶》（*Romeo and Juliet*）中的爱情。

6. 友伴的爱   "友伴的爱"指有爱情中的亲密和决心/承诺要素，而没有激情要素的爱情。这种爱情实质上是一种长期的、具有高度责任感的友谊，集中体现在长久而幸福的婚姻中，虽然年轻时的激情已渐渐消失。

7. 愚昧的爱   "愚昧的爱"指有爱情中的激情和决心/承诺要素，而没有亲密要素的爱情。这种爱会发生在旋风般的求爱中，在势不可挡的激情中两个人闪电结婚，但对彼此并不很了解或喜爱。之所以称这种爱情是愚昧的，是因为双方的承诺是建立在激情的基础之上的，缺乏亲密这一稳定要素。激情几乎可以瞬时发展起来，而亲密感却需要时间，因而，这样的爱情关系是很难持久的。

8. 完美的爱   "完美的爱"指同时拥有爱情中的亲密、激情和决心/承诺三个要素的爱情。这是许多人所追求的爱情，尤其对于那些处于浪漫爱情中的人们。获得完美的爱情有点像减肥：达到减肥的目标体重容易，而维持目标体重就比较难了。完美的爱并不一定长久不变。完美的爱，就像珍贵物品一样，需要细心呵护。

完美的爱情是亲密、激情、决心/承诺三大要素的等量结合，它是最美满的爱情。每位大学生对爱情都有着美好的憧憬。在这里，需要提醒的是，在追求美好爱情的过程中，要端正自己的思想品行，采取符合道德的方法。应该用自己的能力、魅力、机智、幽默来吸引对方，在两相情愿的前提下发展恋爱关系，而不是采取极端的方法追求所谓的爱情。

和完美的爱情相比，在现实生活中，不完美的爱情可能更多。我们在追求完美爱情的过程中，失败、痛苦、遗憾都在所难免，在这条路上也有可能中途需要经历很多不完美。但是，不能因此就放弃和否定完美爱情的存在和维持的可能性，因为每个人对幸福的感受和诠释是不一样的。所以，你曾经拥有过的爱情，或者正在经历着的爱情，又或者将要遇见的爱情可能不属于上面所说的任何一种，你所追求的完美爱情也可能充满着你对爱情的独特理解和感受。

爱情是我们生活中最美好、最难以忘怀的事情。这种真实的、刻骨铭心的情感体验或许很难用一种或者几种系统的理论解释清楚。所以，无论你的爱情是哪一种，浪漫的爱也好，友伴的爱也罢，它们都是爱情，都是值得珍惜的。

自我评估：爱情态度量表

这个量表是用来评估你对爱情的态度是倾向浪漫的还是现实的。答案没有对错之分。仔细阅读每个句子之后，选出与你的观点最接近的数字。

1	2	3	4	5
完全同意	基本同意	说不清	基本不同意	完全不同意

1. 爱情没有道理可讲。爱情就是爱情。　　　　　　　　　　　　　　　1 2 3 4 5
2. 当你陷入"神魂颠倒"的爱情时，这肯定是真实的。　　　　　　　　1 2 3 4 5
3. 与一个你想跟他/她结婚但却不能的人恋爱，是一个悲剧。　　　　　1 2 3 4 5
4. 当爱情袭来时，你能感受到。　　　　　　　　　　　　　　　　　　1 2 3 4 5
5. 共同的兴趣真的不重要；只要你们真心相爱，你们可以互相适应。　1 2 3 4 5
6. 当你爱上一个人，即使认识时间很短就跟他/她结婚也没关系。　　　1 2 3 4 5
7. 如果你爱上一个人，你很快就会"知道"。　　　　　　　　　　　　1 2 3 4 5
8. 只要两个人相爱，教育背景上的差异真的不重要。　　　　　　　　1 2 3 4 5
9. 你可以与一个人相爱，即使你不喜欢他/她的任何一个朋友。　　　　1 2 3 4 5
10. 在恋爱中你经常犯晕。　　　　　　　　　　　　　　　　　　　　1 2 3 4 5
11. "一见钟情"是最真挚、最高境界的爱情。　　　　　　　　　　　　1 2 3 4 5
12. 当你在恋爱中，你的伴侣是什么样的真的无所谓，因为无论他/她什么样你都会爱他/她。　　　　　　　　　　　　　　　　　　　　　　　　　1 2 3 4 5
13. 当你与一个人相爱，你能解决你和他/她之间遇到的问题。　　　　　1 2 3 4 5
14. 通常情况下，你只可能与这个世界上的一到两个人幸福相爱。　　　1 2 3 4 5
15. 不考虑其他因素，如果你真爱一个人，这个理由足以让你跟他/她结婚。

　　　　　　　　　　　　　　　　　　　　　　　　　　　　　　　　1 2 3 4 5

16. 与你想跟其结婚的人相爱才会幸福。　　　　　　　　　　　　　　1 2 3 4 5
17. 爱情是一种感觉而不是一段关系。　　　　　　　　　　　　　　　1 2 3 4 5

18. 除非两个人相爱，不然他们不应该结婚。　　　　　　　1 2 3 4 5
19. 多数人一生只会有一次真爱。　　　　　　　　　　　　1 2 3 4 5
20. 多数人都有梦中情人。　　　　　　　　　　　　　　　1 2 3 4 5
21. 多数情况下你会"知道"你遇到了合适的人。　　　　　　1 2 3 4 5
22. 爱情中的嫉妒有很多形式；你爱得越多，你越容易产生嫉妒。　　1 2 3 4 5
23. 当你在恋爱中，你更多时候会受到你的感觉而不是你的思维的驱使。　　1 2 3 4 5
24. 对爱情更好的描述是兴奋而不是冷静。　　　　　　　　1 2 3 4 5
25. 多数离婚者是因为不再相爱而不是不能互相适应。　　　1 2 3 4 5
26. 当你在恋爱中，你的判断经常不是很清楚。　　　　　　1 2 3 4 5
27. 一生中爱情只有一次。　　　　　　　　　　　　　　　1 2 3 4 5
28. 爱情经常是一种暴力的、不舒服的情绪。　　　　　　　1 2 3 4 5
29. 当选择一个结婚对象时，与爱情相比，社会阶层和种族的影响很小。　　1 2 3 4 5
30. 不管别人怎么说，爱情令人费解。　　　　　　　　　　1 2 3 4 5

得分

　　把你选的数字加起来。1（完全同意）是最浪漫的反映，5（完全不同意）是最现实的反映。你的总分越低（30 分是最低的可得分），你对爱情的态度越倾向于浪漫的。你的总分越高（150 分是最高的可得分），你对爱情的态度越倾向于现实的。90 分处于极度浪漫与极度现实的中间位置。男女本科生的平均得分都高于 90 分，其中男生比女生更接近于 90 分。

资料来源

　　Medora N P，Larson J H，Hortacsu N，Dave P. 2002. Perceived attitudes towards romanticism：Across-cultural study of America，Asian-India，and Turkish young adults. *Journal of Comparative Family Studies* 33：155-178.

二、恋爱

　　相当一部分大学生没有恋人但是正在寻找。诺克斯（Knox）和祖蔓（Zusman）2006 年对美国某所大学 1027 名学生进行的调查发现，27.6％的学生没有约会对象。威尔·史密斯（Vail Smith）等人同年对该所大学 377 名大一学生的调查中发现，57％的男生和 43％的女生表示找一个女朋友/男朋友很重要。

（一）选择恋爱对象

　　人生两件最平常而最重要的事，一是事业，一是恋爱。

——陶行知

　　如果恋爱双方是在谈一场认真而负责任的恋爱，就应该都怀着真诚的心去呵护去经营这场恋爱。选择恋爱对象是成功走向婚姻非常关键的一步。大学生有着不同的爱情观、择偶观和婚姻观，对恋爱对象的选择也有着不同的要求。

1. 选择恋爱对象时应考虑哪些因素　选择恋爱对象时应该考虑哪些因素，其实并没有严格的标准。每个人的恋爱都有自己的个性和特色。当然，也可以总结出几条有助于恋爱幸福的因素，大致有如下几个方面。

1) 成熟的个人：指一个人能够客观地认识自己和他人，根据事实而不是根据感觉去行事。恋爱双方个性是否成熟与恋爱的成败有着很大的关系。

在恋爱中，成熟的个人应该客观和现实地看待问题，不以个人为中心，凡事照顾双方的利益。能够站在自己之外的立场去对待自己与他人的利益，并考虑到一件事情与自己和与他人的关系。

同时，成熟的个人应该能够建设性地处理各种问题，不至于感情用事。这有助于个人去应付生活中可能出现的困难和危机，从而争取恋爱的成功。成熟的个人能够充分理解他人的苦衷，具有同情和宽容的态度，不做损人利己的事；他们还能够独立思考，不人云亦云，并勇于承认自己的缺点和错误，也善于对主观愿望和客观可能性做出正确的估量；他们愿意为别人做出奉献和牺牲。此外，成熟的个人对性问题有较清醒的认识和较强的自制力，不会凭着一时的冲动而做出不负责任的事。总之，具有相当成熟性的男女，才有可能缔结持久而幸福的恋爱。

2) 价值观的认同：一个人的价值观决定着他对社会与人生的态度，即决定他对是非、好坏、善恶、美丑、道德与不道德等问题的判断。因此可以说，价值观是一个人的世界观与人生观的基础，也是一个人的行为方式和人际关系的核心因素，涉及一个人的生活目的和为达到目的而采取的手段。

选择恋爱对象时，个人的价值观是极其重要的。要选择与自己价值观相似的对象。在交往双方发现彼此的价值观相似的情况下，才可能进行密切的交往和深层的沟通，从而建立和谐的关系。共同的价值观使恋爱双方产生安全感和满足感，在价值观认同的基础上才能有共同的目标、利益和做出双方都满意的决定。

和持有不同价值观的人恋爱，从日常生活到学业乃至事业目标都会发生分歧，甚至是严重分歧，影响彼此的合作和恋爱的调适。所以，在选择恋爱对象时，充分考察对方的价值观并在两人之间进行开诚布公的讨论，是非常必要的。

3) 角色观念的协调：社会学家们用"角色"这一概念来说明一整套受文化因素制约的行为期待，这种期待是与某种特定地位或层次相宜的。在现代社会中，由于经济、社会、文化的进步和女性地位的改变，传统的两性角色模式已经发生了变化。但每个人的实际变化和接受这种变化的程度是有差异的。如果男女双方对今后做男朋友和女朋友的角色有截然不同的期待，那就很难成为合适的恋人；即使勉强结合，也会在今后的生活中发生角色冲突，损害关系的和谐。

一般来说，恋爱双方要有角色认同，即彼此心目中的角色形象是相符的。例如，如果男生是一个大男子主义的人，而女生不认同这种性别角色，那么就会产生冲突。

因此，大学生在恋爱交往时，双方应认真观察和检验双方对做男朋友和女朋友的角色是怎样认识的，看看彼此在学业、职业选择、闲暇安排、婚姻、性生活、养育孩子、家庭事务管理、双方老人抚养等方面有多少一致性和分歧，判断那些分歧是否会妨碍恋爱幸福，看看能否在结婚前加以认同和协调。

4) 性格协调与互补：一般来说，青年男女在选择恋爱对象时，潜意识中总是在寻找自己不具备的东西。因此，两个性格不相似的男女就比两个性格完全相同的男女更容易相中。这就是人们在性格上异质相吸的倾向。例如，一个外向、一个内向，一个活泼热情、一个老成持重，比较容易结成稳定的婚姻伴侣。

但是，双方的性格差距太大，呈现两个极端的人也不宜结合，因为性格相距太大，常常要求双方做出大量的妥协，若不是有相当的成熟性和高度的涵养，是难以做到的。例如，"主从"搭配的性格通常是理想的，但如果一方过于咄咄逼人，一方极端消极被动，两人就很难有一致的思想和行动；如果女孩主宰性过强，男孩一贯扮演"妻管严"角色，也难以维持长久，到头来不是女孩嫌男孩窝囊，就是男孩忍受不了压抑而奋起反抗。

总之，在择偶过程中要注意考察彼此性格是否能够协调，适当取长补短，不求相同，但求相通。

5）"门当户对"：这里的"门当户对"，强调"文化同源"或称文化上的"门当户对"，区别于传统社会按政治等级和经济贫富而划分的"门户"。现实生活中，有的恋人来自差别很大的家庭环境和文化背景，往往需要去克服因"异源文化"带来的调适困难、价值冲突或心理矛盾。因为最后既不能适应对方也不能改变对方而分手的恋人不在少数。例如，一对大学生恋人在快要结婚时闹翻了，原因是女方希望两人都继续攻读学位，追求更高的自我实现；而男方则认为文凭不值钱，无意在学习上再耗费光阴，一心想到某公司谋个职位，挣更多的钱，提高物质生活水平。其实，在事业的追求和选择上，这对男女朋友都没有错。但这种冲突发生在一对思想个性已经定型的成年男女之间，一般是很难调和的。

另外，双方受教育程度的相近，也是个人学识上的"门当户对"。两个受教育水平相去甚远的男女，在言谈举止、交往范围、事业追求、思维习惯乃至生活情趣上都可能很不相同，这对恋人之间的相互理解与和谐也很有影响，需要花很大的力气去面对这样的挑战。

6）家庭经济条件：家庭的经济状况对青年男女选择恋爱对象有一定的影响。例如，家庭经济条件优裕的女孩不大可能嫁给一个家庭经济负担很重的男孩，即便这个女孩愿意，她也会面临来自自己家庭方面的巨大压力。在生活压力越来越大的今天，很多大学生会面临"裸婚"的问题。当然，如何看待经济因素对恋爱双方的影响，每个人都有不同的看法。

2. 选择恋爱对象应该避开哪些误区

1）等待真正适合自己的人。其实，所谓心中那位真正适合自己的"白马王子"或"白雪公主"，就像中彩那样稀罕和难得。如果一味被动地等待最佳人选，就会忽视了周围众多"候选人"的优点。因此，最好这样想：有许多适合我的人，只不过我要有目标地选择罢了。

2）只有当自己感到完全满意时，才会结婚。完全满意可以说是一件遥遥无期的事情，什么时候才会完全满意呢？决定结婚前认真思考，谨慎抉择是必要的，但是前怕狼，后怕虎，或者逃避现实，就不必要了。所以，克服对结婚的畏惧是第一步。况且，两个人的生活会使双方更加成熟，对生活更有信心。

3）要千方百计考验对方。买汽车时，反复试车，卖家也许能够接受。但是找配偶毕竟不同于买汽车，不信任会破坏感情基础。考验时间太长，考验方式太花哨，对方受不了感情的折磨，甚至感到被侮辱，终会离开。

4）要找一个完美的人。世界上没有十全十美的人。追求一个完人，就只能无限地失望。两个人在一起，免不了会遇到磕磕碰碰的事，但这正是恋爱必不可少的一部分。

5）只要尽力了，恋爱一定成功。恋爱成功是双方的事，没有一方应当并且能够单独承担使恋爱幸福美满的责任。如果只是一个人在尽这样的义务，那么，这个人很快就会感到筋疲力尽和委屈伤心，而最终放弃。

6）先同居、"试婚"，必将提高婚姻的可靠性。这也是一种幻想。结婚前住在一起，可能有更多的相互了解；但促使同居的动力，多半来自性要求，它与婚姻成功并无多大关系。婚姻生活与非婚姻生活是大不一样的。其实，即便是"试"过数年的婚姻，仍有大量破裂的。如今，"试"而不婚者更为常见。

7）有真正的爱情，婚姻就一定成功。这种见解是不可靠的。爱情虽然美好，但婚姻仅仅有爱情是不够的。共同度过一生，还需要比爱情更多的东西，如共同的兴趣，相互容忍、适应和接纳对方，责任、道德、良心等。

8）找一个各方面与自己完全相反的人，婚姻生活就一定丰富多彩。两个在性格和其他方面有鲜明反差的人，可能刚开始时相当具有吸引力。但是，随着时间的推移，矛盾冲突就会逐渐显现出来。因此，不要刻意去追求一个性格相反的人，应该找一个能够在重要问题上想法一致并在行动上能相互配合的人。

9）听天由命，终会成功。寻找伴侣不是靠偶然机会做决定的一场赌博。要积极主动地参加各种活动，多结识朋友，在友谊的基础上发展爱情。整天待在家里，是不会有意中人来敲门的。

10）对方可以被完全改造。这种想法是不现实的，也是基本行不通的。随着相处时间的增加，双方会磨去一些棱角。但是，没有一个人能够完全改变另一个人。越想改造对方，就越会引起对方反感。须知，当初吸引自己的，不正是对方的独特之处吗？

（二）远距离恋爱策略

爱，不仅仅是充满激情的欣赏，为你所创造的美的一种享受，而且是为你所爱的人永无止境地创造美。

——苏霍姆林斯基（B. A. Cyxomjnhcknn）

由于学业或事业发展的需要，一部分大学生正经历着远距离的恋爱。分离对情侣之间的关系是一种压力。远距离恋爱有一些缺点，例如，对不能与恋人待在一起觉得烦躁和孤独、感到一个人在其他活动与关系中的迷失、想念身体的亲密接触，以及花很多钱在电话费和旅费上。对于大学生如何安排远距离恋爱及保持关系，这里有一些建议。

1. 保持每天联系 每天无论以什么方式，写信、发短信、通电话、看视频、发电子邮件等，可以增进两人的感情，促进彼此之间的了解，保持相互间的关系。

2. 享受/利用分开的时间 在分开的时间里，参加与学习、工作、运动及个人计划等有关的有益活动非常重要。学会享受和利用与恋人分开的时间，否则，有可能对你的恋人发泄不满。

3. 不要在电话里吵架 当需要讨论一个困难的话题时，电话里并不是最适合的地方。更明智的选择是等到见面时再讨论。如果非要在电话里表达不一致的意见，一定要坚持得出一个双方都能接受的解决方法。

4. 保持专一 保证不陷入其他关系对维持远距离恋爱关系至关重要。如果有人说："我们试着与其他人约会吧，看看我们是否真的要在一起。"通常这就是远距离恋爱关系结束的预兆。莱顿（Lydon）等人1997年对69位经历远距离恋爱的本科生的研究发现，"道德上的承诺"预示了关系的存在。承诺要保持关系的人往往能够做到。

5. 保留对方的衣物 美国匹兹堡大学的研究者加德纳（Gardiner）2005年调查发现，分开的情侣会保留、闻和穿上伴侣的衣服。超过一半的男性和近90％的女性，会有意去闻与自己分开的伴侣的衬衫以感受他们在身边的气息。这对维系两个人之间的感情也起到了一定的作用。

（三）失恋了：割舍的美学

分手便意味着一场恋爱的结束。失恋给人们带来痛苦和烦恼，尤其是被动离开的一方。大学生中大多数人能正确对待和处理这种恋爱受挫现象，愉快地走向新生活，然而也有一些大学生不能及时排除失恋带给自己的消极情绪，导致心理失衡。我们应该积极地面对失恋，这是人生中的宝贵经历，甚至是一笔财富。

1. 面对失恋的痛苦

1）了解自己的情绪：要明确自己不是处在某种特殊的情绪里。焦躁、愤怒、嫉妒的悲伤都会降低一个人做出正确判断的能力，而且会让人们在将来的日子里重蹈今天的覆辙。

2）明白不是某个人的错：结束一段恋爱关系是因为彼此不适合，而不是某个人的错。这一点通常很难做到。为追求内心的平静，人们通常把错误归于某种外部的原因，而很少去体察自己的过失。

3）给自己一段时间：为了减轻分手的痛苦，有的人会马上寻找一段新的浪漫。这种方法在当时看来可以解一时之痛，但从长久来说，这种快速恋情，很可能会再次陷入以前的循环中。因为一个人的行为模式相对固定，未曾彻底跳出来之前，其应对方式仍如往昔。足够的时间，可以用来处理情绪，汲取经验，避免把冲突带入下一份关系当中。

我们都在恋爱中长大。失恋是有好处的。伸手摘玫瑰，难免被刺伤。失恋让我们悲伤、流泪，其实那是在冲刷我们的心灵，正是自己需要的液体。我们会发现自己的缺点，是不是很任性？是不是不够宽容？改正了缺点，就像给足了玫瑰养分，让下次的爱情之花盛开得娇美鲜艳。

分手虽然是痛苦的，但总比结婚以后又后悔要好。恋爱分手所带来的痛苦要比离婚所带来的痛苦小得多，麻烦也少得多。失恋更多的时候能让我们避免更大的婚姻悲剧，明明不适合，没有必要固守一生。想想以后生活里的争吵与怨恨，不如分手快乐。

2. 从一颗受伤的心中恢复 研究者诺克斯（Knox）等人2000年对410名大一和大二学生进行抽样，完成了一项反映他们从前段爱情关系中恢复的秘密调查。以下是他们的一些研究发现。

1）情感关系终结过程中的性别差异：更多时候是女性提出了分手（女：男＝50％：40％）。社会学家解释，这是为后代寻找潜在的更好的父亲（寻找更好的伴侣）。一个学生回忆说："我厌倦了他缺乏雄心壮志，我觉得我能做得更好。他是一个不错的男孩，但是住在拖车里并不是我的生活目标。"

2）从情感关系中恢复的性别差异：恢复对男女双方而言都不是创伤性的，但是，在恢复过程中，男性的困难要大于女性。分手的学生在评价自己恢复的困难程度时（"完全没问题"是0分；"毁灭性的灾难"是10分），女性平均分是4.35分，男性4.96分。至于原因，一些学生说："男性的自我是如此强大，以至于他们不相信女性会抛弃他们这一事实。"另外一些人认为："男性通常对情感关系中发生了什么不太在意，他们可能没有意识到这段关系正在走向危险的结局。所以，当关系结束时，他们通常会感到很震惊。"

3）时间/新伴侣作为恢复的因素：被调查学生认为，时间和与新伴侣的约会是对度过一段结束的爱情关系最有帮助的因素。更多男性认为，"新伴侣"是一个更有效的情感恢复方法（女：男＝29％∶34％）。更多女性则认为"时间"是一个更有效的情感恢复方法（女：男＝34％∶29％）。

4）其他发现：其他恢复因素包括"搬到一个新地方"（女：男＝13％∶10％），回忆"前伴侣向我撒谎"（女：男＝7％∶5％）。男性比女性更有可能用酒精来度过与前任伴侣分手的日子（女：男＝2％∶9％）。男性和女性都不太可能使用心理治疗作为度过分手的办法（女：男＝1％∶2％）。

莎士比亚曾说："真爱从来不会顺利。"这些数据说明，分手对大多数人而言并不是一件特别困难的事（但对男性而言更加困难），恢复可以通过时间和新伴侣的方式来实现。

三、亲密关系及其维系

（一）持久的爱情

开始恋爱后，最初的激情会被平静的爱所取代，如果不好好维系，恋爱就可能会终结。因此，如何让爱情关系更持久非常重要。

1. 许下承诺　承诺对于一段爱情的维系非常重要，它反映出一种决心。两个人决定在一起之后，承诺对方一个共同的未来，即无论发生什么，两人都要在一起。

2. 关怀彼此　恋爱中的双方应该要共同面对未来，关注对方的需求，将对方的需求看成跟自己的需求一样重要。

3. 分享私事　持久的恋爱关系需要相互信任。向对方倾吐自己的私事和秘密是信任对方的体现。分享私事会加深对彼此的了解，促进感情的发展。当然，每个人也有保留不与他人分享秘密的权利。

（二）相处的七个原则

我们应该用心去了解他人，而不是用眼睛或智慧。

——马克·吐温（Mark Twain）

1. 给予安全感　恋爱中，应该给予对方支持，建立彼此的了解，让对方了解自己真正的想法，给对方值得信赖的安全感。信赖不是事无巨细地报告行踪，不是一五一十地交代过去自己曾有的恋爱事件，也不是百分之百没有自己的秘密，而是产生一种"休戚与共"的共存关系。

给予安全感的最佳方法是关怀与倾听。这表示你愿意分享对方的喜怒哀乐。在倾听时，全神贯注的真诚表情比发表意见更重要。如果对对方的观点有意见，应该像朋友一样心平气和地提出来，而不是开口就批评，像个只想扳倒对方的竞争对手。

2. 给予自由　限制对方，一味地要求对方符合自己的要求，会伤害双方的爱情，失去自由的爱不会长久。给予自由，就是给予尊重，反而能使爱情增长。

3. 懂得感谢　美国脱口秀主持人，也是心理治疗师的大卫·维士卡特（David Viscott）曾说："感谢是最容易表达、也最为需要的礼物，尤其是来自你所爱的人。"感谢的表达不只是物质上，言辞上的赞美更是不可或缺。选择适当的时机向对方说："谢谢你。""我喜欢你这个样子。""你真好。""没有你我不知道该怎么办。"当然，感谢不能缺乏诚意，缺乏诚意的感谢比没有感谢还糟糕。

4. 沟通疑虑　如果对对方有怀疑，不需要装作一点事都没有。有充分证据的话，不如向对方坦承自己的怀疑。不要一味地指责对方，如果真的是自己多疑了，也要有心胸接受对方的"批评"，要让对方有表达自己无辜的机会。

5. 发挥幽默感　"有幽默感"的人永远是最受欢迎的人。幽默是一种人生智慧，尤其是在面临关卡时，短短的一句幽默话，可以使人不再焦灼于困境。但是也要记得，幽默感可以用来消遣自己，化解危险，不能用来讽刺对方，不能用对方的痛苦取乐。

6. 接纳对方的成长　两个人相处，成长的节奏可能是不一样的。如果对方比自己成长得快，取得的进步大，千万不要因此酸溜溜的，而应该大度地恭喜对方。真爱一个人，应该为对方的成功高兴，不要太重视"竞争"。

7. 做对方真正的朋友　做你所爱的人的朋友，是爱情的最高艺术。"爱"的博士力奥·巴斯卡力（Leo Buscaglia），曾与一对结婚六十年的老夫妇谈话，他问老先生："你们为什么能亲密地在一起 60 年？"老先生眨眨眼睛回答："她是我的朋友，也是我的爱人。"世上有比这句话更棒的赞美吗？

（三）冲突和冲突的解决

和平不能依靠武力维系，唯有理解才能实现。

——艾尔伯特·爱因斯坦（Albert Einstein）

由于恋爱双方看问题的角度不一样，产生冲突也就在所难免。事实上，两个人关系越亲密，发生冲突的几率也就越大。尽管冲突在统计学的意义上是"正常"的，但它没必要恶化到唇枪舌剑和肢体冲突的程度。解决纷争有很多建设性的方法。

1. 亲密和冲突　恋人之间相处，有亲密的时候，也会有冲突的时候。亲密和冲突是如何彼此相连的呢？我们如何保持恩爱和生气之间的平衡呢？

1）越亲密，越冲突：当恋爱发展到一定阶段，我们可能会感觉到，越了解对方，就越有可能与其发生冲突或者不喜欢对方。一段爱情要长久不衰，两个人就必须设法解决分歧。民间智慧告诉我们，你总是伤害你所爱的人。美国研究暴力的社会学家发现，统计学意义上，和与自己的爱人或者恋人在一起相比，与陌生人在一起要更安全。警察的报告也指出，来自家庭的求救电话跻身于最高危的求救电话行列。

2）冲突的好处：乔治·巴赫（George Bach）和彼得·怀登（Peter Wyden）1969 年在他们的经典著作《亲密的敌人：如何在爱情的婚姻中公平斗争》中指出，口头争执如果是有建设性作用的话，它不仅是可以接受的，而且是需要的。按照巴赫和怀登的观点，假如恋人和夫妻知道如何适当地争执，那么，他们的感情就会得到良好的维系。那些没有争吵的恋人和夫妻没有一起解决过问题，因此，情感会比较疏远。当然，很多人认为这种观点太激进，但是，这种方法鼓励人们开诚布公地讨论问题，而不是逃避和否定问题，认为问题会自行消失。因此，我们在谈恋爱时，要正视冲突，不要逃避，有了问题就要及时拿出来解决。

2. 恩爱和怒气的平衡

1）愤怒对爱情的危害：谈恋爱的时候，可能常常会遇到这样一个问题：如何在保持自由的个人空间的同时，又保证两个人共同的时光不受损害？如果花太多时间腻在一起，恋爱就成了一种束缚；而如果花太多时间各自活动，关系就会日渐生疏。因此，恋人们需要保持二者的平衡。

同样，恩爱和愤怒也需要平衡。每个婚姻里都有的两个动力因素就是恩爱和怒气。恩爱紧密联系夫妻双方，而怒气则分离隔阂夫妻双方。大学生在谈恋爱的时候也是如此，如果使用愤怒的方式不当，双方的感情就可能日渐疏远，而过于长期的疏远可能会导致恋人的分手。因此，谈恋爱时，吵闹冲突要把握尺度，不应无理取闹，不应过于任性，要讲道理。俗话说得好，不吵隔夜架。也就是说，当发生冲突时，双方都需要时间让自己冷静下来，但是不能故意无限期地拖长时间，不理对方。冷静过后还是需要主动交流，解决问题。

2）正确对待愤怒：如果能正确使用愤怒，愤怒也能帮助我们和恋人建立更亲密和谐的关系。恋人之间商量问题时，千万不要一生气就唇枪舌剑。有愤怒的感觉就说明爱情关系里有不对的地方，我们应该冷静之后再理性地解决问题，而不是一感到愤怒就大打唇舌战。换句话说，如果将愤怒看作一张晴雨表，来预告即将发生的"暴风雨"，我们就可以共同避免这场危害感情的暴风雨的到来。

3. 恋爱中解决冲突的对策　争执的时候，恋人之间会产生紧张的气氛，并且大家都很愤怒，严重的时候可能会导致肢体冲突。因此，发生争执是件严肃的事情，需要谨慎对待，认真处理，并遵循一定的规则。克罗斯比（Crosby）认为："如果真的确信我们的另一半不会抛弃我们或者利用我们的弱点，我们就可以坦白直率地交流。"也就是说，如果争执双方都清楚，就算再怎么吵，形势也在我们的掌控之中，那么，我们就可以"尽情"地争吵。但是，如果没有这些基础，我们争吵时就要注意遵循一些规则，以免爱情遭受巨大创伤。下面公平争执的16项规则对处于热恋中的或者即将进入恋爱的大学生可能具有启发意义。

1）成熟的协商：双方协商时，要成熟理性，把自己看成一个成熟的成年人。如果把自己放在一个孩子的位置上去协商，人往往会非常脆弱、易受伤害和惊吓。成熟的协商，能让当事人双方认真仔细地倾听对方、理性地回答问题，并且共同找到让彼此满意的解决问题的方法。

2）避免强迫决定：强迫决定就像最后通牒，是不容商议的要求——"你要么这样，要么那样。"强迫对方做出不情愿的决定，不是在解决问题，而是把问题进一步复杂化。公平的争执强调协商，容许双方有讨价还价的空间。一方的强迫决定通常会导致另一方的强迫决定，结果完全没有协商。

3）一方输，则两败俱伤：有时，一方特别擅长争论并且经常"赢"，另一方就可能谴责对方使用夸张的词汇和复杂的逻辑，并因此很不开心。好的辩手可能赢得争论，但其实与对方一样一败涂地。因为双方可能不再那么敞开心扉、互相合作。爱情关系中公平争执的目标不是赢得或输掉一场争论，而是共同找到双方都可以接受的解决问题的方法。

4）言为心声：随着冲突升级，恋爱双方常常不能表明自己的真实想法。一方可能屈服一些违背意愿的事情来保护对方的感受，同时也使自己免受痛苦或难堪。其实，双方交流的感情越多，问题就能越早地解决。例如，同居问题，恋爱双方考虑是婚前同居还是婚后同居。一方可能认为婚前同居很好，而另一方则非常矛盾。这个时候，矛盾的一方不能违背自己的意愿妥协，而是需要讲出自己的真实感受，与对方交流协商。

5）避免使用"你"字句：当恋爱双方遭受谴责时，要么回击对方，要么逃避争吵。争执中，"你"字句无论内隐或外显都是抨击对方的强烈信号："你简直让我发疯了！""你总是那样。""这都是你的错。"面对这类句子，大多数人都会生气并做出有力回击，使矛盾进一步升级。

6）尽量使用"我"字句：恋爱双方在争执时，最好使用"我"字句。"我觉得很伤心。""我感到被拒绝了。""我感到很失望。"尽管"你"字句和"我"字句在文字上的差别很小，但对于问题的解决意义重大。使用"我"字句，说话人可以明确地指出爱情关系中的问题，并且坦白地将问题放到讨论的桌面上。"我"字句也表明对方是无辜的，除非后来证明其错了，而不是一开始就指责对方错了。

7）不自以为是：恋人如果没有正确理解对方的信息常常会导致争执。在和对方谈话了解事情真相之前，不要自以为很清楚事态。应该通过交流，把事情的来龙去脉搞清楚，找到问题所在。同样，不要试图揣摩对方的心思，给对方机会，让对方充分表达想法才是紧要任务。

8）直接说明自己所想所需：恋人在交往的过程中，有时不直接说明自己的需求，而是对答案有引导性的提问，即在问题中暗示了自己想要的结果。例如，一方想和另一方看电影，可能会问："你今天晚上想看电影吗？"这类间接方式有时可能有效，但往往不如直接方式来得更可靠、更便捷："我今天晚上想看电影，你愿意和我一起去吗？"

9）禁用性解决问题：恋人在争执中，有时把性当成工具或者武器。如果使用性来说服对方，让对方同意自己的观点或者屈服，那么，问题或冲突常常不但得不到解决，还会令事态严重恶化。如果争执的问题是需要马上得到解决的，那么，双方发生性关系后很可能就不会再去解决这个问题了。而且，被性说服而同意对方的那一方很可能后来怨恨对方。

10）重复对方发出的信息：有效的聆听者会向对方确认他们听到的内容。克罗斯比（Crosby）称这个过程为"足球"：除非你能向对方证明你接到了他给你的球（信息），你才能把球（信息）踢给对方。有效的聆听者不是逐字重复，而是用自己的话简要概括，以告诉对方你明白了对方的意思。这样做会带来三个积极的效果：首先，促使对方要听你说话；其次，延长了反应时间，使得讨论更加冷静和理性；最后，有助于信息的理解和澄清。

11）不说脏话：说脏话的人在还没开始抨击对方就已经败给对方了。说脏话，表明当事人没有能力去公平有效地解决问题。说脏话，有时还会给对方带来很大的伤害，也是不尊重自己和对方的表现。

12）不使用"冷暴力"：使用"冷暴力"，也就是以沉默来应战，是恋爱的一方试图与对方持平或操纵对方常用的一种手段。在精神上排斥对方以期对方就范或屈服，不但不能真正解决问题，还会使问题更难解决。因为分歧不会自行消失，它们可能暂时隐藏一段时间，不过最终还是会回来的，并且通常比之前更复杂、更不容易解决。被"冷暴力"的一方的愤怒和沮丧可能还会进一步升级，导致关系的进一步恶化。

13）就事论事：恋人在发生争执时，最好就事论事，不要从一件事跳到另一件事上去。旧事重提或揭伤疤不利于问题的解决，也不会产生积极的结果。在公平的争执中，重要的问题不是"我们去过哪里"而是"从这里出发我们将去哪里"。

14）呼叫"暂停"和"犯规"：如果恋人间的争执过于激烈，呼叫"暂停"是一个积极的办法。暂停的时间长短取决于双方情绪紧张激动的程度，有时一个小时足够，有时则需要一天。不过，暂停时间不能太长，因为如果时间太长了，一方或双方可能就没有解决问题的急迫愿望了。

如果一方违反了公平争执的规则，另一个有效方法就是喊"犯规"。例如，一方说脏话了，另一方就可以喊"犯规"。这样做可以让双方冷静下来，彻底想清楚，然后再继续解决纷争。

15）使用幽默缓和气氛：哭能够缓解紧张气氛，有时候笑也能达到同样的效果。在外人看来，争吵中的恋人的表现和说话都很傻。在发生冲突时，需要退一步，从另一个角度看看问题，如果可能的话笑笑自己，但要注意，嘲笑对方就不奏效了，或适得其反。

16）以结束争执为目标：结束争执是解决问题的重要方法。争执的恋人应该努力尽快或尽可能地用可行的方法结束争执。任凭争执持续下去可能导致"冷暴力"等消极情况的出现。越早达成一致意见越好。

参 考 文 献

陈一筠. 2006. 陈一筠婚恋辅导手册（上） 恋爱篇 ［M］. 北京：中国妇女出版社.

大卫·诺克斯，卡洛琳·沙赫特. 2009. 情爱关系中的选择：婚姻家庭社会学入门 ［M］. 金梓，等，译. 9 版. 北京：北京大学出版社.

聂振伟. 2006. 人生五章 ［M］. 北京：人民出版社.

吴淡如. 2008. 校园恋爱学分 ［M］. 桂林：漓江出版社.

BACH C，WYDEN P. 1969. The Intimacy Enemy：How to Fight Fair in Love and Marriage ［M］. New York：Morrow.

CROSBY J F. 1991. Illusion and disillusion：The self in love and marriage. Belmont ［M］. CA：Wadsworth.

DLSON D H，DEFRAIN J. 2006. Marriages and Families：intimacy, diversity, and strengths （5th ed） ［M］. New York：McGraw-Hill.

KNOX D，ZUSMAN M E，KALUZNY M，COOPER C. 2000. College student recovery from a broken heart ［J］. College Student Journal，34：322-324.

LYDON J，PIERCE T，O'REGAN S. 1997. Coping with moral commitment and long-distance dating relationships ［J］. Journal of Personality and Social Psychohgy，73：104-113.

STERNBERG R J. 1986. A Triangular Theory of Love ［J］. Psychological Review，93 （2）：119-135.

VAIL-SMITH K，KNOX D，ZUSMAN M. 2007. The lonely college male ［EB/OL］. International Journal of Men's Health，［2011-10-09］. http：//findarticle s. com/p/articles/mi _ m0PAU/is _ 3 _ 6/ai _ n21167504/.

第6章 婚姻

对大部分大学生而言，都希望未来能够走进婚姻的殿堂，并期待有一个幸福美满的婚姻。那么，成功的婚姻是如何维系的？面对失败的婚姻，又应该如何走出阴影呢？这是人生的功课之一，需要我们认真思考和探讨。

一、结婚的个人动机

我喜欢结婚。发现一个余生能够一直惹恼的人感觉真棒。

——丽塔·拉德纳（Rita Rudner）

对于结婚人们有着不同的动机，以下是一些结婚的理由。

1. 爱情　许多夫妻都将婚姻看作彼此相爱的终极表达——渴望在一个安全的、法律认可的、相互承诺的情感关系中共度一生。在当今中国社会，爱情一般发生在婚姻之前，因此，通常是只有相爱的伴侣才会考虑结婚。

2. 个人成就　人们结婚的另一个原因是认为这样做是一种个人成就的体现。我们出生在一个家庭中（初始家庭），我们想要创造属于我们自己的家庭（生产的家庭）。我们乐观地认定我们的婚姻会是一个好的婚姻。即使我们的父母离婚或者我们的朋友离婚了，我们仍然感觉我们的情感关系是不同的。

3. 陪伴　美国脱口秀节目主持人奥普拉·温弗瑞（Oprah Winfrey）曾说过，许多人想上她的豪华轿车，而她想要的是一个当轿车坏掉时可以陪她坐公共汽车的人。结婚的动机之一就是进入一种结构性的、有固定陪伴的情感关系中，在这种关系中，有一个在轿车坏掉时可以陪你坐公共汽车的人。

4. 父母职责　大部分人都想要有自己的孩子。诺克斯（Knox）和祖蔓（Zusman）2006年调查发现，在回答"有一天我想要孩子"这句陈述时，1027名本科生中95.1%的人给予了肯定答复。而且，与过去相比，父母花在抚养孩子上的时间增加了。

5. 经济安全　据调查，已婚的人比未婚的人有更高的家庭收入。美国健康和退休调查数据显示，那些不能经历持续婚姻的人，比那些生命周期中一直处于结婚状态的人拥有更少的财富。

除了以上的结婚个人动机外，人的潜意识的动机也会发生作用。那些成长在幸福家庭中的人可能会寻求复制先前感知到的温暖、感情和共享状态。相反，在一个不幸福的、虐待的家庭中成长的人，则可能会在无意中创造出一个类似的家庭，因为那样的家庭是他们最为熟悉的。除此之外，人们结婚的动机还包括害怕孤独、改善经济环境、避免未婚生育和证明他们被需要。

就像大部分人想要结婚一样（无论出于什么动机），大部分父母都想要他们的孩子结婚。如果他们的子女结婚年龄不是太小，并且选择的结婚对象是他们所赞同的，父母就会感到某种抚养经济责任的摆脱，他们期待婚姻会对他们的子女产生积极、安定的效果，并期望孙辈们的到来。

我们大学生中的大部分人都会结婚，而结婚带来的好处也相当多，表 6.1 是研究者做的一个研究，总结了结婚的好处和单身的缺点。

表 6.1　结婚的好处和单身的缺点

方　面	结婚的好处	单身的缺点
健康	更少去医院，更多做体检，更少生病	更多去医院，更少做体检，更多生病
寿命	已婚者比单身者寿命更长	单身者去世早
快乐	已婚者比单身者感到更快乐	单身者比已婚者快乐要少
性满意	已婚者对性生活更满意	单身者对性生活满意度低
金钱	已婚者比单身者有更多经济资源	单身者比已婚者有更少经济资源
花销	两个人一起过更省钱	两个单身者比一对夫妇花销更多
吸毒	已婚者吸毒比例低	单身者吸毒比例高
联系	已婚者的支持者更多——夫妻、对方家庭等	单身者的支持者较少
子女	退学、少女怀孕、贫困的比例更低	退学、少女怀孕、贫困的比例更高
经历	已婚者能与良师益友共度时光共享经历	单身者缺少与良师益友共度时光的连续性和责任感
犯罪	已婚者更少涉及犯罪	单身者更多涉及犯罪
孤独	已婚者很少觉得孤独	单身者经常觉得孤独

二、成功的婚姻

对于年轻人来说，爱情是一个亘古不变的话题。经过悉心维护的成功恋爱带领相爱的人走向婚姻的殿堂。当然，幸福的婚姻和家庭同样也需要悉心地维护。大学生在将来的婚姻生活中，应该如何维系自己的爱情呢？尼克·斯丁内特（Nick Stinnett）和约翰·德弗兰（John DeFrain）等研究者经过一项长达 25 年的研究提出了"家庭优势框架"。在"家庭优势框架"中，他们总结了关系稳固的家庭的六大优势（表 6.2）。

表 6.2　关系稳固的家庭的六大优势

承诺	积极的交流	精神支柱	感激和喜爱	共度快乐的时光	处理压力和危机的能力
信任	分享感受给予称赞	希望信仰	深深地爱着对方	有限时间，无限美好	适应能力
诚实	避免责备能够妥协	幽默同情	友谊	好事多磨	视危难和挑战为机遇
依靠	接受不同意见	拥有共同的道德价值观	尊重对方的爱好	享受彼此为伴	在危机中共同成长
忠诚		与人类和谐		简单的好时光	积极应对改变
				分享有趣时光	快速恢复能力

（一）承诺

关系稳固的家庭成员通常彼此间有很强的承诺，他们乐于投入时间和精力参与家庭活动，并且不让他们的工作和其他个人琐事占用太多家庭成员互动的时间。研究者在采访时，获得如下一些来自被访者的陈述。一位父亲在描述他对家庭的承诺的时候说道："妻子和孩子是我生活中最重要的部分。"另一位父亲说："拥有家庭是人生的一笔财富。"但是，承诺并不意味着家庭成员之间彼此束缚。一位妻子说："我们给予彼此追寻个人人生目标的自由和鼓励，但同时我们也都会放弃那些对我们共度时光带来严重干扰的各种活动和个人目标。"

承诺包括性忠诚。研究者在采访一位年轻的女性时，她说道："对彼此性忠诚仅仅是对彼此诚实的一部分。"的确，彼此忠诚是维持婚姻的最佳决策。

（二）感激和喜爱

关系稳固的家庭成员之间要互相关心，并且要不时让彼此感觉到这份关心。然而，很多人在家庭中并没有表达自己对其他成员的感激和喜爱。研究者在采访时，一位丈夫说："我的妻子每晚都做饭，但是我从没对她说过谢谢。她也没有因为我每天外出工作而感谢我。"这样的态度对家庭来说是不幸的，因为表达对家庭成员的感激之情和接受其他家庭成员的感谢能创造积极和谐的家庭氛围，使整个家庭其乐融融。给对方捶背、送对方一个微笑或者拥抱对方都可以表达感激之情。在采访中，一位家庭关系稳固的妻子说："我丈夫几乎每天都会对我说一些感激和肯定的话，这让我对自己和我们的夫妻关系感觉良好。"

一个关系稳固的家庭自创了一套保持家庭关系积极和谐的好办法。这套办法中包括这样一个做法：如果一方想要批评另一方，那么批评的一方必须在提出一条批评意见的同时还要说出十句肯定对方的话。这个家庭里的丈夫说："我们偶尔会吵架，但都尽量保持友好的态度，而且我们必须保证，争吵时，肯定对方的话必须是谴责对方的话的十倍。"肯定的感觉就像滚雪球，如果妻子自我感觉良好，她就更有可能对丈夫说友善的话，继而丈夫会感觉良好，他就有可能对孩子特别亲切。

关系不和谐的家庭成员往往更多地看到消极的东西。家庭治疗师赫伯特·奥托（Herbert Otto）将这类人称作"能量吸血鬼"（energy vampires），指靠食取别人的自尊和良好感觉而获得能量的人。这些人相信，通过压倒别人，可以将自己的权威高高树起。但是，这种方法通常事与愿违，还会造成相互指责。

研究者发现，在稳固的婚姻中，性行为常常是夫妻表达感激的一种方式。在采访中，一位丈夫说道："前戏并不一定发生在周六晚上10点半，而发生在周三晚上我将垃圾倒出去之后，发生在周五晚上我做完晚饭之后，还发生在周六下午我帮太太解决了她在工作中的一个问题之后。"性是表达对另一半的温暖感觉的自然的方式。另一位受访者说："发生性关系的最好时候，也是我们感觉最亲密的时候，也是当我们解决了一个问题或者共同从事一件有意义的事情的时候。"

（三）积极的交流

当研究者要人们列出他们认为一个稳固的家庭最重要的特质时，大多数人都列出了积极的交流这一点。然而，不少家庭成员并没有花很多时间用于相互交流。虽然成功的家庭常常以家庭任务为导向——认清问题并且商讨解决方法，但同时，为了保持亲密的关系，家庭成员也会花时间用于聊天交流情感。当聊天是随意性的，而不是特意为解决某一问题而组织的谈话，那么，家庭成员就会感觉放松舒服，敞开心扉地畅所欲言，一些重要的信息也就聊出来了，如青春期的孩子是如何看待性的。

稳固的家庭中，聊天并不总是为了就某个问题达成一致意见。家庭成员可以有不同意见和争执，但是他们要直白坦诚地说出来，而不是责备、否定对方。家庭成员间的聊天应该是求同存异。关系不稳定的家庭成员要么就某一问题争得面红耳赤，互不妥协，要么否定和忽视问题，不去沟通和交流。

研究显示，在关系稳固的家庭中，交流有两个重要方面。一方面，家庭成员要特别擅长聆听。在研究者的采访中，一位父亲说："我很乐意听其他人说话。"另一方面，家庭成员还要擅长提问，弄清楚问题所在。

在稳固的家庭中，家庭成员都很幽默，喜欢谈笑。一项针对 304 位母亲、父亲和青少年的研究发现，幽默是家庭优势的一个有价值的来源。伍弗（Wuerffel）、德弗兰和斯丁内特1990 年对有关幽默的科学文献进行了综述，表现幽默的方式既有积极的也有消极的。这项研究的结论是，家庭关系越稳固，家庭成员就越有可能用幽默来保持积极的生活态度。幽默可以让彼此感到开心、减少紧张、表达热情、获得安全感、推动聊天、减轻焦虑、指出他人的错误、解决困难处境，以及帮助人们积极地看待生活。

但是，研究还显示，当用幽默的方式来嘲笑和贬低其他家庭成员时，会给家庭关系带来消极影响。通常，关系更稳固的家庭成员更少使用消极的幽默表现方式。

如果幽默用于指出生活中的小事件——即那些每天都会发生在人们身上的前后矛盾的、奇异的、愚蠢的、毫无逻辑的事情，那么，家庭将受益无穷。可是，如果用幽默来抬高自己或讽刺贬低其他家庭成员，那么，这种幽默对家庭毫无裨益。人们常常用讽刺是为了掩盖内心的愤怒，绝不是为了表达爱。

（四）共度快乐时光

"你认为什么能让家庭幸福？"一位研究者访谈了 1500 名小学生。很少有孩子回答说金钱、汽车、昂贵的房子或者电视机。孩子们给出最多的答案是和爸爸妈妈在一起做事、一起度过快乐的时光。尽管这样的回答很简单，但研究者却发现很多家庭成员做不到这一点。

幸福的回忆来源于有限时间中享受的无限美好。在回答采访者的问题时，很多孩子举出让他们感到幸福的时刻的例子："我记得爸爸妈妈哄我入睡时给我讲的故事。""和爸爸一起去农场工作，我感到自己是如此重要。""一块儿唱歌——我们有一架旧钢琴，我学弹钢琴，我们都会唱那些老歌。""我喜欢和爸爸妈妈一起野营、玩接球、划独木舟、徒步旅行和在院子里玩各种游戏。"儿时和父母一起度过的幸福时光会深刻影响孩子一生的发展。

（五）精神支柱

家庭六大优势中最有争议的一个优势可能就是宗教或者说精神性的东西了。一些家庭称其为精神支柱；另一些家庭称之为信仰上帝、希望，或乐观的生活态度。有的人说，他们感觉自己跟世界是融为一体的；有的人则完全从宗教角度来谈论自己的家庭：我们对彼此的爱是神圣的；还有些人则从道德价值观以及对重要问题的责任感来描述精神支柱这一优势。

精神支柱是表达对他人关切的中心，它能促进人们同甘共苦、相互关爱。精神支柱是帮助人们超越自我的感觉或力量。"我感觉我的家庭是世界所有家庭的一部分。"一位受访者说。有共同宗教信仰或者有共同精神支柱的关系能创造一个相互关心、相互支持的群体。当疾病来袭、生命诞生，或者飞来横祸的时候，群体里的朋友通常会及时相助。

（六）处理压力和危机的能力

关系稳固的家庭也难免有麻烦，但不会像关系不稳固的家庭那样容易发生家庭危机，相反，家庭成员能有效地处理压力和危机。关系稳固的家庭通常在麻烦发生之前就能成功地避免这些麻烦。当然，生活中有紧张压力在所难免，家庭成员能够做的就是努力有效地应对挑战，将损失降到最低，同时在过程中寻找任何转机。

对于关系稳固的家庭来说，最难应对的家庭危机是什么呢？在成年受访者中，23％的人说是严重疾病或手术；排第二的是家庭成员的去世，21％的人将此看作他们之前的五年生活里最难度过的危机；排第三的是婚姻问题，多数都牵涉到成年子女、姻亲，或者兄弟姐妹。另外，孩子的意外怀孕、违法犯罪，或者学校适应不良有时也被人们列出来。

关系稳固的家庭中，96％的家庭表明他们能成功地应对家庭危机，方法就是齐心协力。每个人，即使是小孩，都能减轻成员彼此的负担。另外，如果自己不能解决问题，他们会寻求帮助。关系稳固的家庭成员会向专业人员咨询以寻求解决危机的更好办法。相反，真正陷入困境的家庭往往没有勇气承认他们正面临困境并且需要外人帮助。

建立稳固的家庭和营造美好的爱情一样，既是一门艺术，也是一门学问。美好的爱情让我们走向婚姻的殿堂，稳固的家庭则能长久地维系这份爱情。"家庭优势框架"为我们在今后的婚姻家庭生活中，甚至对正在恋爱或者即将恋爱的大学生提供了指导和借鉴。当然，幸福的方式是丰富多彩的，每个人都有自己的一套幸福法宝。无论如何，只要能让自己和爱的人快乐幸福，让家庭关系稳定和谐，同时又不伤害他人的方式，都是值得采纳的。衷心祝愿每一位大学生都能在追求幸福爱情和美满婚姻的道路上成功！

三、离婚

无论在什么地方，婚姻都开始变得脆弱起来。

——史蒂芬妮·库兹（Stephanie Cootz）

离婚对多数人而言是一件伤心的事情。离婚意味着创伤、不快乐和一段时间的调整，当然，也意味着新生活的开始。

（一）离婚的因素

影响离婚的因素包括宏观因素和微观因素。宏观因素主要有：妇女经济地位的提高、家庭功能及结构的改变、道德和信仰约束的减少等。单有宏观因素并不必然导致离婚，婚姻的一方还必须做出离婚的决定，这就是微观因素。与宏观因素相比，离婚的微观因素似乎离婚姻当事人更近些。无论是否已经走入婚姻殿堂，大学生如果能够提前知道哪些微观因素可能导致离婚，会对预防离婚大有裨益。

1. 不再相爱 恩莱特（Enright）在 2004 年的一项调查显示，"不再相爱"是男性解释离婚原因时的首要理由。另一项调查显示，爱情的消失与更倾向于离婚的男性和女性是相关的。实际上，60％的被调查者在被问到维持婚姻状态的理由时都提到了爱情、尊重、友谊和良好的沟通。

2. 负面行为 调查显示，身体或精神虐待、酗酒和吸毒这些负面行为，是离婚的中年女性指出的最主要的行为因素。奥斯特曼（Ostermann）等人在 2005 年的一项研究里也证实了配偶的饮酒量与离婚之间存在相关性。当负面行为发生与积极行为缺失同时出现在一个家庭时，这样的组合对这个家庭几乎就是致命的。积极行为的缺失，如"闲聊"、"回忆共同度过的时光"、"鼓励"等，会造成夫妻双方对婚姻关系的不满。

人们预期可以从婚姻中得到比单身状态更多的回报，所以，他们才会结婚。在求爱时期，双方都会高频使用那些积极言语（恭维话）和非言语行为（眼神交流、身体接触等）。这些积极行为在伴侣之间产生的美好感觉，激励他们通过婚姻来长期"锁定"这种感受。就像爱情的感觉是基于伴侣之间的积极行为一样，负面的感觉也会通过伴侣之间过多的负面行为产生，一旦负面感觉增多，离婚的想法（逃避这种负面行为）就会随之产生。

3. 婚外情　婚外情与随后而来的离婚相关。那些有婚外情的配偶，在缺乏甚至没有性生活的家庭里感觉不到爱情。卷入婚外情可能会带来爱情和性，但同时也加速了离婚。另外一种可能就是，在家的一方感到愤怒并要求配偶离开。尽管多数人不会因为情人而离开配偶，但是婚外情的存在确实会削弱配偶之间的情感联系，因此，很少倾向于继续维持一段婚姻。与有婚外情的配偶生活在一起，会让对方感到自己遭到了背叛，并最终结束这段婚姻。

4. 缺乏解决冲突的技能　有效处理一段关系中的分歧和冲突，有助于减少在这段关系中产生的一些负面感觉。一些人面对冲突会选择感情上退出他们原有的关系。另一些人则会抨击对方、责骂对方、漠视对方的观点。有关解决冲突的技能，在第 5 章"恋爱中的冲突和冲突的解决"中已经讨论过。

5. 价值观发生改变　在婚姻关系中，夫妻双方都会有所改变。类似"跟我刚嫁给他时比，他已经变了一个人"这样的表达经常可以听到。在婚后，人们可能会经历根本的价值观改变。

在生活的不同阶段人都会发生改变，所以，某一个人在某一阶段选择的配偶可能是在另一个阶段根本就不会选择的。著名人类学家玛格丽特·米德（Margaret Mead）曾指出：她的第一段婚姻是学生时代的婚姻，第二段婚姻是教授之间的婚姻，第三段婚姻是和一个性情相投的人组成的知识分子婚姻，在这段婚姻里她有了第一个孩子。在生活的每一个阶段她都体验到了一些需要，选择一个伴侣则满足了她的这些需要。

6. 厌腻　厌腻往往和熟悉相连，指一种刺激由于重复出现而失去了它的价值。配偶可能会厌倦对方。他们没有新的故事可讲，他们的性生活只是不断地在重复，他们也不像初恋时那样能够引起对方的兴奋。一些人感觉被一成不变的厌倦感所困扰，于是选择离婚，回到单身状态追求他们认为更能让他们兴奋的事情，例如，一个潜在的伴侣。婚姻中一个发展阶段的任务就是，让夫妻双方更具创造性地维持他们婚姻中的兴奋点。

去新的地方、干从未干过的事、面对工作和抚养孩子能够抽出一点时间来做亲密的事情，这些行为随着时间推移对夫妻双方来讲越来越重要。另外，夫妻双方都要更现实一点，不要期望每天晚上都是情人节。如果夫妻双方对婚姻的要求不那么高，也许他们的不满就会少一些。

（二）"成功"离婚的条件

离婚不仅是情感上的灾难，也是经济上的巨大考验，如何"成功"离婚就成了一个值得探讨的话题。

1. 先协商，再选择诉讼　在中国，离婚方式有协议离婚和诉讼离婚两种。协议离婚可由当事人双方就子女抚养、财产分割等问题做出约定，再到婚姻登记机关办理离婚手续；诉讼离婚是在双方无法达成离婚协议时，向人民法院提出离婚诉讼，由法院进行审理，根据诉讼请求及双方提交的证据做出相应判决。

如果可以，双方尽量通过协商办理离婚事宜。协议离婚相对和谐，所有的决定都是双方商定的。如果选择诉讼离婚，可能会延长离婚的时间，父母的敌对状态和怨恨关系会对孩子造成巨大伤害。

2. 与前配偶共同抚养孩子　协议离婚和诉讼离婚都导致婚姻关系终结，但父母与子女之间的关系不因离婚而发生改变，已离婚的父母仍有抚养子女的义务。离婚后，应该把对前配偶的负面情绪放到一边，与前配偶共同合作养育孩子，商讨合适的养育方式，以把离婚对孩子的伤害降到最低。针对孩子的表现，双方一起坐下来谈一谈，感谢另一方在处理有关孩子的问题时表现出来的理解、耐心、尊重和宽容。

3. 为离婚承担责任　离婚是双方共同造成的结果，任何一方都不能完全责怪另一方，双方都应该对已经发生的结果多负一些责任。离婚并不意味着一方或双方是"坏人"，而是两个人觉得不合适。过多的相互指责无益于问题的解决。有时，多承担一些责任，会让离婚这件令人伤心和懊恼的事变得积极一些。

4. 吸取离婚的教训　把离婚看成是获得另一段更好的婚姻关系的机会。如果想在下一段婚姻关系中表现得不一样，应该认真从之前失败的婚姻中吸取教训。另外，离婚的人非常容易感到自己是一个失败者。对于离婚的人来说，提升自己的自信心非常重要。可以通过系统地思考自己的积极方面来实现这一目标。

5. 避免酗酒和吸毒　由于离婚后产生的压力和失望，人们很容易酗酒或吸毒。要学会克制，避免使用酒精和药物，这些东西会把人带入一个更加负面的恶性循环中。

6. 多运动、多活动　身体肌肉群系统的紧张和放松，能够带来肌肉的深度放松。运动不仅能消除、还能预防紧张情绪。每天参加慢跑、游泳、骑自行车或者其他类似运动，能够增加大脑的氧供给，帮助我们进行清醒的思考。另外，有氧运动还会使大脑产生内啡肽，这种物质会给人带来幸福和愉快的感觉。

7. 保持人际关系　离婚后窝在家里思考失败的婚姻关系只会加重人的抑郁感。多与朋友交流并一起做一些以前常做的愉快的事情要比一个人坐在家里强多了。在良好的人际关系中，重新拾回信心。也可以通过投身公益事情，在为他人的服务中发现自己的价值。

8. 放开对前配偶的那些怒气　离婚后仍对前配偶心怀怨恨并伺机报复会延长人的离婚调整期。就像老话说的：如果不能丢开报复的想法，就不能前进。这对于离婚后的调整同样是适用的。

9. 让时间来治疗　离婚后人的自信心经常会很低落，在度过离婚后情感上的困难期之前，人们很难做出新的承诺。大多数人对于离婚的调整要经历12～18个月的时间。尽管别人的追求对恢复自己的自信心多少有点帮助，但是这个阶段如果要再婚，应该慎重考虑一下。两段婚姻之间保持两年的单身时间是比较好的。

自我评估：对不忠的态度量表

不忠可以定义为对一夫一妻关系的不忠诚。它可以对任何人产生影响，不论你的种族、肤色或信仰如何，也不管你多富有，多有吸引力，不管你住在哪儿，年龄有多大。该评估的目的是为了更好地了解自己如何看待与不忠有关的事情。下列陈述没有对错之分，请你如实客观作答。请仔细阅读各项陈述，按照七分量表做出选择。

1	2	3	4	5	6	7

强烈反对　　　　　　　　　　　　　　　　　　　强烈赞同

1. 不忠诚不会对任何人造成伤害。　　　　1 2 3 4 5 6 7
2. 婚姻关系中的不忠会导致离婚。　　　　1 2 3 4 5 6 7

3. 不忠会招来不忠的报复。　　　　　　　　　　　　　　　1 2 3 4 5 6 7

4. 人们不忠诚是很正常的。　　　　　　　　　　　　　　　1 2 3 4 5 6 7

5. 在线/网络行为（如浏览性爱聊天室、黄色网站）是一种不忠行为。　1 2 3 4 5 6 7

6. 不论发生的具体状况如何，所有的不忠都是道德败坏的表现。　1 2 3 4 5 6 7

7. 婚姻关系中的不忠是一个人所能做出的最不光彩的事之一。　1 2 3 4 5 6 7

8. 如果两人结婚了，不忠行为在任何情况下都是无法让人接受的。　1 2 3 4 5 6 7

9. 只要我不知道，我就不会在意伴侣是否有婚外情。　　　　1 2 3 4 5 6 7

10. 我有婚外情是可以接受的，但我无法接受我的伴侣有。　　1 2 3 4 5 6 7

11. 如果我知道我的伴侣不会发现，我就会有婚外情。　　　　1 2 3 4 5 6 7

12. 如果我知道我的伴侣对其不忠行为很内疚，我会去找他/她。　1 2 3 4 5 6 7

计分

选择 1 为最不接受不忠行为，选择 7 为最接受不忠行为。在将你的选项得分相加之前，将第 2、5、6、7、8、12 项陈述的分数做颠倒。例如，如果你在陈述 2 上选择了"6"，则将其改为"2"；如果选择了"3"，则改为"5"，以此类推。在做完上述转变之后，将所有数字相加。你的总分越低（最低分是 12 分），你对不忠行为越难以接受；总分越高（最高分是 84 分），越容易接受不忠行为。总分为 48 分意味着你处于最强烈反对和最强烈赞成的中间点上。

资料来源

"对不忠的态度量表"由马克·惠特利（Mark Whatley）博士于 2006 年编写，他执教于美国瓦尔德斯塔州立大学心理系。使用该量表需要得到惠特利博士的授权，他的邮箱是 mwhatley@valdosta.edu，对于该信息的信度和效度，可向惠特利博士垂询。

参 考 文 献

大卫·诺克斯，卡洛琳·沙赫特. 2009. 情爱关系中的选择：婚姻家庭社会学入门 [M]. 金梓，等，译. 9版. 北京：北京大学出版社.

DLSON D H，DEFRAIN J. 2006. Marriages and Families：intimacy, diversity, and strengths（5th ed）[M]. New York：McGraw-Hill.

DEFRAIN J，STINNETT N. 1992. Building on the inherent strengths of families：A positive approach for family psychologist and counselors [J]. Topics in Family Psychology and Counseling，1：15-26.

DEFRAIN J. 1999. Strpng family around the world [J]. Family Matters：Journal of the Australian Institute of Famliy Studies，53：6-13.

ENRIGHT E. 2004. A house divided [J]. AARP The Magazine July/August 60-et passim.

OSTERMANN J，SLOAN F A，TAYLOR D H. 2005. Heavy alcohol use and marital dissolution in the USA [J]. Social Science and Medicine，61：2304-2320.

STINNETT N，DEFRAIN J. 1985. Secrets of strong families [M]. Boston：Little，Brown.

WUERFFEL J，DEFRAIN J.，STINNETT N. 1990. How strong families use humor [J]. Family Perspective，129-142.

第**7**章 性 行 为

步入青春期，随着生理和心理的成熟，青少年会出现性欲望以及一些常见的性行为，例如，性幻想、性梦、自慰等。这些行为称之为自体性行为，都是很正常的，不必感到恐慌和自责。与他人发生的性行为包括触碰、亲吻、口交、性交等。了解性行为相关知识，有助于大学生保持身心健康，获得幸福快乐的人生体验。

一、性欲

性欲是在一定刺激条件下产生的向往满足机体性需要的一种本能冲动，是与生俱来的。

(一) 性欲的产生原因与影响因素

吃饭喝水是为了保证个体自身生存的需要，而男女之间的性生活则是为了维持人类性的愉悦和种族的延续。人类的性不仅仅是生殖器官的活动、性的生理刺激的产物，而且是一种生理、心理和社会诸多因素共同作用的结果。性欲的产生是一个复杂的过程，受到多方面因素的影响。

1. 生理因素　性欲由于性腺的状态和活动而引起。男性的性欲与睾丸分泌的雄性激素、睾丸的生精活动和精液的胀满程度有明显的相关性。女性的性欲与卵巢分泌的雌性激素和卵巢的生卵作用有密切关系。

中枢神经系统，特别是大脑对性欲具有控制作用。当性感受器接受外界的性刺激时，性冲动信号便传入脊髓的初级中枢，在引起生殖器官兴奋的同时，将性冲动信号上传至下丘脑、边缘系统等较高级中枢，最后性冲动信号到达大脑，直接产生性欲。性欲的激发有不同途径，如通过刺激生殖器官等性敏感区可引起性欲；来自视觉、听觉、嗅觉、味觉和触觉等的刺激也能激发性欲；甚至仅凭大脑的想象也能产生性欲。但人类大脑皮质对性欲的控制作用很强，甚至具有决定性的作用。

2. 心理因素　性成熟的男性和女性通过恋爱、接触，产生真挚的感情，心情愉快甜美，则能够激发性欲的产生。而忧郁、悲伤、恐惧等心理则很容易抑制性欲的出现。此外，以往性生活体验，尤其是双方身体接触的性刺激体验，更容易诱发日后的性欲。

3. 社会因素　人不仅具有自然属性，还具有社会属性。性欲作为一种本能，是生物在进化过程中形成而由遗传固定下来的，但性欲又与社会环境、文化风俗、传统观念、生活习惯、宗教信仰等密切相关。如果一个人认为性是不洁的、肮脏的，其性欲可能就会受到抑制；如果一个人认为性是美好的、积极的，其性欲就有可能得到表达。

(二) 性欲的释放和压抑

性欲的产生是青春期发育后的一种正常生理和心理现象。人类的两性关系是人和人之间直接的、自然的、必然的关系，如果没有性欲望，没有男女两性之间的性生活，就不会有人类的繁衍和发展历史。

处于青春期的大学生在与异性或同性交往中产生性欲望是正常的性心理现象，而非可耻和下流的事情。如果正常的性欲望长期得不到满足或缓解，会使机体处于紧张状态，同时使人烦躁不安，影响身体健康和正常的学习生活。

性欲可以通过性行为来释放，如自慰、性交等；也可以通过非性行为来缓解，如自然缓解等方式。人的性欲虽然是一种生理现象，是一种本能，但同时又与心理因素、文化传统、宗教信仰等密切相关，并受到社会环境、法律和道德的制约。因此，对性欲应有正确的认识，既不能肆意放纵，也不必强行压抑。大学生应该在不伤害自身健康、不妨碍他人的基础上，在法律和社会规范允许的范围内，通过正当的、适合的手段使性欲得到释放。对于已经是成年的大学生而言，安全合法的性欲释放途径主要有以下几种。

1. 性交　两个成年人之间在私密的环境下，自愿发生性交行为，能够在一定程度上宣泄或缓解性欲。性欲是人的正常本能，没有必要过于压抑，两性间的正常性关系，不仅是缓解性欲的有效途径，也是人际关系的重要方面。当然，也有同性间的性关系。

2. 自慰　自慰有时又称为"手淫"。一般是指在没有他人参与的情况下，个人通过手或使用性器具摩擦、抚弄自己的身体，通常是生殖器，以获得性快感的行为。自慰是满足和缓解性欲的一种有效和安全的方式。

3. 自然缓解　减少或避开性刺激环境，能够使性欲望在短期内减弱、缓解。

性欲望、性表达和释放是人类的正常生理机能。通过合理、合法的方式释放，可以舒缓性欲望带来的紧张和焦虑感。如果把性欲望当作罪恶、肮脏的东西，通过自责、惩罚、心理暗示等方式压抑性欲望，会带来心理问题。

一种常见的恶性循环是竭力压抑性欲望一段时间，压抑不住后爆发性地自慰，达到高潮后立刻陷入一种罪恶感，于是再次开始压抑。这样的心理状况，将会导致很多自述的所谓自慰不良影响，如疲惫、失眠等。

正常的性欲望从生理和心理角度看都没有必要节制，但不应影响生活的其他方面。如果一个人由于性而废寝忘食，荒废学业、工作，那是不正常的，那样的性生活也不能持久。这种情况多数不是由于性欲望过强，而是心理上有其他问题而以性来发泄。

二、自体性行为

进入青春发育期后，随着性生理的发育和性心理的逐渐成熟，性行为也将随之产生。性行为分为自体性行为和与他人发生的性行为。我们先对自体性行为加以描述。

1. 性幻想　性幻想亦称性想象，是一种带有性色彩的心理过程或精神活动，是个体性生理、性心理与现实状况发生矛盾或不协调时自我在清醒状态下宣泄性能量的性情境臆想。

自青春期始到婚后的任何年龄的个体都可能产生性幻想，只是青少年期出现性幻想的几率可能更大一些。刘达临教授在对 19～23 岁大学生中的调查统计结果显示，随着年龄增长，性幻想的发生频率显著增加。

性幻想对人的机体没有实质性伤害，它对个体自身的性兴奋和性唤起是一种精神源性刺激，反复"演习"对性心理的发育和成熟也有一定的积极作用。刘达临于 1993 年出版的《中华性学辞典》中认为，在一些即使美满的婚姻中，性幻想仍然对性和谐起着重要的作用。但如果经常沉溺于性幻想中，影响了个人的正常生活、学习和工作，损害了健康，干扰了与他人的正常交往，就要引起足够的注意。至于什么是正常和适度，什么是过度，并没有统一的量化标准，因人而异。英国著名的性心理学家哈夫洛克·霭理士（Henry Havelock Ellis）认为："温文尔雅而想象力特别丰富的青年男女有性幻想绝对是一种常态，也是他们性冲动活跃的不可避免的结果。但若过分发展，无疑会以常态始而以病态终。"[*][1]

任何性幻想的内容都是个人隐私，他人不应该也无权打听、传说或者斥责。否则，将是对当事人的不尊重，甚至是伤害。

2. 性梦   性梦是指在睡梦中与他人发生性行为或自体性刺激行为，并且可能经历睡眠性高潮的现象。性梦是青春期成熟的正常心理现象，无法受意识支配。性欲在现实生活中得不到排解，自我压抑，进入梦境后，由于大脑意识作用的减弱，性欲转入梦境得到满足。因此，性梦是一种正常的生理活动，在一定程度上可以缓解性欲，不必过于担心。不过，当事人应注意两点：一是不能把性梦的内容和对象当作某种预示，因为这是毫无根据的；二是不宜向他人泄露性梦的内容和对象，因为这可能冒犯所涉及者。听到性梦讲述的人也不能借此传播和渲染，因为这是不负责任的行为。

3. 自慰（手淫）   如上所述，自慰是通过手或使用性器具摩擦、抚弄自己的身体，通常是生殖器，以获得性快感的行为。自慰在人类历史的绝大部分时期，被视作很自然平常的行为，世界各地都曾发现史前文化壁画、雕塑展示自慰行为。

人类从出生到老年一直可以体验生殖器快感。男婴在出生后几小时便可能发生阴茎勃起。当男婴在婴儿床里玩弄自己勃起的阴茎时，会开心地笑。女婴有时会有节奏、甚至激烈地摆动身体，像经历高潮一般。

自慰是人类探索身体的重要途径之一。通过自慰，儿童和青少年学会什么能使他们有性快感，如何律动身体，并掌握身体的自然节奏。

自慰行为对身体没有任何害处。自慰本身即是一种合理的性行为。在美国的一些性治疗师有时会建议病人以自慰来克服某些性问题，并以此发掘自己的性潜能。自慰还是一种相对安全的性行为，因为在自慰中不会发生精液、阴道分泌物或血液的交换，而这些往往是艾滋病病毒传播的途径。

由于人与人之间性欲望的强度不一，自慰的次数并没有所谓正常的标准。即使同一个人，性欲望也会有起伏。如果有性欲望，就可以自慰，放心去享受自慰带给人的快感，不必因此背上沉重的心理负担。

不论男性还是女性自慰都可以选用合适和安全的性玩具、性用具进行，必要时可以施以润滑剂。需要注意的是，自慰时应该注意卫生，防止细菌感染。性用具不宜多人交叉使用。

三、与他人的性行为

1. 触碰   触碰或称爱抚，包括全身的按摩、抚弄、摩擦自己或性伴侣的生殖器或乳房，

---

* 霭理士 . 1987. 性心理学［M］. 潘光旦，译注 . 上海：生活·读书·新知三联书店 .

可以起到表达爱意和唤起性欲的作用。女性对触碰较为敏感，部分男性仅将触碰视作性交的前戏。由于女性的性欲唤起较男性来得缓慢，在性交前女性获得充分的爱抚，可以使女性更好地享受整个性爱过程，并且达到高潮。

2. 亲吻　亲吻被认为是一种可以被广泛接受的婚前性行为，并且越来越被允许在公开场合表达，也常见于各种媒介中。人类对于亲吻能获得的美好体验，从婴儿时期的吮吸行为就开始了。

青少年往往将初吻当作人生的一个里程碑或成年礼，这标志着一个年轻人的性生活开始。

嘴唇和口腔是对触碰高度敏感的人体部位，亲吻能调动味觉与嗅觉的记忆，点燃身体的激情。通常情况下，亲吻是安全的，但过于激烈的亲吻导致口腔出血，或口腔内已有伤口，可能存在疾病传播的风险。

3. 口交　口交是一种常见的性行为，包括舔阴和吮吸阴茎。口交可能是单方向的，也可能是双方同时进行。由于人类的口舌高度敏感，施予口交的人也可能在口交的过程中，因为唤起对方性欲而得到快感。

一些青年人由于担心无保护的阴道性交可能导致意外怀孕，选择口交作为代替方式。

出于对艾滋病病毒传播的安全考虑，给女性舔阴时可以使用口交膜，通常可将安全套剪开使用。给男性口交应该避免在口内射精。口交中使用安全套可以降低性传播疾病的风险，市场上有销售适合口交用的安全套，如不含有润滑剂或具有香味的安全套。

4. 阴道性交　阴道性交是指男性的阴茎插入女性阴道的性行为。无论是男女的性欲望释放、性心理的需要还是作为人类繁衍的目的，阴道性交是人类一种最基本的生理习性。良好的性交体验可以使男女双方获得性带来的愉悦和美好。

但是，非意愿情况下，受到暴力威胁或胁迫下的性交可能给受害人带来巨大的伤害，也是法律不容许的。法律和社会风俗可以接受的性交仅限定在两个成年人在私密情况下的自愿行为。社会公德往往也会谴责婚姻关系之外的性交行为，甚至是未婚的性行为。一些校规校纪也限制大学生性交行为的发生。因此，大学生应该懂得如何权衡和处理所处环境、社会关系、文化习俗对其性交行为所产生的影响，并承担责任。

由于无保护的阴道性交可能导致女性怀孕，因此，学会正确使用安全套尤其重要。为了避免性传播疾病，在性交过程中应该全程使用安全套。

5. 肛门性刺激　肛门性刺激包括舔肛和肛交。由于肛门周边皮肤和黏膜极为敏感，通过肛门性刺激非常容易唤起性欲。但是由于肛门口有大量微生物和致病菌，因此，保持肛门区域的清洁极为重要。

肛交指男性的阴茎插入性伙伴的肛门的性行为，肛交既可以发生在异性性伙伴之间，也可以发生在同性性伙伴之间。女性作为肛交的被动方，刺激主要来自临近的阴道快感。男性作为肛交的被动方，性快感来自于前列腺的刺激。不是所有人都可以享受肛门性刺激。

为了避免性传播疾病的传播，在舔肛时应当使用口交膜。由于直肠的组织较为脆弱，肛交有更高的传播疾病的风险，必须使用安全套和足够的水性润滑剂予以保护。

四、性行为多元

整个人类对于性的体验极为丰富多彩而且富于探索，但是绝大多数人的一生仅限定在少数的常见性行为方式和欲望中。因此，对于一些不常见的性偏好往往存在偏见，认为是违反自然或者是一种"倒错"。但同时，一些强迫型的性偏好，则被认为属于精神疾病。

1. 多元性行为与性偏好异常　　大多数人的性活动和性幻想，如阴道性交、口交和自慰，以及异性恋、同性恋、双性恋都属于较为普遍的行为和欲望。超出这些范围之外的、从统计数据上说属于非普遍存在的性行为则被认为是多元的。

控制和服从是一种常见的多元性行为，公众常用 SM 来描述它。控制和服从有多种形式，包括捆绑和调教、羞辱和角色扮演等，并且逐渐形成一种社会文化现象而开始被主流社会关注。

而性偏好异常，则认为是那种长期的、难以自控的、并且会给自己或伴侣带来痛苦和屈辱的性行为偏好，以及针对儿童和其他非自愿的人的性偏好。

2. 性偏好异常的种类　　非强迫型的性偏好异常，如恋物、扮异性等通常对他人不会造成影响，所以，被认为是比较无害的。

强迫型的性偏好异常，包括恋兽症、窥视症、裸露症、电话性骚扰症、性摩擦症、恋尸症、恋童症、性施虐症和性受虐症。这些行为都会涉及另外一人或动物发生强迫或非自愿的关系，会给他人造成伤害，引起社会忧虑。

3. 性偏好异常的成因和治疗　　性偏好异常的人多为男性，因此，很可能和生物学因素密切相关，也可能受社会文化规范和个人生活经历影响。性偏好异常难以治疗，通过提供社交技巧、性技巧和恋爱关系的辅导，可能会帮助改变行为，但容易复发。

参 考 文 献

霭理士. 1987. 性心理学 [M]. 潘光旦，译注. 上海：生活·读书·新知三联书店.

胡珍，王进鑫. 2004. 大学生性健康教程 [M]. 成都：四川科学技术出版社.

胡珍. 2004. 中国当代大学生性现状与性教育研究 [M]. 成都：四川科学技术出版社.

江剑平. 2006. 大学生性健康教育 [M]. 北京：科学出版社.

刘达临. 1995. 中国当代性文化（精华本）[M]. 上海：生活·读书·新知三联书店.

刘达临. 1993. 中华性学辞典 [M]. 哈尔滨：黑龙江人民出版社.

彭晓辉，阮芳赋. 2007. 人的性与性的人 [M]. 北京：科文图书业信息技术有限公司.

彭晓辉. 2002. 性科学概论 [M]. 北京：科学出版社.

威廉·L. 雅博，芭芭拉·W. 萨亚德，布莱恩·斯特朗，等. 2012. 认识性学 [M]. 爱白文化教育中心，译. 北京：世界图书出版公司.

吴阶平. 2009. 性医学 [M]. 北京：科学技术文献出版社.

徐晓阳，黄勋彬. 2007. 性医学 [M]. 北京：人民卫生出版社.

薛兆英，许文新. 1995. 现代性医学 [M]. 北京：人民军医出版社.

性 反 应　第8章

　　人类的性活动也像其他活动一样，遵照"刺激与反应"的模式。面对性刺激，每一个健康的人都会对其产生反应。虽然这种反应因人而异，但内在的生理反应模式是一致的。

　　性反应是指从性唤起到性高潮，再恢复至初始的生理状态，生殖器官和身体其他方面产生的一系列可以感觉到与观察到的变化。

一、性唤起

　　性唤起（sexual arousal）是性体验中最重要的部分。1983年，班克罗夫特（Bancroft）提出性唤起包括性驱力（sexual drive）、中枢唤起（central arousal）、生殖器反应（genital responses）、外部唤起（peripheral arousal）4个基本要素。

　　大多数的性唤起由环境因素刺激引起，在触觉、视觉、听觉、嗅觉及味觉等感官性刺激下产生性刺激，它也可由生理和心理因素（比如幻想、回忆等）所激发。

　　性行为的整个过程中最重要的部分就是触觉，如拥抱、抚摸、亲吻等都属于此类。身体接触是最古老和原始的表达性爱的方式，低等动物在求爱时，触觉发挥很大的作用，如虾、蟹、蜘蛛等动物就通过触觉求偶。对人类来说，有些人（常见于女性）在没有完全的性交行为之前，仅通过某些触觉感受就能体验快感，达到满足。

　　不同历史时期、不同文化、不同性别、甚至不同个人，对身体某些部位能引起性唤起的认识有所差异，但普遍认为，通过视觉看到生殖器官或者整个裸体，能刺激性唤起。类人猿利用喉间的声音作为求爱的主要工具，而人类在性交过程中发出的呻吟、叹息以及带着温柔、暧昧语调的话语在一定程度上都具有性唤起的作用。香味和臭味对人体的神经系统也是一种较强的环境刺激，大多数人对体味和香水的偏爱就能说明这一点。

　　直接刺激皮肤性敏感部位（erogenous zones）易造成性唤起。性敏感部位（又叫性感区）是指在身体表面的触觉敏感区中，有些部位特别容易引起性反应或性兴奋。女性的性感区一般包括阴蒂、阴唇、阴道、嘴唇、耳垂、乳房（特别是乳头）、大腿内侧、颈部等，以阴蒂和乳头最为敏感。男性的性感区主要集中在外生殖器官周围，以阴茎头和阴茎体腹侧皮肤最为敏感。此外，唇、舌、会阴、大腿内侧等部位也比较敏感。这些性感区因文化背景、个体因素的不同而异。

　　性唤起所需的时间个体差异很大，和每个人的体质、健康状况、疲劳程度、意识观念、感情、所受教育、环境等都有极大的关系，有的人仅需要几分钟，有的人则需要几十分钟。

二、性反应的周期性变化

　　主观地说，性唤起和性高潮是美好、愉快、舒适的体验，但却很难在客观上阐释它们的作用。美国医生威廉·豪威尔·马斯特斯（William Howell Masters）和弗吉尼亚·伊夏尔曼·约翰逊（Virginia Eshelman Johnson）根据大量的研究，认为男性和女性的性反应模式都包括四个阶段：兴奋期（excitement）、平台期（plateau）、高潮期（orgasm）和消退期（resolution）。这四个阶段是一个连续的、不可分割的、完整的性兴奋的动态过程，在这个过程中，血管充血（vasocongestion）和肌强直（myotonia）是两个最基本的生理反应。血管充血是指血液在身体组织内聚集；肌强直是指肌肉张力的增加。性反应周期的每个阶段详述如下。

（一）兴奋期（sexual excitation period）

兴奋期是从性刺激开始，性欲被唤起，身体进入性紧张和性活跃。唤起性兴奋所需要的时间一般受到个体体质、年龄、健康、情绪、外部条件和刺激的有效性等生理、心理和环境因素的影响。对于不同的人来说，有的仅需数分钟，有的则需要几十分钟。即使在同一个人身上，兴奋期时间的长短也不尽一致，当身心状态较佳时，时间较短，反之，则时间较长。在性唤起的早期，转移注意力很容易让性唤起消失，但如果周围环境适宜性活动，性兴奋就能持续。

1. 男性兴奋期　男性兴奋最明显的表现是阴茎勃起（erection），这是由于阴茎海绵体内动脉血管舒张，动脉血液流量增加而迅速胀大，静脉血液回流受阻可维持阴茎的勃起状态（图 8.1）。从婴儿时期直到老年，男性都可以发生阴茎勃起。阴茎勃起到阴茎完全变硬有一个过程，有时（多见于年龄较大的男性）阴茎在未完全勃起情况下开始进入，随后在性交过程中变硬。勃起发生的时间很快，在短短的几秒钟就能迅速勃起。有一些因素，比如年龄、酒精、疲劳等会使勃起反应的发生时间减慢。但需要指出的是，并非年龄越大，阴茎勃起的反应就一定越慢，它们之间的反比现象并不是绝对的。直接触摸生殖器官或刺激身体其他部位，都可以使阴茎迅速勃起。

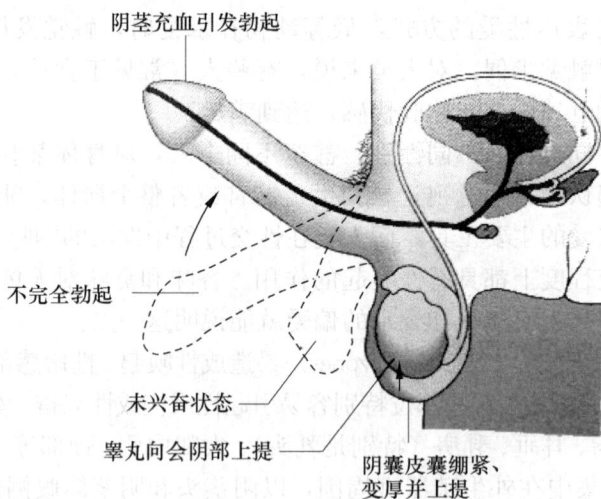

阴茎充血引发勃起

不完全勃起

未兴奋状态

睾丸向会阴部上提

阴囊皮囊绷紧、变厚并上提

图 8.1　男性兴奋期

（摘自：威廉·L. 雅博，芭芭拉·W. 萨亚德，布莱恩·斯特朗，等 . 2012.
认识性学［M］. 爱白文化教育中心，译 . 北京：世界图书出版公司 .）

在兴奋期，男性阴囊收缩变厚，睾丸上提向腹部靠近并增大（这是由于血管充血）。

轻度性兴奋时，身体外部表现并不十分明显，不容易被观察到。但足够的性刺激引起强烈的性兴奋时，可见全身的肌肉紧张，心率加快，呼吸加深，面部及全身皮肤潮红，乳房隆起，尤其是乳头变硬。

2. 女性兴奋期　阴道壁湿润是女性兴奋的最初表现，这与男性阴茎勃起的生理原因相同：血管充血。女性在受到性刺激后，阴道壁的血管开始充血，滤出的液体会润滑阴道和外阴，有助于阴茎进入。女性性兴奋时，阴道上 2/3 部分扩张利于性交和容纳精液，阴道下 1/3 充血使阴道口变窄，也有助于包裹阴茎。对大多数女性来说，足够的性刺激在半分钟内就可导致阴道壁湿润，但也有一些女性在性唤起下不分泌液体。对女性来说，阴道壁湿润并不是性交前的唯一准备，因为心理上的准备也是同等重要的。除阴道壁湿润外，女性在性兴奋期中阴道的另一个变化就是由于血管充血而使阴道壁的颜色变深。

阴蒂是女性重要的性感受器之一。在性兴奋的早期阶段，阴蒂虽然也受到影响，但并无明显变化。随着性兴奋逐渐加强，阴蒂充血膨胀，同时小阴唇也开始充血。到性兴奋晚期，阴蒂头的直径可增大一倍。阴蒂头有丰富的感觉神经末梢，自慰和口交时直接刺激阴蒂，可使女性获得性快感。

性兴奋时，小阴唇因充血而逐渐膨胀展开，甚至达到原先的 2～3 倍。乳房的变化表现在乳头勃起、乳晕扩大、乳房在一定程度上肿胀（充血引起）等方面。对乳房进行抚摸、摆弄、亲吻乳头等都可加速性兴奋的过程（图 8.2）。

女性在性兴奋期也会出现全身皮肤潮红的现象，甚至比男性更为多见。性潮红（sex flush）多从腹部开始，逐渐向胸部扩散，外观类似皮疹，这是性兴奋过程中皮肤表面充血而引起的暂时肤色暗化。

除上述表现外，心率加快和血压增高等变化是两性共有的生理表现。

对性兴奋的体验，男性和女性有比较大的差异。通常男性比女性更容易体验性的兴奋。主要有以下两个原因：从生理层面上看，男性的性反应主要集中在阴茎，不像女性那样泛化；从社会观念层面上看，男性遭受的性压抑远不如女性那样强烈。

若在性兴奋期男女双方心理交融和谐，情感体验强烈，性兴奋的紧张度将不断增强，便逐渐向平台期过渡。

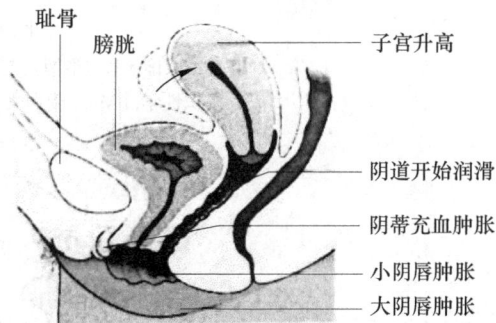

图 8.2　女性兴奋期
（摘自：威廉·L. 雅博，芭芭拉·W. 萨亚德，布莱恩·斯特朗，等. 2012. 认识性学 [M]. 爱白文化教育中心，译. 北京：世界图书出版公司.）

（二）平台期

随着性兴奋不断增加，血管充血达到顶点，会进入平台期。此时，性兴奋的生理紧张、心理紧张及神经兴奋都达到一个较高而相对稳定的水平。在兴奋期与平台期之间并没有突然的生理变化，而是性紧张的渐进性发展呈持续稳定状态。

1. 男性平台期　男性的阴茎进一步充血而完全竖立，阴茎头变大，颜色加深。阴囊加厚，睾丸继续上提更进一步靠近腹部，体积继续增大，可增大 50%。尿道口沁出少量尿道球腺分泌的液体，虽然没有射精，但其内可能含有活动的精子（图 8.3）。

2. 女性平台期　在平台期，女性阴道壁外的 1/3 因充血肿胀而明显增厚形成高潮平台（orgasmic platform），致使这一段的阴道口变狭窄，明显对阴茎起到一种增强的"紧握"作用。同时，阴道液分泌减少，阴蒂缩到阴蒂包皮内，但仍呈勃起状态；子宫因肌肉收缩而抬到最高；在趋近性高潮时，小阴唇会发生明显的颜色改变（图 8.4）。其颜色也会逐渐加深，变成粉红色、鲜红色或者深红色（取决于女性的肤色）。小阴唇的这种变色通常被称为"性肤色"，预示着性高潮即将来临。此时，乳房进一步胀大。

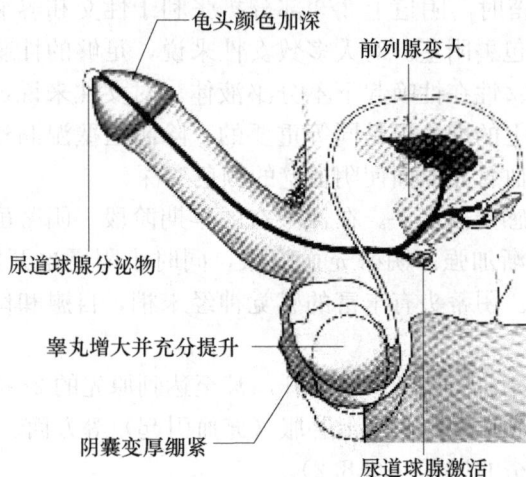

图 8.3 男性平台期

（摘自：威廉·L. 雅博，芭芭拉·W. 萨亚德，布莱恩·斯特朗，等.
2012. 认识性学［M］. 爱白文化教育中心，译. 北京：世界图书出版公司.）

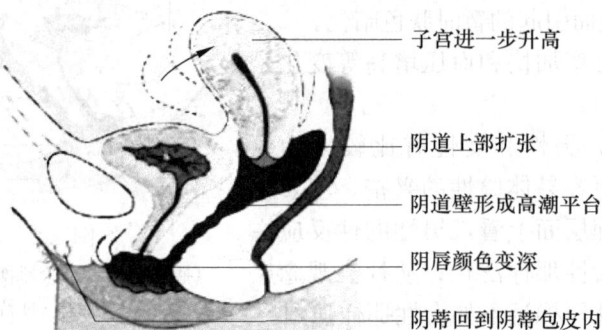

图 8.4 女性平台期

（摘自：威廉·L. 雅博，芭芭拉·W. 萨亚德，布莱恩·斯特朗，等.
2012. 认识性学［M］. 爱白文化教育中心，译. 北京：世界图书出版公司.）

对两性而言，平台期的呼吸频率、心率和血压等都会进一步加速或增高。

（三）高潮期

性高潮（orgasm）是为性唤起引起的累积的神经肌肉紧张的释放。性高潮的持续时间很短，是整个性反应过程中时间最短暂的阶段，一般只有几秒钟。尽管如此，性高潮的体验也因性行为发生的环境、年龄、身体健康状况以及性行为的间隔时间等因素而不同。男性、女性都能在性高潮时体验到强烈、满意的快感，但具体的表现不同。

1. 男性高潮期 成年男性性高潮的主要特征是射精（ejaculation）。射精分为两个阶段，第一个阶段是通过附睾和输精管平滑肌的收缩，将精子输送至尿道，这个过程可称为移精（emission），一般这个时候男性感受到强烈的压迫感，感觉射精不可避免（ejaculatory inevitability），这时已经无法阻止精液射出；第二个阶段就是排射（expulsion），此时阴部的神经兴奋，阴茎根部的尿道海绵体肌出现明显的节律性收缩，压迫尿道，随后射出精液（图 8.5）。刚开始的 3～4 次收缩的强度大，间隔时间约为 0.8 秒。此后，收缩强度减弱，间隔的时间也延长。

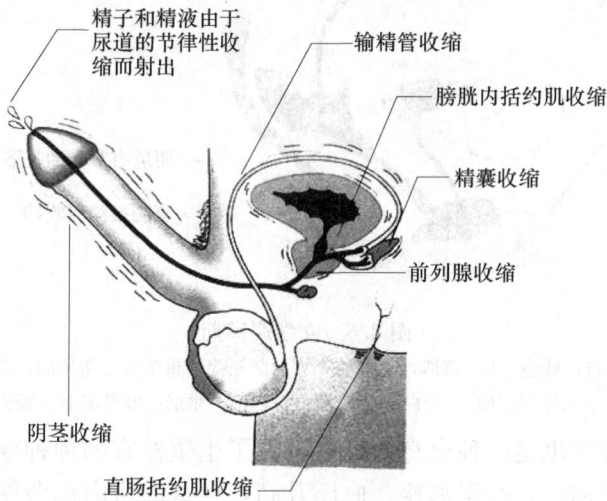

图 8.5　男性高潮期

（摘自：威廉・L. 雅博，芭芭拉・W. 萨亚德，布莱恩・斯特朗，等.
2012. 认识性学［M］. 爱白文化教育中心，译. 北京：世界图书出版公司.）

　　也有的男性在性高潮时并没有精液射出，有可能是发生了逆行性射精（retrograde ejaculation），精液逆行，反向至膀胱而不是由尿道排出。这种情况较为少见，多是由于某些疾病或服用了某些镇静剂、降压药。

　　性高潮并不等于射精，有未到达性高潮而射精的现象，也有可能出现性高潮时不射精的情况。性高潮是伴随射精还会出现强烈的快感和全身肌张力释放的特殊感受，面部肌肉收缩而呈现"痛苦的"表情，四肢肌肉收缩可能出现"痉挛"。有人在性高潮时会发出喊叫声，接着多数人肌肉和身体的紧张突然松弛，有时在第二天还会感觉腰酸背痛。男性在射精和性高潮后，身体会进入不应期（refractory period），这个阶段即使有性刺激也不能再次射精。不同的男性不应期的时间长度不同，老年人的不应期时间较长。男性很少射精或者不射精对健康没什么影响，过多的精子会被身体吸收。

　　2. 女性高潮期　女性性高潮也是由一系列肌肉收缩组成，这点和男性相似。肌肉收缩从阴道下部开始，同时伴随子宫非自主的节律性的收缩，从子宫底部一直延伸到子宫颈。肌肉收缩发生的次数较多，历时也较长。阴道靠内的 2/3 并不发生收缩，而是扩张，保持开篷（tenting）。除子宫和阴道收缩外，肛门括约肌、骨盆底部的肌肉也会有节律地收缩（图 8.6）。每次性高潮，会有 3～4 次收缩，剧烈的性高潮可增加到 12 次左右，每次收缩的间隔时间通常为 0.8 秒。

　　女性性高潮一般不会像男性有射精那样明显的可视证据，正因为如此，有些男性不清楚如何判断女性是否达到性高潮，甚至会怀疑女性"伪装高潮"。实际上，有些女性会把剧烈的性反应误认为是性高潮，甚至有人终生都没有出现过性高潮。对女性而言，性高潮主要是一种从阴蒂周围向外扩散到整个骨盆的感觉，阴道口肌肉收缩的感觉会更为强烈。如果第一次性高潮后，继续性刺激，女性可以接着经历多次性高潮。但女性性高潮受心理影响比较明显，在心情不佳或不安时，性反应不会出现，更难达到性高潮。

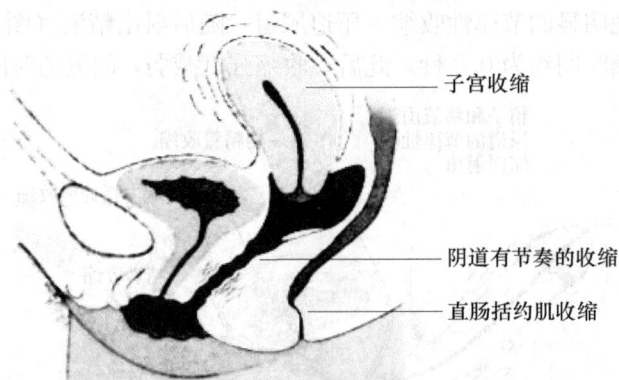

图 8.6　女性高潮期

（摘自：威廉·L. 雅博，芭芭拉·W. 萨亚德，布莱恩·斯特朗，等.
2012. 认识性学［M］. 爱白文化教育中心，译. 北京：世界图书出版公司.）

对女性而言，性高潮也是一种全身性反应，除了生殖器官的种种变化外，还伴随其他身体生理变化。比如呼吸加快、心率加速、血压升高，全身的肌肉也会伴有随意和非随意的收缩，肛门括约肌会出现非自主的收缩。在性高潮时，女性往往会情不自禁地发出喘息声、叹息声，甚至是喊叫声，某些女性还会有类似男性射精的液体流出的现象，哺乳期的乳汁还可能从乳房喷射出来。

（四）消退期

性消退期（sexual resolution period）是指在性高潮以后，全身紧张状态逐步松弛，情绪恢复平静的过程。性消退期开始不像性高潮开始时有很明确的表现，主要是肌肉节律性收缩逐渐减弱；充血的器官逐渐恢复到原先的大小和颜色；身体和精神逐渐安定下来，恢复到未唤起时的水平。人们往往在此时感到疲倦和睡意，但也有人会感到兴奋。

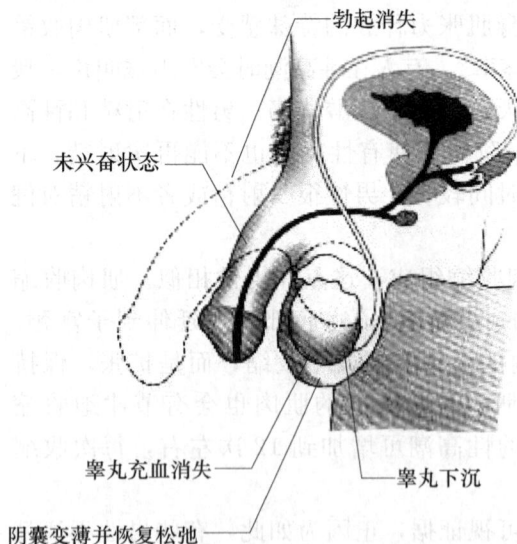

图 8.7　男性消退期

（摘自：威廉·L. 雅博，芭芭拉·W. 萨亚德，布莱恩·斯特朗，等 .2012. 认识性学［M］. 爱白文化教育中心，译. 北京：世界图书出版公司.）

1. 男性消退期　男性性高潮后，在消退期最明显的表现就是阴茎疲软，不再竖立。阴茎疲软经历两个阶段：第一个阶段由于血液回流，阴茎的肿胀迅速消退呈半勃起状态；第二个阶段充血状态继续减轻，阴茎逐渐回缩至兴奋前的状态（图 8.7）。第二个阶段出现得比较缓慢，龟头和阴囊缓慢变空。阴茎疲软的时间与血管充血的程度有关，一般在兴奋期和平台期充血越明显，阴茎疲软的时间就会相对延长。如果射精后未及时抽出，阴茎的肿胀状态的持续时间会延长一些。如果射精后迅速抽出阴茎，而后不再有新的性刺激，男性在没有进一步的性唤起后就会进入不应期。也就是说，阴茎不能竖起再达到另一次性高潮。

2. 女性消退期　对女性而言，性高潮后高潮平台会迅速消退，阴道壁缓慢松弛，阴道壁的颜色也在 15 分钟内恢复正常，阴道空间变小，子宫收缩。阴蒂在高潮后几秒钟内再次从阴蒂包皮下露出，但需要更长的时间恢复到原来的尺寸。阴唇在性高潮后恢复到为充血的状态。乳房的膨胀消退，性潮红也逐渐消失（图 8.8）。

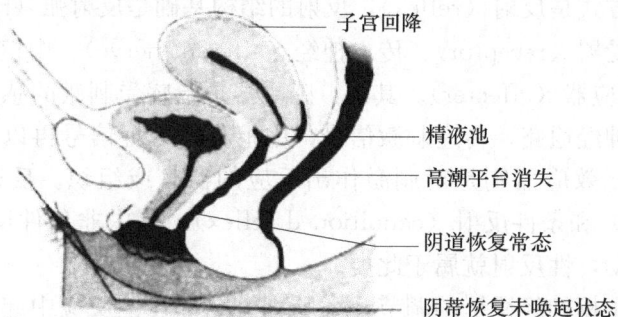

图 8.8　女性消退期

（摘自：威廉·L. 雅博，芭芭拉·W. 萨亚德，布莱恩·斯特朗，等.
2012. 认识性学［M］. 爱白文化教育中心，译. 北京：世界图书出版公司.）

在消退期，男性和女性的心率、血压、呼吸频率恢复正常，肌肉紧张状态也很快消失。

三、两性性反应差异

除射精外，男性和女性对性高潮的感觉体验大多相似，更大的差异在于男性在一次性高潮后会进入不应期，而女性在一次性高潮后，只要有持续的性刺激，能继续达到多次性高潮。但是，不同女性之间，甚至同一女性在不同情况下，所经历的高潮体验会存在很大的差异。

男性和女性在高潮后的表现也不太相同，由于射精后进入不应期，阴茎很难再次勃起，另外，射精后身体也容易疲乏，大多数男性习惯立即进入睡眠，或者即刻清洗生殖器官等。而女性一般在性交后，大都希望得到伴侣的关心和爱抚。所以，性交后男性给予女性伴侣爱抚、拥抱、亲吻等亲密行为，既能表达爱意，也能体现出对女性的一种尊重。有时，对女性来说，心理上的满足比生理上的满足更为重要，更为美好。

四、其他性反应模型

上面详细介绍的是马斯特斯-约翰逊性反应四期模型（Masters and Johnson's four-phase model of sexual response），尽管这种模型是最常被提起的，但某些人认为其忽视了性反应中认知和主观方面，忽视了人类情感因素，即人从感情上是怎样感觉的。除这种性反应模型外，还有卡普兰性反应三分期模型（Kaplan's triphasic model of sexual response）和路兰性反应模型（Loulan's sexual response model）。

卡普兰性反应三分期模型是在其性治疗工作基础上研究提出的，包括欲望期、兴奋期和高潮期。其中，欲望期是心理反应，兴奋期和高潮期是生理反应。这种模型的提出，对治疗性反应困扰等方面具有重要的作用。

路兰性反应模型则将性反应过程分为六个阶段：意愿期、欲望期、兴奋期、充血期、高潮期和快感期。该反应模式着重于每个人在性反应过程中的个体体验。

五、性反应过程的调节

来自神经系统和激素的生理调节机制，构成了性反应过程中各种性刺激反应模式的基础。

另外，性反应过程也受环境和心理因素的影响。此处我们着重介绍来自神经系统和激素的调节。

（一）神经系统的调节

神经活动的基本方式是反射（reflex），反射的结构基础是反射弧（reflex arc），反射弧中有 5 个基本结构：感受器（receptor）、传入神经（afferent nerve）、中枢（center）、传出神经（efferent nerve）和效应器（effecter）。其中，感受器是指感受刺激的感觉器官；传入神经是感受器与中枢之间的神经通路，传递刺激信号；中枢分析处理信号再以神经冲动的形式通过传出神经达到效应器；效应器则是对刺激作出反应的器官或组织。反射又分为非条件反射（unconditioned reflex）和条件反射（conditioned reflex），其中非条件反射是指与生俱来的，形式较固定的反射活动，性反射就属于此类。

性行为主要来自中枢神经系统的调节，大脑和脊髓都在性反应中起着重要的作用。性唤起中，来自触觉、视觉、听觉、嗅觉及味觉的刺激信号都传递至大脑而唤醒性冲动，包括直接接触性敏感部位等传递的信号都是经由大脑处理。

脊髓中的勃起中心（erection centers）控制男性阴茎勃起和射精，阴茎勃起有两种机制（图 8.9）。阴茎或阴囊、大腿内侧（感受器）接收外界的刺激，通过传入神经将刺激信号传至脊髓的最低处（骶骨部位），脊髓内的反射中心处理刺激信号，将神经冲动通过传出神经（副交感神经）传至阴茎动脉壁周围的肌肉（效应器）。阴茎动脉壁周围的肌肉的相应反应是肌肉放松，动脉扩张，导致阴茎勃起。

勃起不仅仅通过对阴茎直接刺激，还有一种勃起机制是通过接收环境的刺激引起。来自视觉、触觉、嗅觉或回忆、幻想等的心理刺激，通过脊髓胸部和腰部的交接处（T11～L2 段）的勃起中心处理刺激信号，并通过交感神经将神经冲动传至阴茎，刺激阴茎勃起。

脊髓的射精中心也位于 T11～L2 段。与勃起不同的是，射精与血管无关，只与肌肉有关。射精反射中，阴茎发出一个信号到射精中心。信号经处理后，将神经冲动通过交感神经传至与射精有关的肌肉，最后肌肉收缩将精液射出（图 8.10）。

遗憾的是，由于探究女性性高潮较为困难，因此，对女性性行为中神经系统调节作用和调节机制的研究相对缺乏。通过某些研究，发现大脑皮质下的边缘系统（limbic system）对女性性唤起和男性一样起着重要的作用。

（二）激素调节

睾丸和卵巢产生性激素是性反应的另一个因素，当然，性激素不仅仅对性反应有作用，正如前面提到，在胚胎发育阶段，性激素对生殖器官的发育也有很大的影响。

睾酮（testosterone）是性激素中的一种，也是最重要的，男性和女性身体内都有睾酮。男性的睾酮主要由睾丸内精曲小管的间质细胞产生，女性的肾上腺和卵巢也会生成睾酮。尽管女性体内分泌的睾酮含量明显比男性低，但女性对睾酮的敏感性更强，对女性而言，睾酮的影响时间可能更长。睾酮对人类性冲动或性欲有影响，对人类的性欲维持有刺激作用。有些男性如果被阉割（castration，切除睾丸），其性行为会大量减少。也有些男性在阉割后，性行为减少得比较慢，这也从另一面说明大脑对性行为的控制是很重要的。

对女性而言，雌激素主要影响性成熟。雌激素能保养阴道内壁，维持阴道湿润。有些情况下，每日口服适量的雌激素可用于绝经期的女性，以改善阴道干燥现象。但这种补充人工

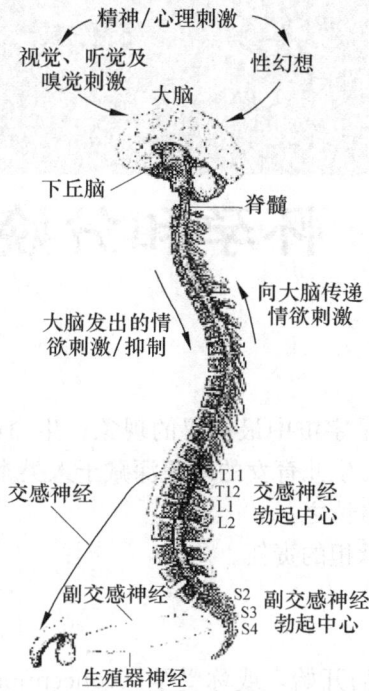

图 8.9　勃起时的脊髓反射
摘自：贺兰特·凯查杜里安. 2009. 性学观止 [M].
6 版. 胡颖翀, 译. 北京：世界图书出版公司.)

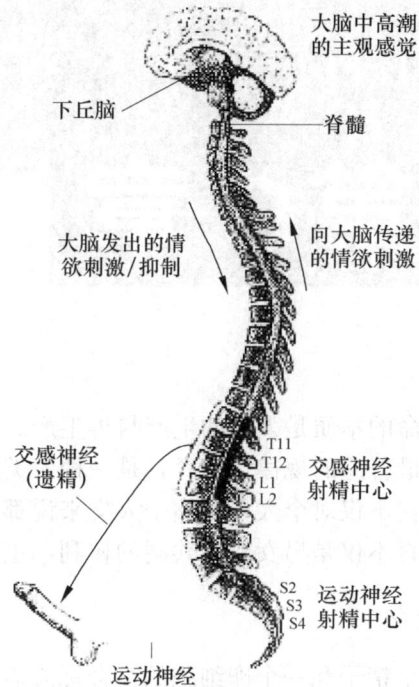

图 8.10　射精时的脊髓反射
（摘自：贺兰特·凯查杜里安. 2009. 性学观止 [M].
6 版. 胡颖翀, 译. 北京：世界图书出版公司.)

合成或天然的激素须谨慎，不能盲目服用。男性体内也有少量的雌激素，可促进精子成熟，保持骨密度。

参 考 文 献

霭理士. 1987. 性心理学 [M]. 潘光旦, 译. 北京：生活·读书·新知三联书店.

贺兰特·凯查杜里安. 2009. 性学观止 [M]. 胡颖翀, 译. 6 版. 北京：世界图书出版公司.

胡珍, 王进鑫. 2004. 大学生性健康教程 [M]. 成都：四川科学技术出版社.

胡珍. 2004. 中国当代大学生性现状与性教育研究 [M]. 成都：四川科学技术出版社.

江剑平. 2006. 大学生性健康教育 [M]. 北京：科学出版社.

刘达临. 1993. 中华性学辞典 [M]. 哈尔滨：黑龙江人民出版社.

刘达临. 1995. 中国当代性文化（精华本）[M]. 上海：生活·读书·新知三联书店.

彭晓辉, 阮芳赋. 2007. 人的性与性的人 [M]. 北京：科文图书业信息技术有限公司.

彭晓辉. 2002. 性科学概论 [M]. 北京：科学出版社.

威廉·L. 雅博, 芭芭拉·W. 萨亚德, 布莱恩·斯特朗, 等. 2012. 认识性学 [M]. 爱白文化教育中心, 译. 北京：世界图书出版公司.

薛兆英, 许文新. 1995. 现代性医学 [M]. 北京：人民军医出版社.

耶尔多·德伦特. 2006. 世界的渊源：女人性器官的真相与神话 [M]. 施辉业, 译. 广州：花城出版社.

《中国性科学百科全书》编辑委员会, 中国大百科全书出版社科技编辑部. 2006. 中国性科学百科全书 [M]. 北京：中国大百科全书出版社.

珍妮特·S. 海德, 约翰·D. 德拉马特. 2005. 人类的性存在 [M]. 贺岭峰, 等, 译. 8 版. 上海：上海社会科学院出版社.

第9章 受孕、怀孕和分娩

生命的本质是人类的生产与再生产。生命的存在是宇宙中最神秘的现象；生命的发展是地球上最普遍的规律。生育，是一种人类的自然属性。生儿育女的渴望深藏于人类本性之中。繁衍后代不仅对个人，对整个人类来说都是最重要的事情之一。

生育不仅是男女双方共同的权利，也是双方共同承担的责任。

一、受孕

一个精子和一个卵细胞的结合标志着一个新生命的开始，或称受孕（conception）。对一个有生育能力、性欲旺盛且又想要孩子的女性来说，一般平均需要 6 个月能够成功受孕。在女性排卵期间一次性交有 21％的机会可以导致受孕。大约有 90％的女性在尝试一年之后可以成功受孕，另有 5％需要 2 年时间。当然，这是一个大概情况。有的女性在第一次性交后就会受孕，所以，"初次性交不会导致怀孕"的说法是不正确的。

（一）受精的过程

卵细胞受精标志着新生命的诞生，也是妊娠的开始。精液射入阴道内后，精子进入子宫腔，并在子宫与输卵管获能。从阴道到输卵管末端的距离约为 15cm，精子大约需要运行 30 分钟。而后，精子在输卵管壶腹部（也即输卵管外上 1/3 处）遇到卵细胞。

受精（fertilization）是精子与卵细胞结合形成受精卵的过程，一般发生在输卵管壶腹部。由于在一般情况下，卵细胞的寿命不超过 24 小时，所以，通常在排卵后 12 小时内受精。精子在女性生殖道内存活的时间通常为 12～48 小时，不过一些精子的存活时间可长达 5 天左右。因此，女性若要受孕，必须在排卵前五天至排卵后一天期间进行性交。安全期避孕法则是基于避开受精有效期性交，但需要注意的是，排卵日期并不容易准确测定。关于此部分内容，将在第 10 章里详细说明。

精子在输卵管壶腹部与卵细胞相遇（图 9.1）。随后，精子被冠状体的纤毛固定在卵细胞表面，在电子显微镜下精子显现在卵细胞表面（图 9.2）。

精子虽然在获能过程中除去精子头部的外膜，但在穿入卵细胞保护膜之前还需要经过进一步的变化。精子头部接触到卵细胞后，顶体的前膜与精子头部表面的细胞膜融合后破裂，形成许多小孔，顶体内含的酶类得以排出。顶体酶溶解卵细胞的外部屏障（放射冠和透明带），这个过程称顶体反应（acrosome reaction）（图 9.3）。通常，一旦有一个精子进入卵细胞，卵细胞的透明带结构会发生变化，经历透明带反应，阻止其他的精子再进入。偶尔，也有不止一个精子同时进入卵细胞，但这样的异常受精最终都不能成功（图 9.4）。

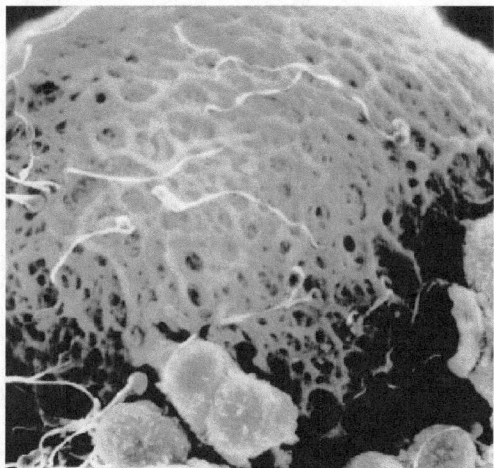

图 9.1　精卵相遇

（摘自：《中国性科学百科全书》编辑委员会，
中国大百科全书出版社编辑部．2006．中国性科学
百科全书［M］．北京：中国大百科全书出版社．）

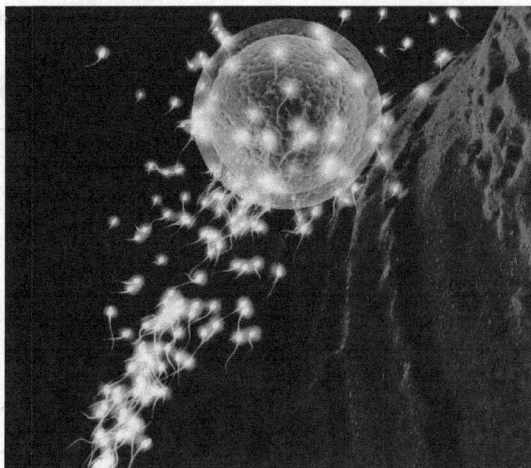

图 9.2　精子和卵细胞

（摘自：受精．http：//www.lancaodui.
cn/a/renjiaoban＿jiu＿/bixiuyi/20091014/361.html.）

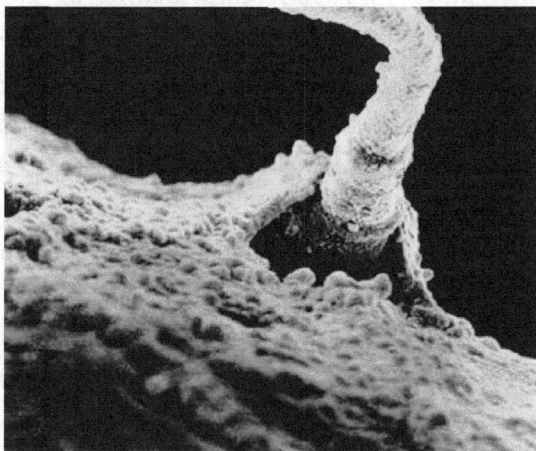

图 9.3　受精

（摘自：《中国性科学百科全书》编辑委员会，中国大百科全书出版社编辑部．
2006．中国性科学百科全书［M］．北京：中国大百科全书出版社．）

　　精卵结合后，分别释放出各自的 23 条染色体，相互混合形成二倍体的受精卵，最后形成具有人体细胞特征的、含 23 对（46 条）染色体的完整复合体。此时，完成了受精过程。受精的整个过程大约需要 24 小时，受精卵的形成也就是新生命的开始。受精的基本条件是发育正常并已获能的精子与发育正常的卵细胞在限定的时间相遇。使用避孕套、子宫帽等避孕工具，采取输精管结扎等措施，可以阻止精子与卵细胞相遇，从而达到避孕的目的。

　　来自父母双方基因的重新组合决定了新生命的遗传特征，由于遗传物质是随机组合，同时，生殖细胞在减数分裂时曾发生染色体联合和片段交换，所以，新的生命既继承了父母的遗传特点，又具有与亲代不完全相同的性状。新生命的性别在受精时就已经决定了。带有 Y 染色体的精子与卵细胞结合，发育为男性；带有 X 染色体的精子与卵细胞结合，发育为女性。因此，新生命的性别取决于是哪种类型的精子与卵细胞的结合。

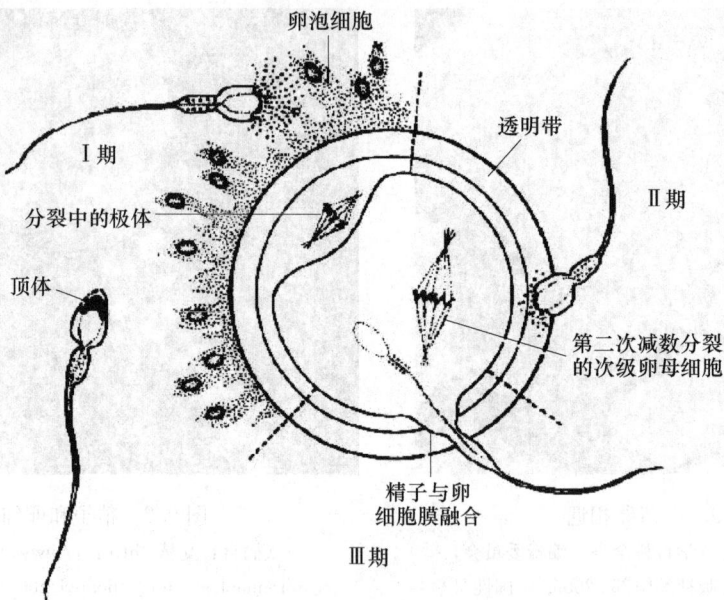

图 9.4 精子的顶体反应及受精示意图

(摘自：邹仲之. 2001. 组织学与胚胎学 [M]. 北京：人民卫生出版社.)

受精卵（又称合子，zygote）形成后，借助输卵管蠕动和纤毛推动继续向子宫运行，并同时进行细胞分裂。大约在 30 个小时后，受精卵分裂成两个子细胞，再由此二分四，四分八，依次分裂下去。子细胞在分裂期间并不增大，所以，随着细胞数目增加，细胞体积逐渐变小，这种特殊的有丝分裂称卵裂，卵裂产生的子细胞称卵裂球（blastomere）。在受精卵形成后的第 3 天，卵裂球达 12～16 个。这些卵裂球共同组成一个桑椹样的实心胚，故称桑椹胚（morula），又叫早期囊胚（图 9.5）。桑椹胚的细胞继续有丝分裂，当卵裂球达到约 100 个时，细胞排列在桑椹胚圆球的周边，桑椹胚的中央是由细胞间的间隙汇合形成的一个大腔，中间充满液体。这种结构称为"胚泡"（blastocyst）。受精后的第 4 天，胚泡形成，并进入子宫腔。

（二）着床

胚泡埋入子宫内膜的过程称着床（imbed），又称植入（implantation），着床大约于受精后第 6～7 天开始，约 1 周完成（图 9.6）。着床的正常部位位于子宫（通常在子宫后壁上部），而受精卵在子宫体腔以外部位着床称为异位妊娠（ectopic pregnancy），习称为宫外孕（extrauterine pregnancy），常发生在输卵管。异位妊娠的胚胎多因营养供应不足，早期死亡，少数胚胎发育较大后导致输卵管破裂，还将引起大出血。

受精卵着床需经过定位（apposition）、粘着（adhesion）和穿透（penetration）3 个阶段。着床必须具备如下几个条件。

（1）在着床时，卵细胞透明带完全溶解消失。

（2）胚泡与子宫内膜接触的滋养层，分化为内、外两层。外层细胞称合体滋养层，内层细胞称细胞滋养层。

（3）着床时，也需要胚泡和子宫内膜的发育同步且功能协调。

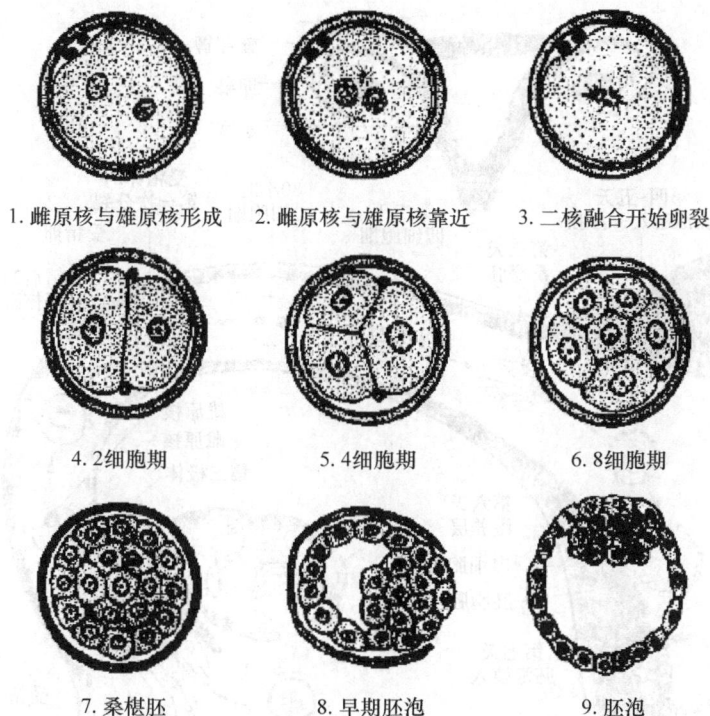

1. 雌原核与雄原核形成　2. 雌原核与雄原核靠近　3. 二核融合开始卵裂

4. 2细胞期　　　　5. 4细胞期　　　　6. 8细胞期

7. 桑椹胚　　　　8. 早期胚泡　　　　9. 胚泡

图 9.5　卵裂和胚泡形成（第 1 周）

（摘自：邹仲之. 2001. 组织学与胚胎学 ［M］. 北京：人民卫生出版社.）

　　（4）孕妇体内必须有足够数量的孕酮。着床过程还依赖于母体雌性激素和孕激素的精细调节，若母体内分泌紊乱或受药物干扰，子宫内膜周期性变化则与胚泡的发育不同步，着床就不能完成（紧急避孕药的药理正是基于此）。

　　（5）胚泡的着床还需要子宫腔内有一个正常的内环境。子宫内膜有炎症或有避孕环等异物，均可阻碍胚泡着床（图 9.7）。

　　双胎（twins）又称孪生。双胎有两种情况，当两个卵细胞同时受精，则出现双卵双生（dizygotictwins），即同时有两个受精卵。它们有各自的胎膜与胎盘，性别可相同或不同，相貌和生理特性的差异如同一般兄弟姐妹一样。若受精卵在着床前分裂，则会产生单卵双生（monozygotic twins），这种孪生儿的遗传基因完全一样，因此，不仅性别一致，相貌、体态和生理特征等也极其相似。双胎中，大多数都是双卵双生。

（三）胚胎和胎儿的发育

　　胚泡在着床过程中，内细胞群（胚泡内的一团细胞）的细胞继续增殖分化，并逐渐形成圆盘状的胚盘（embryonic disk），胚胎的各部分最终将由胚盘衍生而来。胚盘邻近滋养层的细胞为上胚层（epiblast），邻近胚泡腔的细胞为下胚层（hypoblast）。随后，上胚层与滋养层之间形成一个充满液体的羊膜腔，里面的液体称为羊水（amniotic fluid）。羊膜腔被羊膜包绕形成羊膜囊，在分娩前，胎儿一直受该囊的缓冲和保护。

　　绒毛膜和突出的绒毛在第 3 周出现，大约受精后 3 周末，三胚层胚盘形成，分别为内胚层、中胚层和外胚层（图 9.8）。3 个胚层都起源于上胚层，身体的各个部分也将由 3 个胚层分别逐步发育而成。

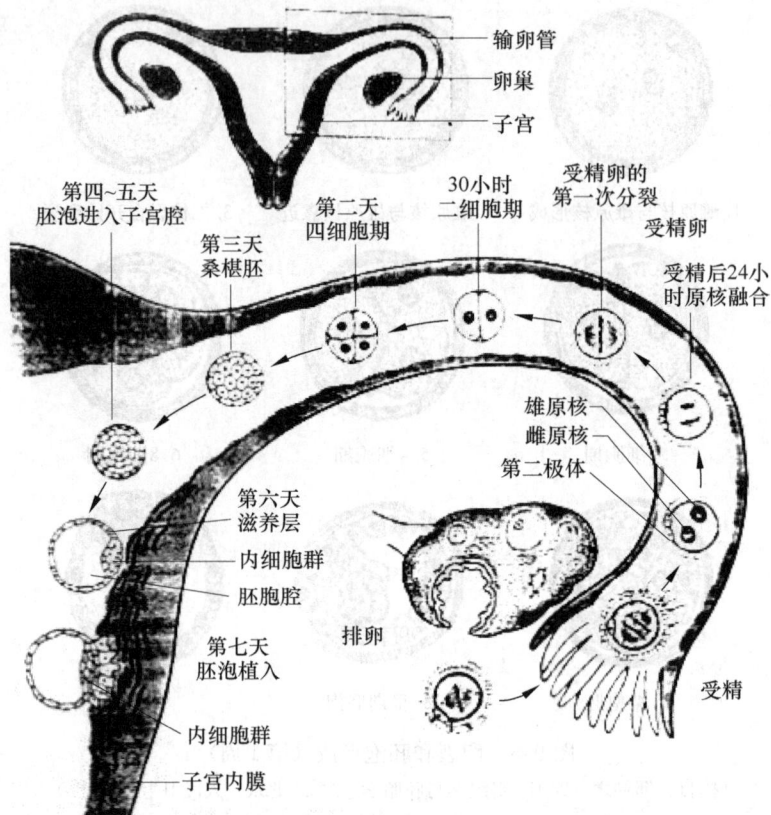

图 9.6　排卵、受精、卵裂及胚泡在子宫中运行的示意图

（摘自：陈守良. 2005. 人类的性、生育与健康［M］. 北京：北京大学出版社.）

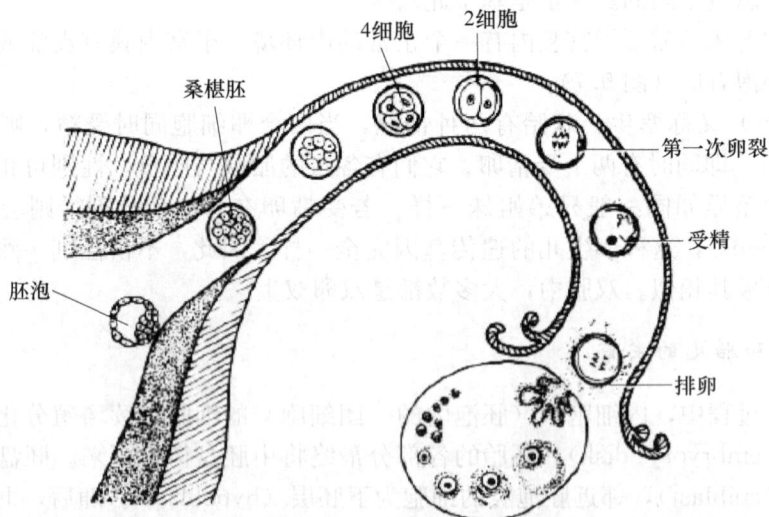

图 9.7　排卵、受精与卵裂过程

（摘自：邹仲之. 2001. 组织学与胚胎学［M］. 北京：人民卫生出版社.）

　　内胚层主要形成呼吸器官、消化器官、膀胱上皮等；中胚层将发育成肌肉、骨骼、血液循环器官、泌尿生殖系统、结缔组织等；神经系统、皮肤、五官、毛发、指（趾）甲等则由

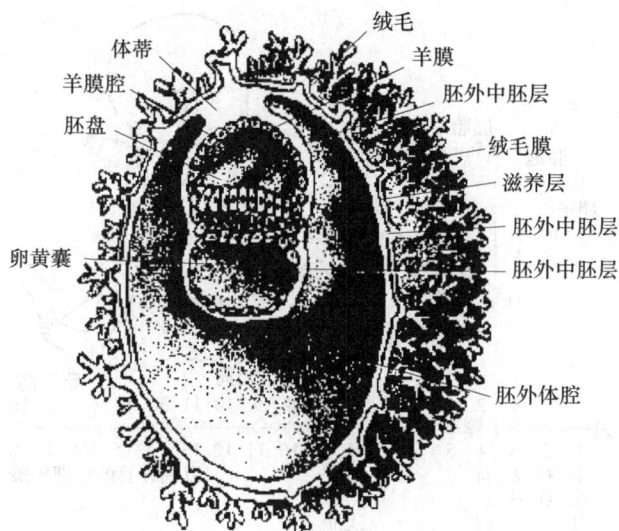

图 9.8　第 3 周初胚胎的剖面

（摘自：邹仲之. 2001. 组织学与胚胎学 ［M］. 北京：人民卫生出版社.）

外胚层发育而来。

　　受精后第 3 周末，出现神经褶和体节；第 4 周末，胚胎血液循环建立，出现心搏，心脏开始供血。同时，脊髓和神经系统开始逐渐形成；第 5 周，胚胎屈向腹侧，出现手臂、腿的轮廓；第 6 周，出现眼睛和耳朵；第 7 周，胚胎的性腺出现，但还不能明显区分出性别。

　　第 8 周末，即胚胎期结束时，所有重要组织的结构已出现，胚体已初具人形。胚体外表可见眼、耳和鼻，面部特征形成，出现骨骼。胚胎的头部很大，主要脑区已出现，并可记录到脑电波。心脏血管系统充分活动。肝也很大，开始产生血细胞。

　　受精后 9 周起称为胎儿（fetus），从这时起，胎儿的发育主要是进一步生长和分化；到 12 周末，胎儿的四肢已基本发育完全，可以活动。此时，胎儿的外生殖器已发育（图 9.9）。

　　16 周末，可以通过外生殖器分辨胎儿的性别；20 周末，胎儿身体向腹部弯曲，皮肤出现胎脂，全身覆盖胎毛；24 周末，胎儿各个器官都已发育；28 周末，胎儿有呼吸运动，出现眼睫毛；32 周末，胎儿面部的胎毛开始脱落，男性胎儿的睾丸下降；36 周末，胎儿胎毛明显减少，皮下有较多的脂肪；40 周末，男性胎儿的睾丸下降至阴囊，女性胎儿的阴唇发育良好，具有很好的生活力。

　　临床上，一般用新生儿的身长来判断妊娠的月数。在妊娠前 5 个月，胎儿身长是妊娠月数的平方，如妊娠 3 个月胎儿身长 $=3^2=9\text{cm}$；妊娠后 5 个月，胎儿身长是妊娠月数的 5 倍，如妊娠 8 个月的胎儿身长 $=8\times5=40\text{cm}$。

　　胎儿的附属物包括胎膜、胎盘、脐带和羊水。胎膜和胎盘虽然不参与胚胎本体的形成，但对胚胎起着重要作用。胎膜（fetal membrane）包括绒毛膜、羊膜、卵黄囊、尿囊和脐带。其中羊膜（amniotic membrane）为半透明薄膜，羊膜腔内充满羊水（amniotic fluid），胚胎在羊水中生长发育。脐带（umbilical cord）是连接胚胎脐部与胎盘的结构。脐带中有脐动脉和脐静脉，脐动脉主要作用是将胚胎血液运送至胎盘绒毛血管，并在此与母体血液进行物质交换；脐静脉则主要将有丰富营养和氧的血液从胎盘送回至胚胎。

　　胎盘（placenta）是母体与胎儿间进行物质交换的器官，由羊膜（amniotic membrane）、

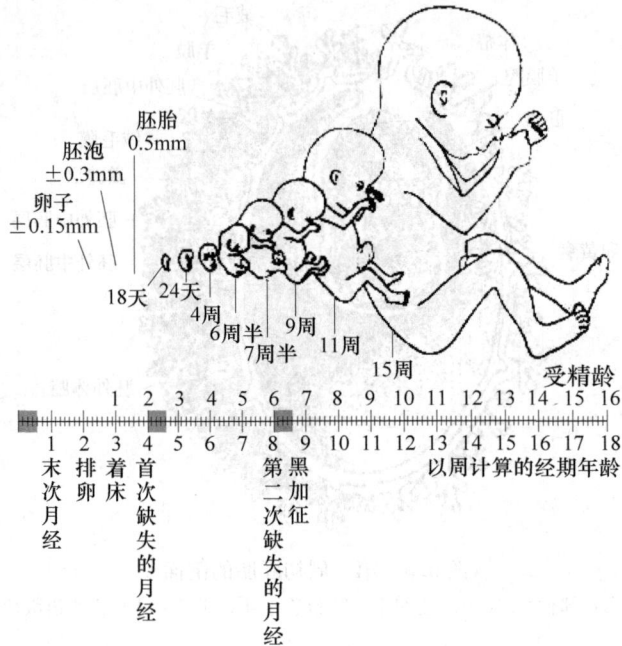

图 9.9　胚胎和胎儿（15 周）发育过程

（摘自：威廉·L. 雅博，芭芭拉·W. 萨亚德，布莱恩·斯特朗，等.
2012. 认识性学［M］. 爱白文化教育中心，译. 北京：世界图书出版公司.）

叶状绒毛膜（chorion frondosum）和底蜕膜（basal deciduas）组成。胎盘能产生激素、蛋白质和酶等物质，对一般的细菌具有防御功能，但对某些药物、病毒和激素没有抵御作用，因此，孕妇用药需慎重，并应预防感染。胎盘内有母体和胎儿两套血液循环系统，母体和胎儿的血液在各自封闭的管道内循环，但可进行物质交换。胎儿通过胎盘从母体中获得营养和氧，同时排出代谢产物和二氧化碳。其次，胎盘的合体滋养层能分泌人绒毛膜促性腺激素（human chorionic gonadotropin，HCG），其作用能维持黄体活性，维持妊娠。此外，胎盘还控制雌性激素和孕激素的合成。

胚胎发育的过程，即由一群简单的细胞发育成复杂有机体的过程，其中每一个过程都甚为严密和精细。"生命的诞生是奇迹"这句话正是对这一过程的最好诠释。

二、怀孕

女性一旦怀孕，她的生理、心理都会发生一些改变。怀孕又称妊娠（pregnancy），妊娠是胚胎和胎儿在母体内发育成长的过程。妊娠开始于成熟卵细胞受精，终止于胎儿及其附属物自母体排出。临床上，通常把 40 周的妊娠分为三个时期：妊娠 13 周末以前称早期妊娠；第 14～27 周末称中期妊娠；第 28 周及其后称晚期妊娠。平均怀孕时间是 266 天，有的短些有的长些。在妊娠满 28 周至不满 37 周（196～258 天）之间出生的新生儿属于早产（premature）。此处，我们重点介绍母体早孕的体征。

（一）早期妊娠的表现

由于胚胎、胎儿生长发育的需要，在激素的作用下，孕妇体内各系统会发生一系列适应性的解剖和生理变化。了解妊娠的主观体验和客观体征，对女性及时知道自己是否怀孕很有帮助。

1. 停经　又称闭经，是妊娠最早的症状。生育年龄有性交行为史的女性，平时月经周期规则，一旦月经过期 10 日或以上，应怀疑妊娠。若停经已达 8 周以上，妊娠的可能性更大。此外，停经并不是妊娠的特有症状，还有许多其他原因可引起停经，如锻炼过量、疾病、情绪影响等。反之，阴道出现血性分泌物并不能排除妊娠的可能，因为约 20% 的孕妇有少量阴道出血的现象。短暂、轻微的出血与着床有关，通常无害，但也可能是流产的先兆。这种流血也可能被误认为是在月经期，因此，有些孕妇在受精卵着床时，还并未意识到自己已怀孕。

2. 早孕反应　在停经 6 周左右，约半数女性会出现畏寒、头晕、乏力、嗜睡、流涎、食欲不振、喜食酸物或厌恶油腻、恶心、晨起呕吐等症状，称早孕反应（morning sickness）。

所谓晨起呕吐，表现为孕妇早晨醒来时胃部不适，厌食，甚至对某些食物的气味极为反感。某些更严重的可伴随呕吐，不愿接近食物。也有些女性会在晚上出现这种状况。少数孕妇的呕吐症状较为严重，不能进食，以至影响到身体健康，甚至威胁孕妇生命称为妊娠剧吐症（hyperemesis gravidarum），发生妊娠剧吐症时需要处理。恶心、晨起呕吐的现象可能与妊娠期孕妇体内人绒毛膜促性腺激素（HCG）* 增多、胃酸分泌减少及胃排空的时间延长有关，早孕反应多于妊娠 12 周左右自行消失。

3. 尿频　妊娠早期，由于前倾增大的子宫盆腔内压迫膀胱，因此，会出现尿频现象。约在妊娠 12 周以后，当子宫体进入腹腔不再压迫膀胱时，尿频症状自然消失。

4. 乳房变化　妊娠早期就可以感到乳房发胀，压之会有疼痛的感觉。这是由于妊娠以后，卵巢分泌的孕激素增加，促使乳腺小叶增生和扩张所致。怀孕初期孕妇的这种感觉较明显。另外，乳头的颜色也会加深，乳晕变黑。

5. 生殖器官变化　在妊娠 6~8 周使用阴道窥器进行检查，可以发现阴道壁和宫颈阴道部充血，呈紫蓝色。子宫峡部变软，称为黑加征（Hegar's sign）。子宫也逐渐增大、变软，呈球形。

（二）早期妊娠的辅助检查

早孕反应等临床表现，仅是预测可能妊娠的依据。而妊娠辅助检查则可以帮助女性及时知道自己是否怀孕。

1. 妊娠试验　妊娠试验是利用 HCG 的生物学或免疫学特点，检测孕妇体内 HCG 浓度的方法。目前，应用较为广泛的是早孕诊断试纸。具体操作方法是：将孕妇的尿液（最好是晨尿）放置于小尿杯中，用带有试剂的早孕诊断试纸条的标有"MAX"一端插入尿液中，如果在白色显示区上端呈现一条红色线条，其结果为阴性；如果呈现两条红色线条，则结果是阳性，提示妊娠。如今，这种早孕测试棒及试纸使用范围普遍，在一般药房均有售，但最终还是应该到正规医院确诊。

2. 超声检查　B 型超声显像法（B 超）是检查早期妊娠快速、准确的方法。可通过显像见到妊娠环（羊膜囊的圆形光环）。阴道 B 型超声最早在妊娠 5 周时，在妊娠环内见到有节律的胎心搏动和胎动，可确诊为早期妊娠、活胎。

---

* HCG 是由合体滋养细胞分泌的一种糖蛋白激素，约在受精后第 6 日开始分泌，妊娠早期分泌量增加很快。

还有一种超声检查方法，即超声多普勒法。在增大的子宫区内，用超声多普勒仪能听到有节律、单一高调的胎心音，胎心率多在 150～160 次/分，可确诊为早期妊娠且为活胎，最早出现在妊娠 7 周时。

黄体酮试验、宫颈黏液检查、基础体温测定等方法也可用于早孕的诊断，需要注意的是，无论哪种检查方法，都需要到正规医院进行。

当然，就各种妊娠检测而言，假阴性和假阳性的出现是难以避免的。那么，如果能测出下列 3 种情况其中之一，就可确诊为妊娠。

（1）听到胎心音。

（2）测出胎儿胎动。

（3）触摸到胎体，并显示胎儿骨骼影像。

（三）中、晚期妊娠的表现

相对于妊娠早期，妊娠中期的孕妇情感体验会得到提升。到了妊娠中期，早孕反应逐渐消失，孕妇会因为腹部逐渐增大而产生成就感、幸福感。此时，孕妇已能感觉到胎动。所谓胎动（fetal movement，FM），就是胎儿的躯体活动。不仅孕妇能明显感觉到胎动，有时，在孕妇腹部表面也能看到或触到。此时，胎儿的发育也变得稳定，逐渐不用忧虑会流产，孕妇会因为新生命的成长感到幸福、满足。有的孕妇此时会担心自己体形发生变化，害怕自己不再具有吸引力。在此期间，伴侣的关心、支持和肯定可以减轻孕妇的担忧。孕妇在这段时期内，工作、家务、运动、学习、消遣等都能参加。

妊娠晚期，随着胎儿的活动增加、体积逐渐长大，使孕妇的器官受到挤压，孕妇的不适感也会逐渐增加。孕妇的面部、四肢还常会出现水肿，给孕妇的身体活动带来限制。这时，需要减少甚至停止工作、家务等。通常水肿可以通过控制饮食来减轻，严重者还需医生的帮助。

三、分娩

在妊娠过程中，准妈妈为迎接新生命的到来，在生理上会发生很多变化。怀孕的最后几个月，胎盘开始分泌松弛素（relaxin），这种激素能增加骨盆部位韧带和关节的灵活性。多数孕妇还会经常感到强烈的子宫收缩，但通常不会疼痛。子宫收缩能让子宫得到足够的锻炼，为分娩做好准备。

分娩（delivery）是指妊娠满 28 周及以上，胎儿及其附属物从临产开始到全部从孕妇体内娩出的整个过程。临床上，把在妊娠满 28 周与 37 足周之间的分娩称为早产（premature delivery）；妊娠满 37 周不满 42 足周间的分娩称为足月产（term delivery）；妊娠满 42 周及以后的分娩称为过期产（postterm delivery）。

（一）临产和分娩

当子宫出现节律性的收缩，就标志着临产开始。宫缩是不自主发生的、有规律的收缩，并伴随疼痛感，因此，宫缩有时也被称为阵痛。从出现规律性的宫缩开始到胎儿及胎盘全部娩出的整个过程就是总产程（total stage of labor），通常被分为 3 个产程（图 9.10）。

第一产程（first stage of labor）所经历的时间最长。伴随规律性的宫缩，宫口逐渐扩张

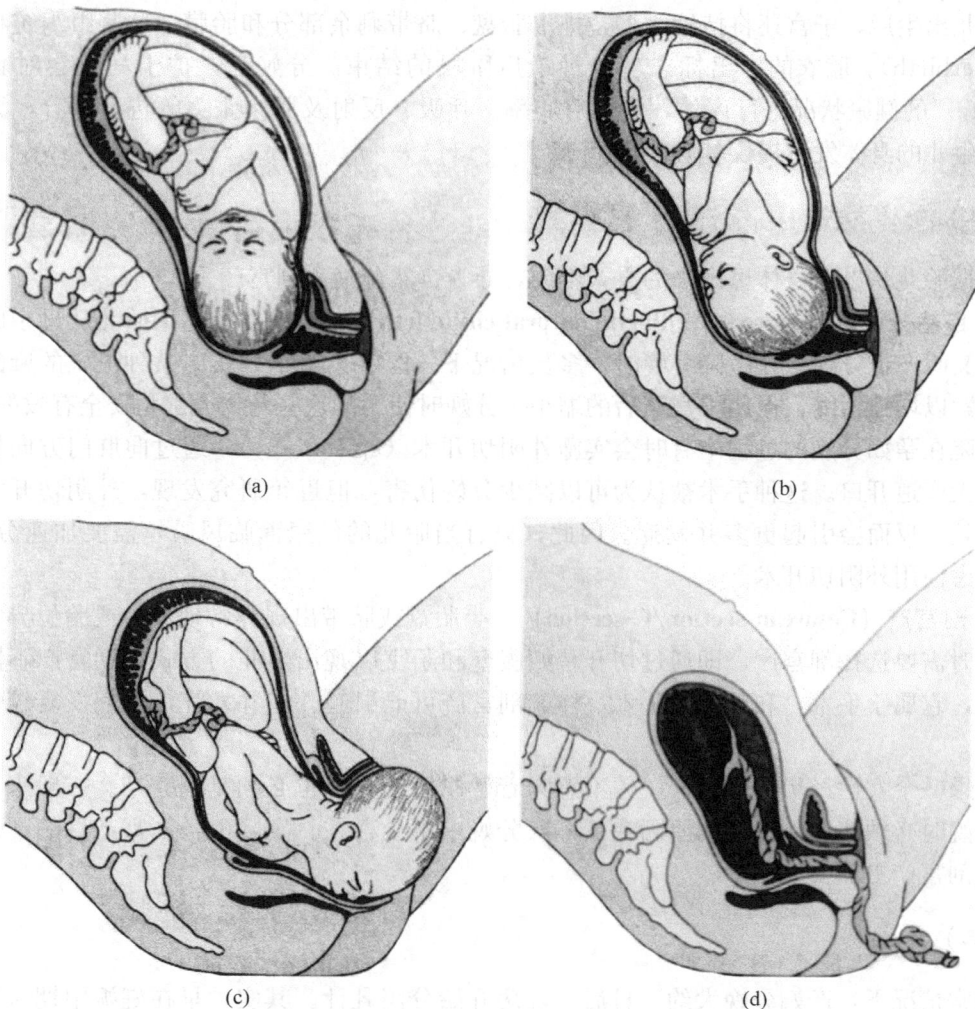

图 9.10 分娩过程

（a）第一产程，子宫颈口扩张；（b）第一产程，子宫颈口全开；

（c）第二产程，婴儿头娩出；（d）第三产程，胎盘娩出

（摘自威廉·L. 雅博，芭芭拉·W. 萨亚德，布莱恩·斯特朗，等. 2012.

认识性学［M］. 爱白文化教育中心，译. 北京：世界图书出版公司.）

至全开（直径约 10cm）。此时，胎儿头部下降，但是还没有达到分娩的位置。由于胎膜破裂，会有一部分羊水流出。

第二产程（second stage of labor）时，胎膜多已破裂，宫缩会暂时停止。随后，宫缩会重新出现且增强，胎儿的头首先娩出，接着胎儿侧转，前肩、后肩也相继娩出，胎体很快顺利娩出。这个阶段持续时间短，一般不应超过 2 小时。

第三产程（third stage of labor），主要是胎盘剥离和娩出的过程。由于胎儿娩出后，子宫腔容积突然缩小，胎盘与子宫壁发生剥离。随着宫缩，胎盘完全剥离而娩出。这个阶段时间最短，一般不应超过 30 分钟。

新生儿降临后，开始呼吸并大声啼哭后就可以剪断脐带，从而从生理上切断与母亲的联系。

婴儿出生后，子宫还将持续收缩，排出胎盘、脐带剩余部分和胎膜。这些组织统称为胎衣（afterbirth）。胎衣的排出标志着分娩最后阶段的结束。分娩后，护士马上会对新生儿（neonate）的健康状况进行评估，主要对心率、呼吸、反射及肌肉张力等进行评分，为日后监测新生儿的身体发育提供基础数据。

（二）分娩方式

根据胎儿从母亲身体里出来的方式不同，分为自然分娩和剖宫产。

1. 自然分娩（prepared childbirth/natural childbirth）　自然分娩是指胎儿从母亲的阴道娩出，又叫产道分娩。在医院分娩时，多数情况下，医生会给孕妇实施某种形式的麻醉，并注射激素以增强宫缩，促使子宫产后的缩小。分娩时使用的这些药物通常是安全有效的。

医院在孕妇分娩的过程中有时会实施外阴切开术（episiotomy），通过向肛门方向切开会阴来增大产道开口。这种手术被认为可以减少分娩伤害，但近年研究发现，外阴切开术不但没有益处，反而会引起更多并发症。因此，只有当胎儿的健康面临风险，需要加速分娩时，才会考虑使用外阴切开术。

2. 剖宫产（Cesarean section/C-section）　当胎盘或脐带出现异常现象，或胎位异常等情况，有时需要选择剖宫产，即通过切开孕妇腹壁和子宫以娩出婴儿的方式。剖宫产不同于自然分娩，它属于手术，和其他大手术一样，剖宫产可能引起一些并发症，孕妇恢复较慢和较困难。

如果一个女性经历过剖宫产，并不意味着她以后的分娩也必须是剖宫产。一般来说，前一次分娩时必须使用剖宫产的原因在下一次分娩中不会存在。实际上，剖宫产后的产道分娩比重复剖宫产更加安全。

（三）哺乳

通常情况下，产妇分娩大约 3 日后，乳房开始分泌乳汁。其实，早在妊娠中期（第四个月至第六个月），乳头就开始分泌初乳（colostrum）。初乳呈黄色，含有大量蛋白质和可以预防传染病的抗体。分娩时，由于产妇体内激素的变化可以促使初乳变为乳汁。但如果产妇不坚持给新生儿喂奶，乳房很快就会不再分泌乳汁。

大量研究表明，哺乳不仅对孩子的健康成长有重要作用，而且对母亲、家庭和社会都是最好的选择。哺乳可以帮助孩子预防传染病和慢性病，改善神经发育，增强心理适应性。对母亲而言，没有比母乳喂养更便宜、更经济、更实惠、更容易获取的了。母乳喂养对社会的贡献也不可低估。很多儿科专家建议母乳喂养，认为这是保障婴儿健康、发育和成长的最佳实践，应该在全社会大力提倡。

（四）为人父母

为人父母是很多人一生追求幸福的重要目标之一。一旦把孩子生下来，养育孩子就是一个人一生都要履行的责任，没有退路可走。因此，选择做父母也是一个重要的决定，需要做好各方面的准备。新手父母一定需要有一个学习做父母的过程，这个过程比世间任何工作都更加复杂，也更具挑战性。

通常新手妈妈比新手爸爸承担了更大的压力，她们要每天重复性地做诸如喂奶、换尿布、安抚、做饭、洗涮、陪孩子玩等多项工作。科学的育儿观念更鼓励父亲参与到养育孩子的各项工作中来，承担养育孩子的责任。

分娩刚结束的一段时期，是家庭调适的关键阶段。分娩后三个月被称为产后期（postpartum period），是产妇身体状况平稳化和感情调适的时期。新手父母一定要对这一时期给予足够的重视，调整好自己的角色和心态，为婴儿创造一个良好的生活环境。

大多数女性在妊娠期间和分娩后性欲会降低。一般产后 12 周，多数女性已经恢复性交，但其中有不少人会出现性功能障碍，主要表现为性交疼痛和性欲低下。这时，非常需要配偶的理解，共同调适好性生活的频率和性交姿势，关心彼此的需求，避免对彼此关系作出没有根据的和伤害对方感情的猜测。

产妇分娩后，通常会伴随着情绪的巨大波动。有些人可能会出现产后抑郁。研究表明，有 10％～15％的新手妈妈可能在产后第一年内出现产后抑郁症（postpartum depression）。跟产前抑郁一样，产后抑郁症主要是因为睡眠不足、婴儿断奶和月经重新开始而产生的激素变化所导致。此时，需要新手妈妈和新手爸爸携手并肩，相互理解。必要时，寻求心理咨询的专业帮助，严重的话，求助于正规医院的专科医生。

对很多人来说，做父母是人生的头等大事之一，是步入真正成年的标志，是履行社会责任的重要内容。愿每一位新手父母都能享受养育孩子的幸福感和成就感。

四、不孕症

我们在专注新生命孕育的同时，也不要忽视其相反的一个问题——不孕症。有正常性生活，未采取避孕措施一年而未妊娠者，即为不孕症（infertility）。未避孕而从未妊娠者属于原发性不孕；曾有过妊娠，而后未采取避孕措施且连续一年不孕者属于继发性不孕。引发不孕的原因可能在女方、男方或者男女双方。

1. 不孕症的主要原因　男性不育的常见原因是生精障碍和输精障碍。具体来说，主要包括：①精液异常。这是指男性性功能正常，但精液内无精子，或者精子数目过少、精子活力减弱、精子形态异常。这有可能是先天发育异常或后天原因所致。②性功能异常。表现为外生殖器发育不良或者勃起障碍导致性交困难等。③免疫因素。这是指精子、精浆在体内产生对抗自身精子的抗体，使射出的精子不能穿过宫颈黏液。

女性不孕常见的因素是输卵管阻塞，其原因多种多样。比如慢性输卵管炎、输卵管发育不全、子宫内膜异位症以及阑尾炎或产后、术后引起的继发感染等都可能导致输卵管阻塞。女性不孕还有一种常见因素是不能排卵，其原因有卵巢发生病变、下丘脑-垂体-卵巢轴功能紊乱引起无排卵性月经、闭经等。另外，全身性疾病，比如重度营养不良、甲状腺功能亢进等也可能影响卵巢功能导致不排卵。

不孕症见于男女双方的因素大概有男女双方缺乏性生活的基本知识、男女双方盼望怀孕心切造成的精神过度紧张以及免疫因素。

2. 不孕症的治疗　不孕症的检查涉及男女双方，一旦发现问题所在，施予恰当的治疗通常能奏效。在治疗方法中，有针对女性生殖道器质性病变的治疗、利用激素诱发排卵，还有针对免疫性不孕的治疗。另外，随着科学技术的发展，出现了辅助生殖技术，包括人工授精、体外受精与胚胎移植及其衍生技术等。

给大学生的话

　　2007年7月9日，原国家人口和计划生育委员会、教育部、公安部联合发布了《人口计生委、教育部、公安部关于高等学校在校学生计划生育问题的意见》，意见中不仅提到各高校要"切实加强已婚学生的生育管理和服务"，也要求"公安机关户籍管理部门要与辖区内高校密切合作，共同做好已婚学生在校期间所生育子女的户口管理工作。"意见中还规定："对于已婚学生合法的生育，学校不得以其生育为由予以退学。"这表明，大学生同时享有受教育、结婚和生育的基本权利。也就是说，在校大学生有权利选择在校期间是否结婚或生育子女。

　　作为女大学生，如果你发现自己有怀孕的迹象，首先要做的是去正规医院检查，确诊是否怀孕。如果你决定生下孩子，就需要做很多准备。通常情况下，需要准备准生证，到正规医院妇产科进行规范的产前检查，做好孕期监护与保健等。另外，考虑到妊娠后期及产后的身体情况，一般还需要在学校办理休学申请等手续。

　　当然，生育子女还需要考虑很多方面。比如，大学生就需要考虑家庭、学业、责任、经济状况等。举个例子，现在国内很多大学校园内并没有幼儿园，孩子生下来后如何抚养也是一个很现实的问题。所以，是否生育孩子需要大学生慎重考虑，做出理性的决定，这也是尊重生命，对生命负责的表现。

参 考 文 献

陈守良. 2005. 人类的性、生育与健康 [M]. 北京：北京大学出版社.

贺兰特·凯查杜里安. 2009. 性学观止 [M]. 胡颖翀，译. 6版. 北京：世界图书出版公司.

乐杰. 2008. 妇产科学 [M]. 7版. 北京：人民卫生出版社.

司徒仪. 2003. 中西医结合妇产科学 [M]. 北京：科学出版社.

威廉·L. 雅博，芭芭拉·W. 萨亚德，布莱恩·斯特朗，等. 2012. 认识性学 [M]. 爱白文化教育中心，译. 北京：世界图书出版公司.

《中国性科学百科全书》编辑委员会，中国大百科全书出版社编辑部. 2006. 中国性科学百科全书 [M]. 北京：中国大百科全书出版社.

邹仲之. 2001. 组织学与胚胎学 [M]. 北京：人民卫生出版社.

避孕和人工流产 第10章

在我国，避孕是每对育龄夫妻及异性伴侣需要正视的问题。所以，了解避孕方法，学会使用正确、有效的避孕方式是十分必要的。如果避孕失败，而且不想生育，就需要考虑人工流产。人工流产对女性的身心健康有不利影响，应该尽量避免。

一、避孕

谈到避孕，不得不说节制生育。一百多年前，在美国纽约一个普通家庭里，一个美丽的女婴诞生了。随着时间流逝，她像其他孩子一样渐渐长大。不幸的是，她的母亲健康状况很差，她日夜守护在母亲身旁。但最终，她亲眼目睹了母亲在怀过 11 个孩子后去世。后来，她开始从事护理工作。在她居住的城市，她看到很多因过多生育而造成女性自身痛苦，造成因经济负担过重而家庭生活艰难的事例。悲惨的现实使她深有感触，她决心倡导节制生育。她就是"节制生育"，英文叫"family planning"一词的创始人——玛格丽特·桑格（Margaret Sanger，1879—1966）。她认为，每一个女性都有权利避免不需要的怀孕。刚开始时，由于玛格丽特的理念与当时社会主流思想相冲突，她被控"有伤风化"，并遭到逮捕，但她并没有屈服。在她的不断努力下，1921 年，玛格丽特创立美国节制生育联盟并担任主席。后来，她把节制生育的运动推广至国际社会，并于 1953 年建立国际计划生育联合会，玛格丽特担任第一任主席。可幸的是，1922 年 4 月，时任北京大学校长的蔡元培先生邀请玛格丽特到北京大学宣传节制生育，由胡适任翻译，张竞生作陪。

马寅初，我国著名的经济学家、人口学家，于 1957 年 7 月发表了《新人口论》，其中指出了我国人口增长过快，并提出应该节制生育，控制人口。

如果说节制生育反映的是社会层面的问题，具体到个人，那就是要有效地采取避孕措施。

（一）避孕的理由

"为什么要避孕？"也许你会问自己这样的问题。正如有许多理由要孩子一样，也有许多理由不要孩子，或者至少在某一特定时间内不要孩子。对许多夫妻来讲，他们并不是不想做父母，他们只想有计划地生育，这就促使他们选择避孕。避孕的目的就是防止自然生育。

1. 生理原因　如果一个女性不采取避孕措施，她的一生中可能会怀孕 15 次以上。因此，避孕对女性的生殖健康有直接影响。

2. 心理原因　当一个女性处在妊娠阶段，会面临是否生孩子的问题。当婴儿出生，父亲和母亲即开始承担抚养婴儿健康成长的责任。一般对毫无准备的男女双方来说，非意愿怀孕会带来巨大的心理压力，如果终止妊娠，对女性生理、心理健康都会带来隐患。避免非意愿怀孕是每个育龄期男性、女性都必须面对的严肃问题。

3. 社会原因 计划生育是我国的一项基本国策。限制家庭规模是出于延缓人口增长的考虑，这对社会发展具有重要影响。因此，避孕不仅关系到个人健康，也关系到家庭幸福和社会和谐。

大学生在校期间，如果觉得在很多方面暂时还不完全具备养育孩子的条件，就必须考虑避孕。如果男女双方为保持舒适感，或者存在"偶尔一次不会怀孕"的侥幸心理等原因而拒绝采用避孕措施，那就是极不负责任的做法，应该坚决杜绝。

（二）避孕概况

根据原国家人口和计划生育委员会 2002 年常规报表统计数据，我国 15～49 岁已婚育龄女性总人数为 2.53 亿，总避孕现用率 * 为 90.48%。各种避孕方法的使用按现用率的高低顺序依次如下：宫内节育器为 43.55%、女性绝育术为 32.56%、男性绝育术为 7.37%、避孕套为 4.42%、口服避孕药为 1.83%、皮下埋植为 0.33%、外用药为 0.28%、其他方法为 0.14%。未避孕率为 9.52%。

就全球而言，避孕现用率根据地区不同，采取的避孕模式也不尽相同。欧洲避孕现用率最高的是口服避孕药（22.0%），其次是宫内节育器（11.9%）和避孕套（10.5%）；北美洲和大洋洲避孕现用率最高的为女性节育（24.5% 和 20.8%），其次是口服避孕药（15.5% 和 18.4%）和男性绝育（13.4% 和 8.7%）；亚洲地区避孕现用率最高的为女性绝育（24.1%），其次为宫内节育器（19.0%），以及口服避孕药和避孕套（均为 4.7%）；非洲地区的总避孕现用率为全球最低（25.2%）。这是由于除年龄因素外，应用避孕的方式和普遍性还与婚姻状态、社会经济状况、种族、宗教信仰、生育文化和其他因素有关。

根据 2006 年全国人口和计划生育抽样调查的主要数据，2006 年已婚育龄女性的综合避孕率为 84.6%。已婚育龄夫妇采取的避孕方法仍以长效措施为主，采取宫内节育器、女性绝育以及男性绝育的比例达 87.2%，采取避孕套的比例为 10.0%。在现避孕方法的选择上，由女性自己或夫妻共同决定的比例达 76.1%。在宫内节育器、皮下埋植以及绝育的受术人群中，33.1% 的人术后接受过技术服务人员的随访。35.6% 的现避孕已婚育龄女性对避孕方法的副作用或特点"不太了解"或"完全不了解"。

因为女性是怀孕、生育孩子的一方，所以，她们可能比男性更关注非意愿怀孕的后果。以往人们认为避孕是女性的责任，但现在越来越多的人都认识到，在是否避孕以及选择避孕方法上，男女不仅有平等的权利，也具有平等的责任。有很多理由来决定是否发生性交行为，但从来没有什么好的理由让一名女性经历非意愿怀孕。因此，不管在什么情况下，采取有效措施避免非意愿怀孕是我们每个人都要负起的责任。

男性可以通过不进行性交、主动与女性伴侣共同协商避孕措施的选择、性交时使用安全套、关注女性伴侣月经周期变化、做输精管结扎术等方式承担起避孕的责任。

（三）避孕方法

避孕（contraception）是指采用科学的方法，使女性暂时不受孕。避孕主要控制生殖过程

---

* 总避孕现用率（total contraceptive prevalence rate），该指标反映已婚夫妇采用避孕措施总的频度，其含义相当于国内习惯采用的总节育率。

中的 3 个环节：①抑制精子与卵细胞的产生；②阻止精子与卵细胞的结合；③使子宫环境不利于精子获能、生存，或者不适宜受精卵着床和发育。

理想的避孕措施应是男女双方皆可采用并乐意使用的，百分之百安全、有效、对人体没有副作用，不干扰正常的性生活，停用后也不影响生育能力，美观漂亮，随时可用并且价格便宜。但是目前尚无这种避孕方法，如今比较常用的女性避孕方法有药物避孕、宫内节育器等。男性避孕方法主要是避孕套。

除了禁欲外，暂时还没有一种避孕方法在预防怀孕上绝对可靠，虽然数种方法的联合使用可以接近这一点。这里，我们重点介绍一些常用的避孕方法。

现在已采用的避孕方法并不是完美的，每种方法都有利有弊。所以，要根据男女双方的年龄、健康状况、子女的多少、生活习惯等的不同，因人因地选择不同的方法。

1. 激素法　激素避孕（hormonal contraception）是指用女性甾体激素避孕。激素法主要是切断生命繁殖过程，从而进行生育控制的基本生理学方法，这是一种高效的避孕方法。

激素避孕主要是通过抑制排卵、改变宫颈黏液性状、改变子宫内膜形态与功能以及改变输卵管的功能等达到避孕的目的。目前，有口服、注射或皮下埋植等方法使激素进入人体达到避孕的目的，其中，口服方法被认为是最简便可行的。此处，我们重点介绍该方法。

1）口服避孕药的类型。口服避孕药的最大优点在于，性活动过程无须中断。二人可在性交前、性交中或性交后不采取任何措施。

避孕药中含有各种各样的人工甾体物质，这些物质与雌性激素及孕激素相似，能够干扰下丘脑-垂体-卵巢轴的正常功能，抑制脑垂体前叶分泌促黄体生成素（LH）和促卵泡生成素（FSH），排卵受到抑制。孕激素也会改变子宫宫颈黏液的性状，不利于精子的穿透。避孕药物还能使子宫内膜与胚胎发育不同步，不利于受精卵的着床。同时，雌性激素和孕激素还能改变受精卵在输卵管内的正常运动，干扰受精卵着床。

目前，国内使用的避孕药物制剂有睾酮衍生物、黄体酮衍生物和雌性激素衍生物 3 类。其中，复方短效口服避孕药正确使用的有效率接近 100%。常用的口服药物制剂类型有如下 4 种。

（1）复方短效口服避孕药（是雌性激素与孕激素的复合制剂）。复方炔诺酮片、复方甲地孕酮片可自月经周期第 5 日开始服用，每晚 1 片，连服 22 日，不能间断。停药 7 日后开始服用第 2 周期。若漏服 1 次可于次日清晨补服 1 片，若漏服 3 片应停药，等到出血后再开始服下一周期的药。一般在停药后 2～3 日会出血，犹如月经来潮，这是撤药性出血现象。

（2）复方三相口服避孕药（简称三相片）。这也属于复方短效口服避孕药，只是其中每一相所含的雌性激素和孕激素是根据女性生理周期而制定了不同的剂量，每一相药物的外观颜色也是不同的。服用此类药时，将 1 个周期服药日期分为 3 个阶段，每日服用 1 片。第 1 相，1～6 片，药物为浅黄色；第 2 相，7～11 片，药物为白色；第 3 相，12～21 片，药物为棕色。该药物避孕效果可靠，不良反应也少于单相制剂。

（3）复方长效口服避孕药（含长效雌性激素和人工合成孕激素）。此类避孕药，服用 1 次可以维持避孕 1 个月。这种药有两种服用方法，一种是在月经来潮第 5 日服用第 1 片，第 10 日加服 1 片，以后按第 1 次服药日期每月服用 1 片。另一种是在月经来潮第 5 日服用第 1 片，第 25 日服用第 2 片，以后每隔 28 日服用 1 片。无论哪种服用方法，都要认真阅读用药说明，或遵医嘱。复方长效口服避孕药由于所含的激素量比较大，所以，出现的副作用也比较多。

（4）速效避孕药（又称探亲避孕药）。此类药可以抑制排卵、改变子宫内膜形态和功能等作用，服用的时间也不受经期的限制。速效避孕药大多为孕激素类制剂，或者是雌性激素、孕激素的复合制剂。比如甲地孕酮片、炔诺酮避孕片、炔诺孕酮探亲避孕片等。

2）口服避孕药的影响。口服避孕药的常见副作用是产生类早孕反应，具体表现为头晕、乏力、食欲不振、恶心、呕吐等。还有些可出现阴道不规则流血、闭经、体重增加、皮肤色素沉着。

由于惧怕避孕药的副作用（这往往是由大众出版物不恰当的宣扬所致），许多女性停止使用口服避孕药。但正确服用低剂量甾体激素避孕药，避孕药的影响也可能是正面的。比如复方口服避孕药中所含的孕激素由于对子宫内膜有保护作用，可减少子宫内膜癌的发病率。另外，复方口服避孕药也可降低卵巢癌的发病率。然而，激素法并不能像避孕套以及杀精子剂等方法那样防止性传播疾病。

当然，决定一位女性是否需要使用口服避孕药时应慎重考虑，并寻求医师的指导，适当考虑其生活环境。

3）口服避孕药的禁忌证。口服避孕药的主要成分是甾体激素，那么，哪些女性不能使用激素避孕药？患有急、慢性肝炎或肾炎的女性不宜使用，因为避孕药在肝脏内代谢，最后经肾脏排泄。患原发性高血压、冠心病、静脉栓塞等疾病的女性不宜使用，因为雌性激素可增高凝血因子，有促凝血功能，会加重病情。患有糖尿病及有糖尿病家族史的女性不宜使用。患甲状腺功能亢进的女性，在没有治愈前最好不要使用。患各种恶性肿瘤的女性不宜使用。哺乳期女性不宜使用，避孕药可使乳汁分泌减少，并降低乳汁的质量。年龄在 35 岁以上的吸烟女性也不宜使用，因为这种情况会增加心血管疾病的发病率。患有偏头痛的女性不宜使用。

2. 障碍法   障碍避孕方法的原理很简单，即用机械手段来防止精子进入子宫。这既可在阴茎上套一个套子，即避孕套（condom），也可在阴道口放置阴道隔膜，在宫颈口放置宫颈帽避孕膜或者避孕海绵来达到前述目的。障碍避孕方法的主要优点是，如果使用得当并与杀精子剂同时使用，有效性很高，而且可以预防性传播疾病。其主要缺点是可能由于使用方法不正确，以致避孕的实际失败率高，如避孕膜为 18%，避孕套为 12%。

1）避孕套（condom）

（1）避孕套简介。避孕套，又名阴茎套，是目前唯一供男性广泛使用的可靠的避孕工具。避孕套主要通过阻止精子进入阴道达到避孕目的。除此之外，避孕套也有防止淋病、艾滋病等性传播疾病传播的作用，所以也称为安全套。该方法已为很多国家采用，但各国使用的状况差异很大。总的来讲，全球发达地区现用率较高（15.0%），欠发达地区现用率较低（3.1%）。全世界避孕套现用率最高的国家是日本（45.5%），我国避孕套的现用率低于全球总水平（5.1%）。根据原国家人口和计划生育委员会常规统计报表数据，2002 年我国总体避孕套现用率为 4.42%。其中，现用率最高的是北京市（25.41%）；其次是天津市（23.13%）；第三是上海市（10.70%）。现用率最低的是山西省（1.08%）；其次是甘肃省（1.30%）；第三是安徽省（1.46%）。尽管我国避孕套现用率比较低，但从 20 世纪 90 年代起的近 10 年间呈逐年增加的趋势。

现代避孕套是由优质超薄强弹性乳胶制成，呈管状鞘形，一端为盲端，有一小囊，另一端为开口并有一较硬橡胶环。小囊主要是用于容纳精液（图 10.1）。避孕套在大小、长度上也有不同的尺寸，可满足绝大多数人的需要。避孕套的种类也有很多，有些避孕套的外观颜色不同，有些则有螺纹突起，或者其他特点，这些都是为了达到增强对阴道刺激的目的。避

孕套可从各种途径获得，如从药店、实体商店、网络商店或自动售货机等购买，也可在计划
生育部门或社区医院免费领到。在大学里，通常校医院的计划生育办公室会免费提供避孕套。

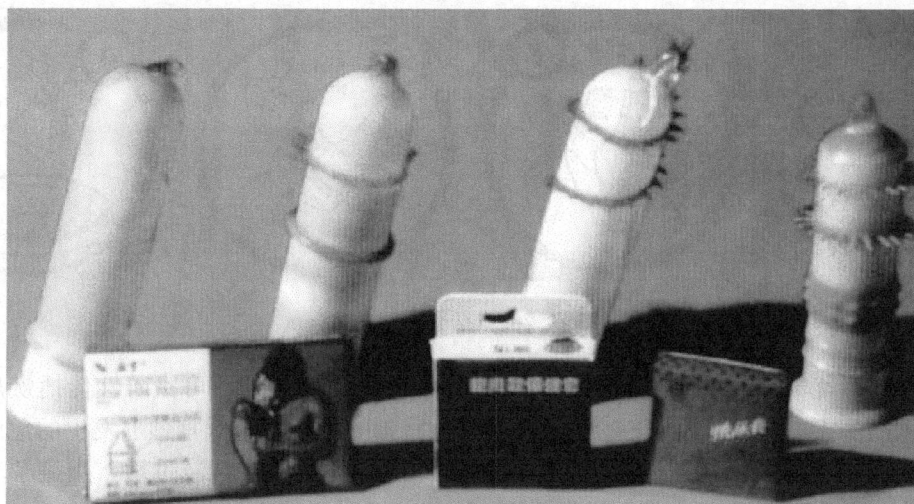

图 10.1　避孕套

（摘自：《中国性科学百科全书》编辑委员会，中国大百科全书出版社编辑部．2006．
中国性科学百科全书［M］．北京：中国大百科全书出版社．）

避孕套单独使用的理想失败率是 4%，与杀精子剂一起使用则是 2%。由于有严格的生产
标准，在阴道充分润滑的情况下，避孕套在有效使用期内不会破裂。但是，使用方法不当仍
可令其有效性下降，实际失败率约为 12%。

（2）避孕套使用方法。避孕套须在男女生殖器官接触以前套在阴茎上，在射精之前才戴
避孕套是不安全的。原因有二：一是虽然未射精，但可能有精液随尿道腺分泌物排出；二是
男性很难控制自己射精。为避免渗漏，男性在抽离阴茎时应在阴茎根部握住避孕套。避孕套
是一次性使用工具，不能重复使用，即便是洗净、晾干后也不能再使用。如果要再次性交，
都应使用新的避孕套。避孕套的具体购买、使用步骤如下。

购买时，应看清避孕套的生产日期和有效期，千万不能选择过期产品，因为过期的避孕套
容易破裂。当然，最好选择那些质量上有保证的避孕套品牌。另外，应选择适合自己阴茎大小
的尺寸（第一次佩戴如果不确定具体尺寸时，可先选择中号，再根据实际情况进行调整）。如果
避孕套过大，性交时容易滑落；如果太紧，使用时容易造成破裂，都会影响避孕效果。

购买后，应将避孕套储藏在干燥、阴凉的地方，远离酸、碱的环境，也不要放到阳光直
晒的地方储存。这些地方都容易导致避孕套的变质，降低有效性。

使用前，应小心撕开外包装。不要使用剪刀等利器，以免划伤避孕套。佩戴前，将前端
小囊内空气挤掉。佩戴时，应该在阴茎勃起，未进入对方身体前从龟头部位顺势向阴茎根部
展开。

使用中，如果发现避孕套脱落或出现裂孔，应停止性交，用消毒剂清洗双方性交部位。
如要继续性交，需更换新的避孕套。

射精后，应在阴茎疲软前用手指按住避孕套底部，与阴茎一起抽出。在阴茎完全抽离后
再脱下避孕套。

脱下避孕套后，不要让避孕套里的精液外流，也不要让避孕套外的对方分泌物接触自己的身体。随后，将用过的避孕套打一个结，用纸巾包好放入垃圾桶内（图10.2）。

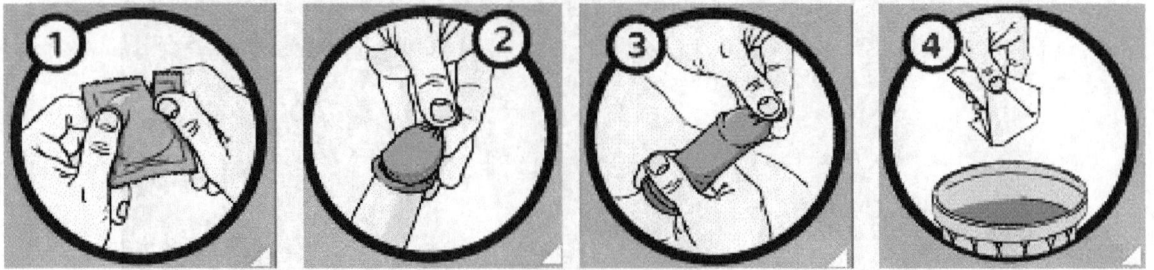

图 10.2　避孕套使用方法

（3）避孕套优缺点。使用避孕套的优点：除可以避免怀孕外，可预防性传播疾病（能帮助抵御艾滋病病毒的传播）；防止包皮垢对阴道、宫颈的刺激，降低宫颈癌发生的危险性；避孕套还可降低龟头的敏感性，延长性交时间；此外，有些女性对精液过敏，用避孕套也可预防过敏反应。总之，避孕套几乎无副作用。

避孕套的不足之处是在性交过程中容易滑落，此时就要采取补救措施。因此，正确佩戴尺寸合适的避孕套很重要。

2）阴道隔膜。阴道隔膜，是由乳胶制成的拱顶形避孕工具，隔膜周边有弹性环（图10.3）。在性交前放入阴道，可将阴道隔成上前部分与下后部分（图10.4），阻断精子进入子宫，以此达到避孕的目的。阴道隔膜与杀精剂配合使用，避孕有效率可达95%。

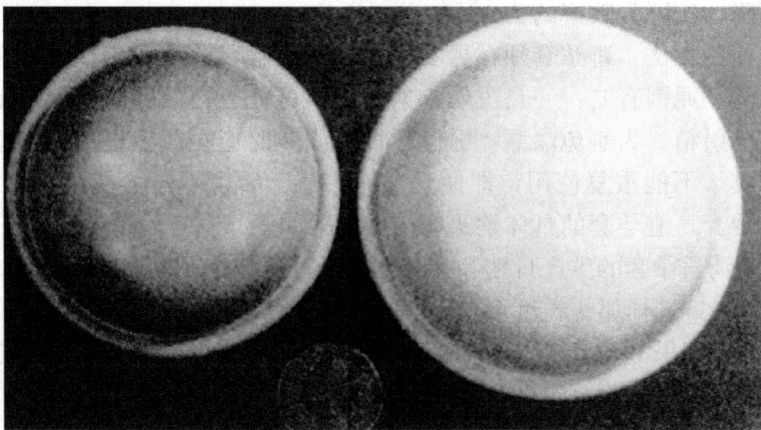

图 10.3　阴道隔膜
（摘自：陈守良．2005．人类的性、生育与健康［M］．北京：北京大学出版社．）

阴道隔膜有不同的尺寸，选择时，要请医务人员帮忙确定应使用阴道隔膜的大小。使用阴道隔膜时，最好与杀精子剂同时使用，性交后几个小时后才能取出。阴道隔膜比较简便、安全，几乎无副作用。但应注意放置的时间及位置。

3）宫颈帽。宫颈帽能正好戴在子宫颈上，并在子宫颈口周围形成一个几乎不透气的密封圈，是一种较小的阴道隔膜（图10.5）。但也正因为如此，宫颈帽可能对子宫颈表面形成损伤，甚至造成子宫颈表面黏膜的糜烂，需要在医生指导下配置并指导安放。另外，宫颈帽因戴在子宫颈上，所以，对预防性传播疾病的效果有限（图 10.6）。

4）女用避孕套（female condom）：女用避孕套亦称避孕膜，也是用超薄强弹性乳胶制成的，套的两端各有一个弹性环。一个位于封闭端（直径为 6.5cm），一个在开口端（直径为 8cm）。封闭端的环便于将避孕套插入阴道并固定在宫颈处。开口端的环留在阴道外，覆盖在阴唇上（图 10.7）。女用避孕套结合了阴道隔膜和男用避孕套的特点，因其遮盖了阴唇，性交时不仅可以帮助女性避免怀孕，还能有效防止感染性传播疾病。

5）避孕海绵。避孕海绵的主要成分是聚氨酯，属于人造海绵，直到 1983 年才被批准使用。避孕海绵中间有个凹陷，里面含有杀精剂。性交前先用水浸湿，再放入阴道，使其凹陷处正好遮盖于子宫颈口。

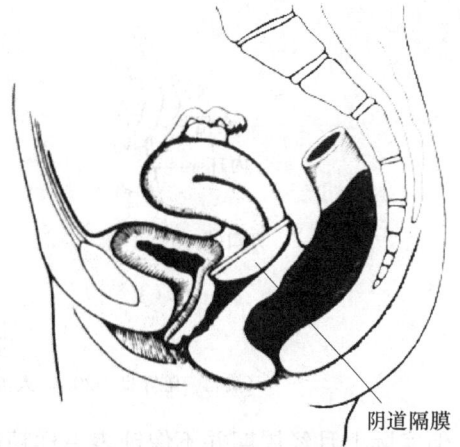

阴道隔膜

图 10.4　阴道隔膜放置位置
（摘自：陈守良. 2005. 人类的性、生育与健康［M］. 北京：北京大学出版社.）

3. 安全期避孕法　安全期避孕法，即在排卵时期避免性交，这是一种自然避孕法。原理是根据女性生殖生理的情况推测排卵日期，以此判断出生理周期中的易受孕期。在易受孕期避免性交，从而达到避孕的目的。

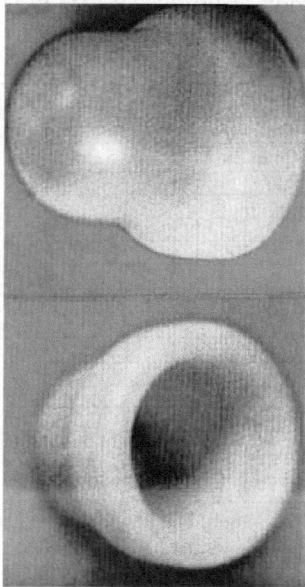

图 10.5　宫颈帽
（摘自：《中国性科学百科全书》编辑委员会，
中国大百科全书出版社编辑部. 2006. 中国性科学
百科全书［M］. 北京：中国大百科全书出版社.）

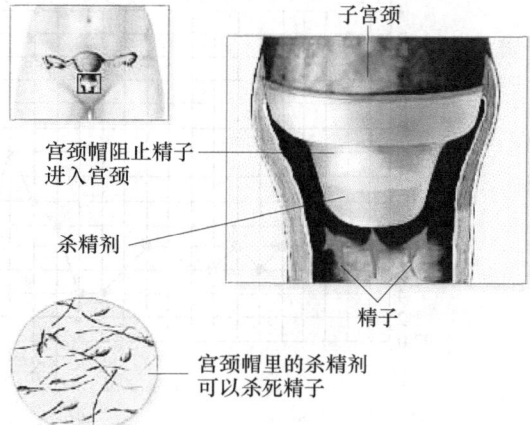

子宫颈

宫颈帽阻止精子进入宫颈

杀精剂

精子

宫颈帽里的杀精剂可以杀死精子

图 10.6　宫颈帽作用原理
（摘自：宫颈帽避孕法. 凤凰网，
http://baby.ifeng.com/haoyun/prepotent/
detail _ 2011 _ 02/07/4573335 _ 4. shtml.）

1）日历法：日历法是安全期避孕法中最原始的一种，可靠性也最差。日历法假设女性月经周期非常规则，排卵在下次月经周期前 14 天（误差为 2 天）；而精子可存活 2～3 天；排卵后卵细胞可存活 24 小时。因此，推算出排卵前后 4～5 天为易受孕期，其余时间则为安全期。

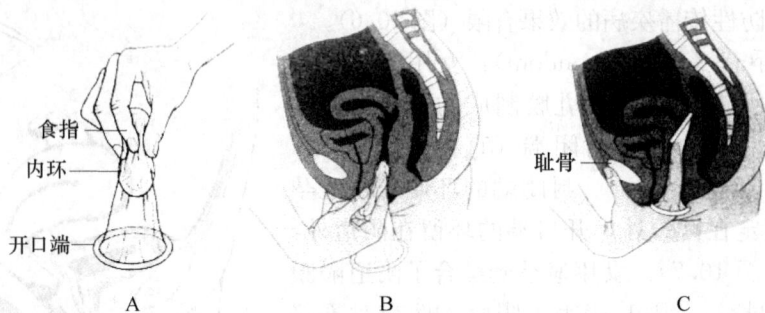

食指
内环
开口端
耻骨

A　　　　　　　B　　　　　　　C

图 10.7　避孕膜的放置

（摘自：陈守良. 2005. 人类的性、生育与健康［M］. 北京：北京大学出版社.）

但实际上月经周期并不像钟表一样精确，所以，这些推算并不绝对无误。许多生理和心理因素可以影响排卵，使此种推算完全无效。

2）基础体温法（basal body temperature，BBT）：基础体温法是指清醒时的最低体温，可以帮助确定女性排卵的日期。测量 BBT 应连续 6～12 个月，在每天早晨醒来后，起床前或在下床做任何其他事情之前立即测量体温。大多数女性在排卵后基础体温会轻微升高。如要避孕，女性在月经结束到排卵期前 3 天期间应禁止性交。所以，为避开易受孕期，需要连续测量几个月经周期，画出每个人自己的 BBT 表格（图 10.8）。本方法很容易出错，因为除排卵外，有许多因素可导致体温升高。而且，有时也可能出现额外排卵，因此，这种方法并不可靠。

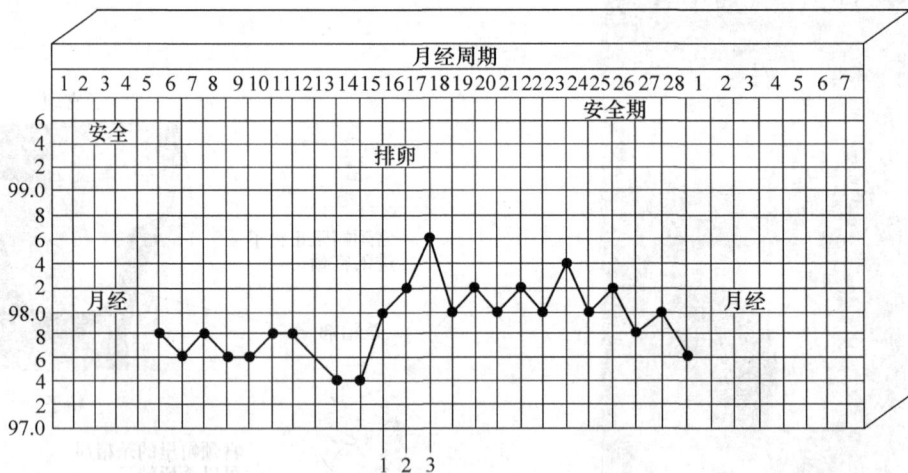

图 10.8　基础体温图

（摘自：贺兰特·凯查杜里安. 2009. 性学观止［M］. 胡颖翀，译. 6 版. 北京：世界图书出版公司.）

3）宫颈黏液法：宫颈黏液法是一种依据宫颈黏液的变化来推算排卵日期的方法。在月经来潮前后几天，许多女性处于"干燥"期，在此阶段，几乎无宫颈黏液流出，并有阴道内干燥的感觉，这段时间对性交来说是相对安全的。

1978 年，世界卫生组织（WHO）发表了一篇综述，专家们认为，即便把这三种方法联合应用，安全期避孕法仍不可靠，之所以失败主要是由于易怀孕期仍有性行为造成的，无论一种方法多么有效，人们必须按照专业人员的指导去做，有坚强的意志和动机去做，这种方法才能奏效。

4. 体外排精法（withdrawal）　体外排精法又称性交中断法（coitus interruptus），是在射精前把阴茎拔出阴道，将精液排在阴道外以达到避孕的目的。该方法主要问题是需要男性有很强的意志力，因为中断时正是男性最不易把持住的时刻。而且性交中断也会影响男女双方性满足。体外排精法作为唯一的避孕措施时，其最低失败率是 7%，实际失败率是 18%。这主要是因为男性通常拔出不够及时，或者射精前已有部分精液漏出在前列腺液或库珀氏腺液中。

目前，人们都广泛了解到体外排精法不可靠。体外排精法虽然有效性极差，但如果性交中连这种避孕保护都没有，则根本无避孕效果可言。

5. 宫内节育器（intrauterine device，IUD）　宫内节育器是一种安全、有效、简便、经济、可逆的避孕工具。主要有两类，一类是第一代 IUD，由金属、塑料或硅胶制成，目前已停用。另一类是第二代 IUD 含有活性物质、激素及药物等，阻止卵细胞受精。

IUD 的优点是可提供几年以上长期的避孕保护，且在性交中无须采取其他避孕措施；其缺点在于不适用于 25 岁以下或没有生育经验的女性使用，另外，使用此方法避孕的女性会出现月经量过多、经期延长等症状。

除以上介绍的几种避孕方法外，还有输卵管绝育术、输精管结扎术、阴道环、哺乳闭经避孕、免疫避孕等避孕方法，在这里不做过多赘述（表 10.1）。

表 10.1　几种避孕方式对比

避孕方法	优点	缺点
口服避孕药	避孕效果较好；性交无须中断	副作用较大；不能预防性传播疾病，客观上鼓励无保护性交的发生
避孕套	避孕效果较好；能预防性传播疾病	使用不当时易受损或滑落，降低避孕效果
阴道隔膜	避孕效果较好	使用难度大；预防性传播疾病作用有限
宫颈帽	避孕效果较好	使用难度大；预防性传播疾病作用有限
女用避孕套	避孕效果较好；能预防性传播疾病	使用率不高
安全期避孕	自然避孕，对身体没有副作用	意外怀孕的危险性高；不能预防性传播疾病
体外排精	无须使用物理器具	中断性交；失败率高；不能预防性传播疾病
宫内节育器	有效率高；可长效避孕	不适用于 25 岁以下或没有生育经验的女性；出现月经量增多等症状

6. 紧急避孕（emergency contraception，EC）　紧急避孕是在无保护性交后或避孕失败后几小时或几日内采用的补救避孕方法。紧急避孕有两种方式：一是在无保护性交后 5 日（120小时）内放入铜制的宫内节育器；另一种是口服大剂量的激素，此种方式比较普遍。紧急避孕药是在无保护性交或避孕失败（如避孕套滑落、破裂，漏服短效避孕药等）后几小时内或几日内服用的避孕药剂。一些女性会在"意外"或是被强奸的情况下，选择事后避孕药。这类药物有抗孕激素、雌激素、孕激素复方制剂及单纯孕激素制剂。目前常见的紧急避孕药有以下 3 种。

（1）米非司酮：属于抗孕激素制剂。是在无保护性交后 120 小时内服用的一种避孕药，只需服用 1 片即可发挥避孕作用。

（2）复方左炔诺孕酮片：属于雌激素、孕激素复方制剂。在无保护性交后 72 小时内服用

4 片，间隔 12 小时后再服用 4 片。

（3）左炔诺孕酮片（"毓婷"、"安婷"、"惠婷"）：属单纯孕激素制剂。在性交后 72 小时内服用第 1 片，间隔 12 小时后服第 2 片，总量为 2 片。

值得提醒的是，紧急避孕药仅对一次无保护的性交有效，所以，只适合用于临时补救。用药后对月经也有影响，因此，在同一月经周期内不可多次服用。另外，紧急避孕药由于所含的激素量大，其副作用也大，不能用其代替常规避孕。

生命如此来之不易，每一个人都应该珍爱自己的生命。大学生已成年，每一个合格的成年人都应该对自己的行为负责。在发生性交行为的时候，采取合理的避孕方式，这不仅对本人也是对性伴侣的保护，是负责任的表现。避孕方法有很多种，应该权衡各种方法的利弊，采取适合自己的避孕方法。所以，最好在有充分准备的情况下再决定生育子女，而不是因为一个"意外"不得已而为之。

二、人工流产

无保护的性交以及避孕失败，则极有可能导致非意愿怀孕。对于非意愿怀孕，人们通常采用的方法即是人工流产。"人工流产"一词对我们来说，似乎一点也不陌生。尤其是目前有关"无痛人流"的广告时刻闯进我们的视野。"完全无痛"、"手术只需 3 分钟，醒后无不适感"等广告词吸引了无数人的眼球。但我们也有很多疑惑，例如，人工流产到底是怎么进行的？为什么会"完全无痛"？人工流产真的很安全吗？人工流产有什么弊端……带着这些疑问，让我们一起学习有关人工流产的知识。

流产，既可以是"自然的"，也可以是"人工的"。自然流产有多种原因，有遗传因素、环境因素、母体因素、免疫因素等方面。当然，发生自然流产的几率并不均等，有些女性更容易流产，有些人甚至习惯性流产。连续发生 3 次或 3 次以上自然流产称为习惯性流产，每次流产往往发生在同一妊娠月份。发生原因有黄体功能不全、甲状腺功能低下、先天性子宫发育异常和子宫肌瘤等。在此部分内容中，我们仅对人工流产加以论述。

（一）人工流产概述

人工流产（artificial abortion），就是以人工的方法中断妊娠。"人工流产"包括治疗性流产和选择性流产。治疗性流产是基于母亲的健康原因而采取的治疗性手段；而选择性流产是出于其他各种不愿要孩子的原因所做的流产。此处，我们重点讨论第二种情况。

值得注意的是，人工流产是因为避孕失败后采取的终止妊娠的人工手段，是一种补救措施，绝对不能以此作为避孕的方法。并且，无论采取何种流产的方式，都必须在正规的医院进行。

（二）人工流产方法

人工流产所采用的方法通常是根据妊娠的时间来决定的。临床上妊娠全过程分为 3 个时期：妊娠 12 周末以前称早期妊娠；第 13～27 周末称中期妊娠；第 28 周及其后称晚期妊娠。在妊娠早期，有药物流产和手术流产两种方式；在妊娠中期以后，则通常采取引产术。

1. 药物流产　药物流产适用于妊娠 49 天以内的、年龄小于 40 岁、本人自愿的健康女性。药物流产可避免施行手术，既减少对孕妇的身体伤害，也可解除孕妇的思想顾虑。药物流产表现为类似月经来潮一样的阴道流血现象。目前，临床常用米非司酮配伍米索前列醇的双药物疗法。

1）米非司酮：米非司酮（Ru486）是一种合成类固醇，具有抗孕激素等作用。米非司酮主要作用是使妊娠的蜕膜、绒毛组织变性，使胚囊坏死而发生流产，使内源性前列腺素释放，促使子宫收缩及宫颈软化。

2）前列腺素：前列腺素是广泛存在于人体各器官组织内、具有多种生物活性的物质。米索前列醇可起到兴奋子宫，软化宫颈的作用。经临床试验，无论是天然的前列腺素还是合成的对终止早孕的效果都不太理想，并且反复用药或增大剂量时会增加副作用。因此，目前多与其他药物联合使用。

2. 负压吸宫术（vacuum aspiration）　负压吸宫术也称真空刮宫术，适用于妊娠 10 周以内要求终止妊娠者。首先是常规消毒外阴和阴道，然后用探针探测宫腔，根据宫腔的大小选择吸管。将吸管连接在负压吸引器上，慢慢放入宫腔，进行负压抽吸，直至将妊娠组织吸净（图 10.9）。负压吸宫术的并发症较为少见，但可能是严重的。并发症有子宫穿孔、出血、子宫感染等。

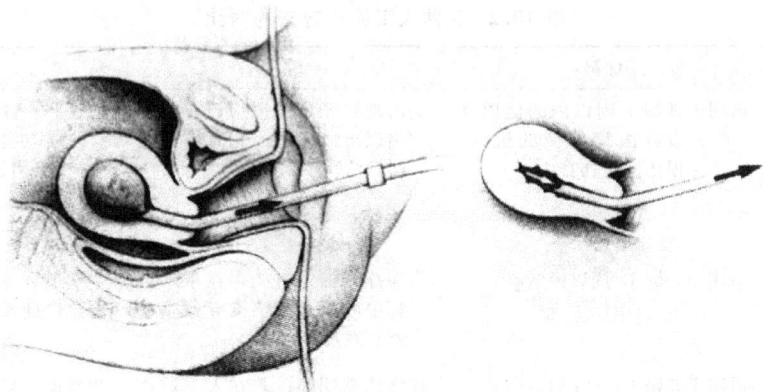

图 10.9　负压吸宫术

（摘自：陈守良. 2005. 人类的性、生育与健康 [M]. 北京：北京大学出版社.）

3. 钳刮术（dilation &curettage，D&G）　在 20 世纪 60 年代出现负压吸宫术以前，流产最常用的方法是钳刮术，也称刮宫术，即先扩张宫颈，然后刮出子宫内膜。适用于终止 10～14 周妊娠及不宜用药物引产者。

术前需用逐渐增粗的金属宫颈扩张器通过宫颈口使之扩张，并探查子宫腔的深度。当宫颈扩张至足够大时，将卵圆钳放入宫腔并刮除胎儿和胎盘，进行清宫。由于此时胎儿骨骼形成，胎儿较大，因此，容易造成出血多、宫颈裂伤、子宫穿孔等并发症，比妊娠早期的人工流产手术风险略大（图 10.10）。

4. 中期妊娠引产术（dilation and evacuation，D&E）　中期妊娠引产术是指用人工的方法中止 13～24 周之间的妊娠。常采用药物、手术等方法进行引产。药物引产常使用的药物为依沙吖啶以及米非司酮合并前列腺素；手术引产一般用水囊引产。中期引产由于其特殊的生理特点，无论采用哪种引产方式，均有可能发生较严重的并发症。

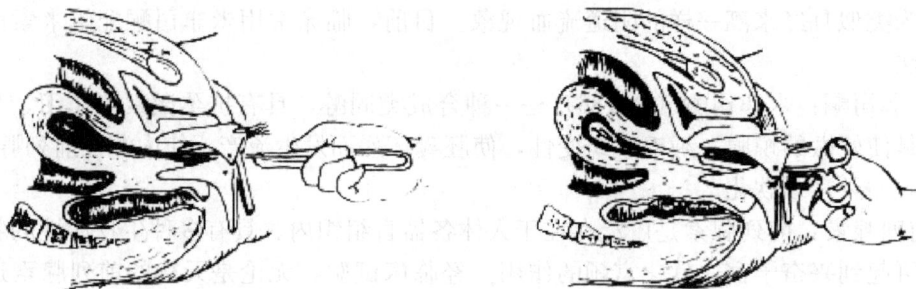

图 10.10　钳刮人工流产术

（摘自：《中国性科学百科全书》编辑委员会，中国大百科全书出版社编辑部．2006.
中国性科学百科全书［M］．北京：中国大百科全书出版社．）

（三）人工流产方法的利弊

在上一部分，前 3 种人工流产方法都属于妊娠早期使用的方法，现将 3 种方法的优势、弊端、禁忌证归纳如下（表 10.2）。

表 10.2　3 种人工流产方法的对比

人工流产方法	优势	弊端	禁忌证
药物流产	适用于妊娠 7 周以内的健康女性；没有医疗器械的进入，不会损伤生殖器官	会出现胃肠道的反应；有时会出现出血现象，此时需要及时做清宫手术；成功率不高	心、肝、肾功能不全及肾上腺皮质功能不全者；吸烟 10 支/天者；怀疑宫外孕者；过敏体质者；有使用米非司酮和前列腺素禁忌证者
负压吸宫术	适用于妊娠 10 周以内者	有医疗器械的进入，在手术过程中可因术中感染导致生殖器官发炎	生殖道有炎症者；各种疾病的急性期者
钳刮术	适用于妊娠 10～14 周以内者	疼痛感觉明显；若在人工流产过程中出现器械消毒不净或一些情况，容易造成生殖器官感染	生殖道有炎症者；各种疾病的急性期者

（四）人工流产的危害

女性做人工流产的原因有几个方面，有些人是避孕用具的使用不当；有些人是没有坚持采取避孕措施；也有些人是抱着侥幸心理，根本不采取避孕措施；当然，也有些女性是因为自身身体生理原因不适宜怀孕。以上情况的出现，都需要做人工流产。人工流产对女性身体是有伤害的，特别是多次人工流产对女性伤害更大，这种伤害既有生理方面的，也有心理方面的。

1. 人工流产对身体的伤害　人工流产相对来说虽然是小手术，但如果不注意，可能会引起一些并发症或后遗症，甚至影响到以后的生育能力，对健康产生不利影响。

1）人工流产综合反应：少数孕妇在施行人工流产手术过程中或手术结束时，出现心动过缓、心律不齐、血压下降、面色苍白、出汗、头晕、呕吐及胸闷等症状，严重者可发生昏厥、抽搐。

2) 月经不调：人工流产可能引起月经不调。其原因：首先，过分紧张、恐惧、劳累和手术等，能通过神经内分泌抑制下丘脑、脑垂体、卵巢、子宫的功能，导致月经异常；其次，人工流产后胎盘绒毛膜促性腺激素骤然消失，使卵巢一时不能对垂体前叶分泌的促性腺激素发生反应，也会引起月经不调；最后，人工流产损伤子宫内膜的基底层，需要一段时间的修复，若损伤过大，子宫内膜可能不能再生，导致长期闭经。

3) 不孕不育：人工流产不当，可能还会引起不孕不育。若细菌被带入宫腔，引起输卵管炎造成输卵管阻塞，阻碍精卵相遇；若手术损伤了子宫颈管和子宫内膜，引起宫颈粘连阻塞或宫腔缩小，精子就无法通过子宫颈管进入宫腔；若子宫内膜基底层受到严重破坏，则内膜无法再生，受精卵也就无法着床。此外，人工流产还会导致以后自然流产率的上升。

有些女性婚前怀孕后，担心事情被人知道，不敢到正规医院做人工流产，而求助于游医或私下买药进行人工流产，或去一些非正规小诊所，甚至听信一些民间偏方打胎，结果造成严重后果，导致终生不孕，甚至付出生命的代价。因此，一旦需要进行人工流产，应尽早到正规医院请专业医生处理，避免造成更大的伤害。

对女大学生的提醒：

在人工流产手术的整个过程中，都应做好身体上和心理上的准备，具体有以下几点。

(1) 术前准备：人工流产手术前 1 周内避免发生性交行为；手术前一天洗净身体并更换干净衣着；避免着凉或感冒；手术当天穿着干净内衣、内裤，早晨禁食。

(2) 术中要求：手术过程中，注意要精神放松，避免情绪过分紧张，与医生密切配合。

(3) 术后注意：手术后应在医院观察 1~2 小时，观察阴道流血和腹痛情况，没有特殊反应便可离开。一般休息 2 周左右，多吃些富含营养的食物，使身体尽快恢复。保持外阴部清洁卫生，每天用温开水清洗 1~2 次，勤换卫生巾和内衣。1 个月内禁止性生活，禁止盆浴和坐浴。若发生发热、腹痛或阴道分泌物有异常气味等现象，要及时就医。手术后也不宜过早再次怀孕。因为此时子宫内膜不同程度受损，需要一个恢复过程，身体也较为虚弱，若过早怀孕，难以维持着床或胎儿发育，造成自然流产。

2. 人工流产对心理的影响　男女双方，特别是女性对流产的心理反应变化极大。

1) 对意外妊娠的反应：对大多数人来说，出现非意愿怀孕和随之而来的人工流产，往往可引起极强的情绪反应。开始时，典型的反应是不相信或不承认，这往往造成推迟妊娠时间的确认并导致足月妊娠，这在青少年中尤为多见。对女性来说，当得知自己确已怀孕时会感到震惊，事实上，真正怀孕的时间比她根据过期月经推算的时间还要早，因为在其月经过期时她已有数周的身孕。男女双方对妊娠不承认会产生一系列消极的情绪反应，例如苦恼，伴有犯罪感和相互间指责，也会发生愤怒和暴行，在采取引诱、欺骗和高压等手段发生性关系并导致怀孕时尤其如此。

与此同时，也有人得知怀孕时感到非常满足，虽然流产是必需的、不可避免的，但仍然迟迟不肯终止妊娠。由于通常是由女性最后决定对妊娠的处理，男性在这种情况下也会有孤立无援的感觉。

最难以做出决断的时间是在发现已怀孕和决定是否要做流产这段时间，一旦决定，决断的负担也随之减轻了，但怀疑将继续存在，女性也会持续有焦虑和压抑的感觉。

2) 面临的 4 种选择：在所有非意愿的怀孕里，情形都各不相同。一个婚姻稳定的女性，准备将来某时怀孕但却出乎意料地怀孕了，她对流产的态度与那些甚至谁是致其怀孕的人都不清楚的女性肯定是大不相同的。当一个未婚女性怀孕后,她将面临如下 4 种选择。

(1) 结婚:传统上,一个未婚女性怀孕后,最渴望的选择是结婚。假如这个女性此时非常愿意嫁给使她怀孕的这个男性,并感到幸福,而其他客观因素都对结婚有利,那么,她肯定会首选结婚。

(2) 单身母亲:现在越来越多的女性倾向于做出这个选择,原因是社会对单身父母的偏见正在逐渐减少,且女性的独立性更强了。但是需要知道,无论从经济上还是从精神上,一个人单独抚养孩子并不容易。而且孩子缺乏父爱的关怀,对其心理发育也是不利的。因此,若要做出这种选择,需要考虑将来从男性和其他方面获得帮助,自身的职业是否适合做单身母亲以及其他一系列问题(如在我国,单亲家庭孩子的户口问题是对单亲母亲的一大困扰)。

(3) 让他人领养孩子:一些女性认为领养是另外一种选择。然而,做出让他人领养孩子的决定是一件很有挑战的事情,许多人直到孩子出生后才会决心这样做。在中国,领养孩子需要经过比较复杂的程序,对此需要有充分的思想准备。

(4) 人工流产:如果前述的解决办法均不可能或不愿采取,最后的选择就是人工流产。越早做出人工流产的决定,对健康越有利,这就是为什么女性必须严密观察自己月经周期的缘故。前面也已提到,针对不同时期的妊娠,流产的方法是不一样的。需要注意的是,人工流产必须去正规医院进行。

3)对人工流产的反应

(1) 女性的反应:一个女性对流产过程的反应,取决于妊娠的时间长短和对治疗的敏感程度,流产做得越迟,情绪也就越容易发生波动。对有过流产经历的女性的研究发现,人工流产诱发的子宫收缩像生产过程的阵痛一样,这些记忆的重现可造成情绪紊乱。并且,妊娠晚期,胎儿已可存活,此时的流产让女性担负沉重的自责和内疚。

流产对任何女性来说都不是一件轻松的事,但有些人受创尤重。因此,有必要对一些流产后心理创伤严重的女性进行心理疏导。

环境对做流产女性的情绪的影响很大,怀孕女性的丈夫或伴侣、家庭和朋友应该给予很多感情上的支持。加上得到恰当的医治,许多做人工流产的女性能够减轻人工流产给她们带来的负面情绪,渡过难关,而不是深受打击。

(2) 男性的责任:尽管人工流产的对象是女性,但男性也应承担照顾妻子或伴侣,陪伴其一同渡过难关的责任。男性伴侣在这一特殊时期表现出的理解和关心,有助于其经历过流产的女性伴侣在身心方面得以更好的恢复。

总之,女性在一生中至少有 20 多年的时间需要避孕,避孕直接关系到自己的身体健康和家庭幸福。为了不做或尽量不做人工流产,一是要坚持避孕;二是要选择适合自己使用的和可靠的避孕方法。人工流产只是避孕失败后一种迫不得已的补救措施。

给女大学生的话

在经历了人工流产手术以后,女性会产生抑郁、沮丧、哭泣、烦躁、失眠等一系列精神症状,这是因为妊娠前后体内激素水平发生变化引起的。多数人会不治而愈。然而,手术后的调养对女性身心能否尽快恢复也有重要作用。

人工流产手术后女性需要充足的时间休息,使身体在最短的时间内得到较好的恢复,而事实上心理上的波动在此期间也会得到充分的缓解。有些人认为，人工流产术不是什么大手术，可以照常生活、学习、工作甚至加班加点，这种想法与做法是不可取的，这样做会给身体带来伤害，很难再恢复到之前的状态。当然，也有些人因学业繁忙或个人原因，不能让学校或他人知道而不便请假，因而难以做到手术后充分休息。这时就应该将手术的时间选择在靠近周末的日子，借周末的时间使身心得到休息。同时，应于人工流产手术后 1～2 周内安排一些轻松的任务或放慢生活节奏。

　　至于在心态上的调整，首先，要正确认识和接受人工流产手术后的恐惧、悲痛及内疚等情绪变化，了解到这种变化会随着时间而消退，女性不必为此而有心理负担，将这种现象看得过分悲观。其次，为了缓解情绪变化给自己带来的不适，可以寻求适当的宣泄方式，如哭泣和倾诉等，不要憋在心里，以免对身体造成更大的伤害。最后，选择一家正规而专业的医院进行人工流产手术和术后复查，寻求医生的帮助，以确保术后恢复良好，这是对以后再次妊娠的保证，也能帮助女性顺利度过心理恢复期。

　　从以上内容中不难看出，人工流产对女性有身心两方面的伤害。出于对自己身体的考虑，我们应该尽量避免做人工流产，最好的方法就是避孕。所以，发生性交行为，一定要采取有效的避孕措施保护自己。

　　有些人把人工流产当作避孕措施，这显然是错误的。还有些人在意外怀孕后，尽管因各种原因不能结婚，但认为做单亲妈妈是很"时尚"的事，所以，也不做人工流产，决定生下孩子。在做这种决定时，一定要慎重，把对自己、对孩子和对社会应该负有的责任都考虑清楚。

给男大学生的话

　　或许，有的人会认为避孕和流产都是女性的事，与男性无关，或者说关系不大。希望你不是抱有如此愚昧、不负责任的想法中的一员。作为一个负责任的男性，我们应该在任何情况下，都要做出对自己和对方最明智的选择。如果发生性交行为，应该主动采取避孕措施。如果避孕失败，造成你的女朋友怀孕，你应该承担责任。不管是在她做人工流产手术前还是手术后，都应该陪伴在她身边，给她关怀，尽量让她受到的心理伤害降到最低。

参 考 文 献

蔡雅梅，程怡民，等. 2007. 北京市人工流产青少年避孕知识、态度及行为状况研究 [J]. 中国妇幼保健，22
　（11）：1530-1532.

贺兰特·凯查杜里安. 2009. 性学观止 [M]. 胡颖翀，译. 6 版. 北京：世界图书出版公司.

乐杰. 2008. 妇产科学 [M]. 7 版. 北京：人民卫生出版社.

刘云嵘. 2004. 中国已婚育龄女性避孕方法使用现状及发展变化趋向（一）[J]. 中国计划生育学杂志，5：
　260-262.

司徒仪. 2003. 中西医结合妇产科学 [M]. 北京：科学出版社.

王丽红，陈长香. 2008. 在校大学生避孕知识及态度调查 [J]. 现代预防医学，35（15）：2929-2930.

威廉·L. 雅博，芭芭拉·W. 萨亚德，布莱恩·斯特朗，等. 2012. 认识性学 [M]. 爱白文化教育中心，
　译. 北京：世界图书出版公司.

《中国性科学百科全书》编辑委员会，中国大百科全书出版社编辑部. 2006. 中国性科学百科全书 [M]. 北
　京：中国大百科全书出版社.

第11章 性功能障碍

健康的性功能、愉悦的性体验固然是美好的，但是，如同人体其他功能一样，性功能在人的一生中也不是永远保持完美状态。大多数人在与朋友交谈时会选择回避有关性功能障碍的话题，甚至在面对医生时也不会将事实全盘托出。性功能障碍不会有生命危险，但与人们的生活息息相关，与"性福"指数密不可分。前面曾提及，身体健康状况、心理原因，甚至环境因素等都会影响人们的性欲和性兴奋状态，就算性功能十分健康的伴侣，也存在不十分满意或不尽如人意的性体验。因此，人们有时会对自己或对性伴侣的性功能感到失望。性功能障碍有时甚至会影响夫妻间的婚姻幸福度。另外，目前关于性功能障碍的研究大都建立在异性恋伴侣基础上，关于同性恋伴侣、双性恋以及跨性别人士的相关研究还很少，因此，本章中的内容也是基于以往异性恋的研究文献。其实，性问题是正常的，也是普遍存在的，有很多方法可以对其加以改善。

一、性功能障碍的定义

由于性功能障碍和"正常"性功能之间并没有十分明确的分割线，所以，很难精确地判断哪种程度开始就算是性功能障碍。简单地说，性功能障碍会导致人们心理痛苦的或者不满足的性反应，由此有损满意度和亲密感。比如女性不能达到高潮，男性不能勃起。

世界卫生组织《国际疾病分类》中"性功能障碍"包括"导致个人无法如己所愿地涉入人性关系的各种原因"。目前，医学上"性功能障碍"使用最广泛的定义来自美国精神病学会的《精神障碍诊断和统计手册》（*Diagnosticand Statistical Manual of Mental Disorder*）第四版（2000），这本手册里使用"功能障碍（dysfunction）"和"失调（disorder）"两个术语，本章也遵照此用。

《精神障碍诊断和统计手册》第四版中将性功能障碍（sexual dysfunctions）定义为"反映在性反应周期中的性欲和精神生理学变化的紊乱，引起显著的困扰和人际交往困难"。

二、性功能障碍的分类

定义中"性反应周期"是根据马斯特斯和约翰逊的性反应周期理论的四个阶段分别描述的。这本手册将性功能障碍分为4个阶段：性欲障碍（sexual desire disorders），性唤起障碍（sexual arousal disorders），性高潮障碍（sexual orgasmic disorders）和性交疼痛障碍（sexual pain disorders），每一种性功能障碍还分为终身性（原发性）和获得性（继发性）、完全性和境遇性、器质性和功能性。其中，终身性（原发性）性功能障碍意思是从性活动一开始问题就一直存在，比如女性从未体验过性高潮、男性从未勃起；获得性（继发性）性功能障碍意思是曾经历过正常的性反应，后来失调。比如女性不再体验性高潮、男性再也不能勃起。

（一）性欲（sexual desire）障碍

性欲是一个很难用简单词汇描述的概念，它是一个复杂的、多层次的、多含义的概念。性欲不仅包含了生物学的驱动力，也包括生物学、心理学和社会学等相互作用的终点。性欲是人类的本能，也可以说是一种对性活动的兴趣。它是在性刺激下，个体产生与性伴侣完成性活动的欲望。性欲会导致个体去寻找性伴侣，完成性活动或接受性活动。

1. 性欲低下症　通俗地讲，性欲就是平常所说的"做爱的欲望"，这个欲望就像饥饿和口渴一样，也被视为一种本能。而当这种欲望被抑制，个体不再对性活动产生欲望时，就形成了性欲低下症。《精神障碍诊断和统计手册》（第 4 版）将性欲低下症（hypoactive sexual desire，HSD）描述：持续或复发性的性幻想及性欲的缺失或低落，并引起显著的烦恼或人际困难。性欲低下症在男性和女性身上都可能存在。

很难用一个精确的、统一的标准定义哪种情况下属于性欲正常，所以，这个标准常常是主观的。日常生活中，人们通常都会选择"现在的性活动频率"和"过去的性活动频率"比较，或者和一些外界标准，比如"我们做爱的次数没有朋友多"等。性欲低下在多数情况下都是后天形成的，很多之前性欲"正常"的人也会偶尔经历性欲低下。只有当情况很严重，持续时间较长，或经常复发的时候，才能界定为性欲低下症，才能算得上是一种疾病。性欲与身体、心理都有关，当一个人身体状况严重不佳时，比如哮喘患者、酗酒者等在疾病影响下，性欲都可能面临大大降低的风险；当一个人长期生活压力过大，或者遇到亲朋病故等情绪低落很久不能缓解时，对性活动的欲望也会大幅度降低；当与性伴侣之间长期关系紧张或频繁发生争吵，甚至产生愤恨时，性欲也会有所降低。另外，服用某些药物也会导致性欲低下。无论哪种情况，性欲低下对伴侣之间的感情和关系都会产生消极影响，引人烦恼。

2. 性嫌恶症　《精神障碍诊断和统计手册》（第 4 版）中将性嫌恶症（sexual aversion disorders）定义：持续或复发性的嫌恶及回避与性伴侣的生殖器接触，从而引起显著的困扰。从定义的字面上就不难看出，性嫌恶比性欲低下更为严重。患者对所有的性行为都选择逃避，有些人是对性行为感到焦虑，有些人则对性行为感到很厌恶，有些人甚至对性行为感到恐惧。对他们来说，简单的拥抱、亲吻和抚摸都会引起焦虑。

性嫌恶产生的原因很多，有可能是原发性的，也有可能是继发性的。如患者在童年期接受来自父母负面性态度的影响，或曾有性侵犯、强奸（多见于女性）等创伤性的经历，或在性身份认同上的质疑等。性嫌恶者常常会想方设法回避性接触，毕竟，一个人越不喜欢某种行为，就越会回避它。

近年来，对无性婚姻的研究发现，夫妻之间的无性婚姻就是性嫌恶的表现。当夫妻间无性婚姻持续的时间越长，这个情况就越难改善。但是，夫妻双方只要真诚交流、沟通，就可以通过共同的帮助和相关治疗，缓解这一现象。另外，性嫌恶不仅会出现在异性恋者，在同性恋者中也存在。

相对于性欲低下，也曾有过"性欲亢进"的说法，也有人称之为"非性欲倒错的性上瘾"、"性欲过度"等。但在《精神障碍诊断和统计手册》（第 4 版）中却没有包括这个障碍，可见该手册的作者们并不认为"性欲过度"属于精神障碍的范畴。

（二）性唤起障碍

性唤起既是性兴奋期到来，也是心理上感觉"做爱"的兴趣来了。由于两性性唤起的生理表现不同,《精神障碍诊断和统计手册》(第 4 版) 中把这个问题将女性和男性分开定义。

1. 女性性唤起障碍 (female sexual arousal disorders) 《精神障碍诊断和统计手册》(第 4 版) 中将女性性唤起障碍定义:持续地或复发性地不能取得和维持足够的伴随性兴奋而来的阴道润滑和肿胀,从而引起显著的烦恼或人际困难。性唤起障碍的女性在性交时,有性欲,但缺乏性兴奋,客观上存在阴道干燥,缺乏生殖器官充血,这就造成性交不适。女性性唤起障碍还常与性欲低下症和性高潮障碍并发,除有生殖器官缺乏性兴奋的表现外,还有心理上缺乏性唤起的现象。尽管有些女性在性兴奋阶段有阴道湿润、阴蒂充血的现象,但她主观上并没感到性唤起。有些女性感觉到了性唤起,但阴道还缺乏湿润,可以使用人造润滑剂。

2. 男性性唤起障碍 (male erectile disorders) 《精神障碍诊断和统计手册》(第 4 版) 中将男性性唤起障碍定义:持续地或复发性地在性过程中无法取得和维持足够的勃起,从而引起显著的烦恼或人际困难,又称为勃起失调 (erectile dysfunction)。男性性唤起障碍就是通常所说的阴茎勃起功能障碍 (erectile dysfunction,ED),以前曾被称为"阳痿",但这种贬义性的词已不再使用。曾有研究发现,有 50% 以上的 40 岁以上男性患有不同程度的性唤起障碍,其中,完全不能勃起的患者占 10% 左右。但这并不是指随着年龄的增长就必然会导致性唤起障碍,只是随年龄增长的身体健康问题增加了患此疾病的概率而已。

在外科医学上,认为阴茎持续 6 个月以上不能达到或足以进行满意的性交的勃起,定义为阴茎勃起功能障碍。而《精神障碍诊断和统计手册》(第 4 版) 中认为只有在本人或伴侣对此感到不满并受到困扰时才能被确诊为男性性唤起障碍。男性性唤起障碍与心理性因素和器质性因素都有关系。心理性因素包括缺乏科学的性知识、不良的性经历、感受巨大的生活压力、焦虑、抑郁症等,同时,与伴侣的关系不协调、性刺激不够充分等也会影响男性性唤起。男性性唤起障碍的器质性因素就比较多了,如高血压、心脏病、糖尿病等引起的动脉粥样硬化就是性唤起障碍的高危险因素;帕金森病、脑血管意外、早老性痴呆等中枢神经疾病,以及脊髓外伤等也可能导致性唤起障碍;内分泌系统中甲亢、性腺功能减退等患者也可能出现性唤起障碍;服用某些抗精神药物、降压药、激素以及酒精、毒品等都是引发性唤起障碍的因素。

医学诊断时,除详细询问病史外,常使用国际勃起功能评分 (international index of erectile function,IIEF) 以客观地量化勃起障碍的程度 (表 11.1)。患者根据真实情况填写,将各项分数相加,得到的总分数大于 21 分为勃起功能正常;1～7 分为重度勃起功能障碍;8～11 分为中度勃起功能障碍;12～21 分为轻度勃起功能障碍。

表 11.1   国际勃起功能评分 5 项

	0	1	2	3	4	5	得分
1. 对阴茎勃起及维持勃起信心如何?	无	很低	低	中等	高	很高	
2. 受到性刺激后,有多少次能坚挺地进入?	无性活动	几乎没有或完全没有	只有几次	有时或大约一半的时候	大多数时候	几乎每次或每次	
3. 阴茎进入阴道后有多少次能维持阴茎勃起?	没有尝试性交	几乎没有或完全没有	只有几次	有时或大约一半的时候	大多数时候	几乎每次或每次	

续表

	0	1	2	3	4	5	得分
4. 性交时保持阴茎勃起至性交完毕有多大困难?	没有尝试性交	非常困难	很困难	有困难	有点困难	不困难	
5. 尝试性交有多少时候感到满足?	没有尝试性交	几乎没有或完全没有	只有几次	有时或大约一半时候	大多数时候	几乎每次或每次	

摘自：陈孝平. 2005. 外科学［M］. 2 版. 北京：人民卫生出版社.

（三）性高潮障碍

尽管性反应过程中包括很多方面和体验，性行为也不仅仅是指性交行为，但性活动中的高潮体验仍然被很多人认为是最重要的性反应过程，或者说是最重要的性体验。当性活动中已体验到强烈的性唤起和性兴奋后，但仍不能达到性高潮的情况就属于性高潮障碍的范畴。同性唤起障碍一样，《精神障碍诊断和统计手册》（第 4 版）中这个问题将女性和男性分开定义。

1. 女性性高潮障碍　《精神障碍诊断和统计手册》（第 4 版）中将女性性高潮障碍（female orgasmic disorders）定义：女性在正常的性兴奋之后，持续或复发性发生的性高潮延迟或缺失。女性性高潮障碍也曾被称为女性性高潮抑制（inhibited female orgasm）、性高潮缺失（anorgasmia）等，原发性的性高潮障碍，即从未达到过性高潮的情况较为多见，一旦女性学会如何达到性高潮，就不太能失去这种能力。一些女性通过刺激阴蒂就能达到性高潮，也有女性必须通过阴道性交才能达到性高潮，重要的是，女性性高潮与阴道大小无关。

妨碍女性在阴道性交中获得性高潮的因素有很多，有自身的原因，也与性伴侣有关。举例来说，疲劳、饮酒过量、阴道润滑不足、进食过量等都能导致女性性高潮障碍。而若性交时与伴侣间缺乏前戏、性交过程中与伴侣发生与插入无关的冲突、伴侣不够温柔、伴侣插入后射精太早等也会影响女性的性高潮。另外，"做爱"时的环境也对女性达到性高潮有一定的影响。

每个人对待性高潮的态度不同，有些女性认为每次性行为中都必须达到性高潮才满意，这些人中一部分在未达到性高潮的情况下也能体验到身体和心理上的满足。

2. 男性性高潮障碍　《精神障碍诊断和统计手册》（第 4 版）中将男性性高潮障碍（male orgasmic disorders）定义：在马斯特斯和约翰逊的性反应周期的正常的性兴奋阶段之后，持续或复发性的性高潮延迟或缺失，从而引起显著的烦恼或人际困难。此症曾被称为男性性高潮抑制（inhibited male orgasm）。前面曾提到，男性性高潮和射精并不是一回事，射精只是男性性高潮中生殖器官的反应。有些男性的全身反应已达到性高潮的体验，只是没有射精。这种现象有两种可能：或许是他们需要更长时间的刺激才能射精，或许是无论持续性刺激维持多久，就是无法射精。前一种现象称为射精延迟（delayed ejaculation），后者称为射精抑制（inhibated ejaculation）。射精延迟可能是心理原因，也可能是由于服用某些药物（如抗精神药、抗高血压药等）或不完全脊髓损伤所致。而射精抑制常为原发性的，多与中枢神经系统或外周神经系统障碍有关。

男性性高潮障碍通常的表现是不能在阴道内射精，但在受到伴侣用手或嘴的刺激情况下，却能够射精。男性性高潮障碍的危害尽管不如男性勃起障碍大，但对男性性生活质量也会造成不小的影响。

3. 早泄 《精神障碍诊断和统计手册》（第 4 版）中将早泄（premature ejaculation）定义：在极少的性刺激下，持续或复发性地在插入前或刚插入后即射精，由此产生显著烦恼或人际困难。早泄是男性性功能障碍中较为常见的一种，它包括男性在性刺激不充分情况下，在进入阴道前、进入阴道过程中及进入阴道后立即射精的现象。这种现象持续地或反复地发生，可诊断为早泄。由于个体的差异，除了在进入阴道前就射精外，究竟在进入阴道后具体多少时间射精才算是"正常"，这很难定义。有些研究者试图明确性交持续的时间范围，以及阴茎抽插的次数；后来有些研究者又以伴侣是否满足需求为标准，或在性交行为中，伴侣达到高潮的频率为标准，来定义"早"。但是，每个人的性反应也是不一样的，所以，我们不能用伴侣的反应来评定一名男性是否"早泄"。不可回避的是，男性在极少性刺激下，持续地、复发性地出现早泄，通常会引发伴侣的疑惑或不满。男性自身有时会怀疑对方性要求过高，有时也会有内疚感。男性甚至有可能会继发勃起障碍，避免发生性交行为，如此恶性循环，势必会对伴侣之间的感情产生影响。

早泄也分为原发性和继发性，原发性早泄就是在第一次性交时就出现早泄情况，并且在以后每次性交持续很短的时间内就射精，甚至在进入阴道内或进入阴道前就射精。原发性早泄一般需要药物和心理配合治疗。男性曾经有正常的射精时间，但在某个阶段内出现早泄的情况属于继发性早泄，继发性早泄一般由某些心理原因或身体疾病所导致。

（四）性交疼痛障碍

《精神障碍诊断和统计手册》（第 4 版）中将性交疼痛障碍（dyspareunia）定义：阴道性交中持续或复发性的、从中度到剧烈不等的、引起显著烦恼或人际困难的生殖器疼痛。需要注意的是，性交中偶尔出现的暂时的生殖器疼痛（如第一次发生性交行为）不属于性交疼痛障碍，必须是持续性的、反复出现的性交过程中的非轻度的疼痛才属于此症。女性和男性都有可能发生。

1. 女性性交疼痛 女性常由于阴道干燥，缺乏湿润或阴道痉挛症导致性交期间对阴道壁刺激而出现疼痛，这种现象主要在绝经后女性身上出现，但这并不是性交疼痛的唯一原因。临床上，又把女性性交疼痛分为插入时阴道局部疼痛以及性交过程中的疼痛两种现象。根据临床诊断，有些病理原因也会导致性交时的疼痛。如一个常见的疼痛来源是生殖器官感染，当女性患有阴道感染、盆腔感染等症，性交时就会感到疼痛。有些生理原因，如月经期刚结束立即性交的女性、哺乳期女性也可能出现性交疼痛。也有部分人认为，女性性交疼痛多由心理原因引起，而由病理和生理原因导致的疼痛不能归为"性交疼痛症"，而应属于"一般疾病原因引发的性功能障碍"。无论哪种观点，女性若出现持续地、反复地性交疼痛现象都应给予重视，应寻求专业人士的帮助。

2. 阴道痉挛症 《精神障碍诊断和统计手册》（第 4 版）中将阴道痉挛症（vaginismus）定义：持续或复发性的不自觉的外阴 1/3 处肌肉（耻骨肌）痉挛，妨碍插入并引起显著烦恼或人际困难。阴道口肌肉不自主地痉挛，性交时将阻止阴茎的插入，即便阴茎可以插入，也会感到疼痛和抽插困难。阴道痉挛还多与性欲低下或性交疼痛症并发，也可能由于伴侣勃起功能障碍或射精障碍下发生。阴道痉挛多与心理因素和人际关系有关，如女性感到或预知到阴茎插入的疼痛而紧张。

3. 男性性交疼痛　男性也会出现性交疼痛的现象，这种情况多继发于生殖器或尿道感染。如有时包皮过长，未彻底翻开包皮清洗包皮垢而导致的感染。疼痛的部位发生在会阴部、尿道和尿道口。男同性恋者有时还会出现肛交疼痛症（anodyspareunia），即在肛交过程中发生的疼痛。有时，这种情况也可能在女性肛交中出现，多与肛交时阴茎插入的深度、抽插的频率以及肛交产生的焦虑、不适应、尴尬等有关。《精神障碍诊断和统计手册》（第 4 版）中并没有将肛交疼痛症纳入性交疼痛症的范围中。

三、性功能障碍的原因

生理因素、心理因素以及人际关系都对个体的性功能有所影响。不同个体之间的性功能障碍原因不同，如大多数性功能障碍由心理因素引起，也有的是因生理疾病导致。同一种因素在不同的人身上也有不同的表现，如同样的心理因素在有些男性身上导致勃起功能障碍，也可能导致其他的男性早泄。有时这三类因素相互影响，共同作用于同一个体。以下将分开讨论。

（一）性功能障碍的生理原因

过去，人们常认为性功能障碍主要是心理因素导致的，近年来的研究发现很多生理因素也会引起性功能障碍，如疾病、药物等。这一点在女性、男性身上都可见。

1. 女性生理原因　某些严重的疾病，如心脏病、消耗性疾病（癌症等）、神经性疾病（如中枢神经系统或外周神经系统的疾病或损伤）、妇科和泌尿系统疾病（如外阴阴道炎症、子宫内膜异位症、压力性尿失禁）等，或一般不健康的原因（如营养不良、酗酒等）以及极度疲劳等都可导致女性出现性高潮障碍。

各种妇科手术都可影响女性性功能障碍。如子宫和阴道手术可能改变阴道的解剖结构而使性交受到影响，特别重要的是双侧卵巢切除，雌性激素分泌严重下降，从而导致女性性欲低下。有些女性由于分娩时阴道周围的肌肉经过撕扯失去弹性，可能会造成性交过程中的肌肉紧张和高潮抑制。任何能改变神经传导、血管舒张功能及性激素水平的药物以及改变精神状态的药物都可能影响女性性功能障碍。

另外，酗酒和吸毒也是性功能障碍的原因。少量（低剂量）的酒精可以增加性欲，大剂量的酒精效果类似于镇静剂，只会降低性唤起和高潮水平。

2. 男性生理原因　许多男性随着年龄的增长会伴随整体生活质量及性功能的下降。心血管病、糖尿病等均可能与勃起障碍有关。由于糖尿病会损坏血管和神经，当然也包括阴茎血管和神经。某些外伤（如脊髓损伤）或手术（如前列腺手术）可能伤及生殖器周围的血管和神经，影响男性性功能。

酗酒造成的慢性酒精中毒会导致睾丸萎缩，降低性激素的分泌，也会降低男性性唤起能力。而长期的酒精刺激也会损坏身体其他生理功能，造成神经损伤，对性功能也是有害的。此外，有研究显示，长期吸烟的男性比不吸烟男性患有勃起障碍的概率要高。毒品对男性性功能的损害也是不可小觑的。

（二）性功能障碍的心理原因

很多心理因素是导致性功能障碍的直接原因，相对于生理原因来说，心理原因更难识别和分类。心理原因一般分为直接原因和内心冲突，以及性关系中的矛盾。

1. 直接原因　由于害怕性生活失败，或者说害怕不能完成性生活而产生的焦虑是直接原因中常见的一种。男士一般害怕无法正常勃起，女士则害怕不能达到高潮。焦虑常常会造成恶性循环，因害怕而失败，因失败而再次害怕。举个例子，一位男子可能因为某些暂时性的原因而发生了勃起障碍使性交失败，当下一次性交时，他可能会害怕自己再次失败。

如果在性交过程中过分关注自己的"表现"，客观地评价自己行为对与错，表现好或坏，会引起性高潮障碍，也就是马斯特斯和约翰逊所提出的"自我旁观"（spectatoring）。具体地说，就是人们在性活动过程中，其注意力没有放在性体验上，而是"分心"了，这属于"认知干扰"。

"我今天太累了，不想做爱。""我最近感到压力太大，不想做爱。"这两句话可能反映的是当事人真实的感受，由此可见，疲劳和压力也是影响性功能的直接原因。

还有一种直接原因是无法进行有效的性刺激行为，如伴侣双方都不知道阴蒂在性唤起中扮演的重要角色，甚至还有伴侣双方都不知道阴蒂的位置等，也就影响了性活动。这类情况只需要适当的教育就可以解决。

2. 内心冲突　一个人在成长过程中，儿童期、青春期、成年后的某些经历与性功能有关。儿童期，接受来自父母对性的负面态度，如从小被父母教导"性是可耻的、肮脏的"等一类的信息，对日后性功能会产生一定的影响。而儿童期的性侵害、成年后的性强暴和强奸可能导致日后严重的性功能障碍。

在同性恋者中，主要的内心冲突是为自己是同性恋感到可耻、产生自我仇恨，即内化的同性恋恐惧（internalized homophobia）。

3. 性关系中的矛盾　伴侣之间的关系紧张、僵化是性功能障碍的另一个重要原因。如对伴侣的憎恨、厌恶、恼怒和敌视不会创造出享受做爱的理想环境，也不会感受到愉快的性体验。对大多数女性来说，如果伴侣只把她视为做爱的对象，只对她的身体感兴趣，而忽略她的人格，忽略对她的感情，她会认为自己被利用、被贬低，这无疑对性活动会产生影响。而对大多数男性来说，伴侣对其性反应的嘲笑、鄙夷、指责等都会令其降低性享受。

有时，性还会被用于伤害对方的武器。如伴侣一方强迫另一方在非自愿情况下进行性活动，或者一方拒绝另一方的性要求，以此作为惩罚。甚至有时候伴侣双方的性欲不同、对性体验的期盼不同等都会影响双方的关系，影响双方的性功能。

四、性功能障碍的治疗

基于性功能障碍产生原因的立足点不同，相对的治疗手段也有很多。这里我们简单介绍以下几类疗法：认知—行为疗法、性心理疗法和医学疗法。

（一）认知—行为疗法

弗洛伊德曾提出性问题应该到个体的童年期追根溯源，马斯特斯和约翰逊在1970年提出的一套性功能障碍治疗技术否定了这个方法，标志着性功能障碍治疗进入一个全新的时期，也为当代的性治疗奠定了基础。首先，他们认为性功能障碍不是精神病症；其次，他们认为大多数性功能障碍是由于伴侣双方缺乏科学的性知识、采取错误的技巧和伴侣关系问题造成的。因此，他们的治疗对象是伴侣双方，而非其中一人。由于治疗的参与者必须是一对伴侣，所以，马斯特斯和约翰逊在治疗之初会为那些没有性伴侣的患者提供替身性伙伴（sex surrogates），也有的称为代理伴侣（partner surrogates）。

认知—行为疗法的治疗师们认为，任何一种性功能障碍都不是个人问题，而是伴侣间互动障碍的结果，没有单独哪一方该为此单独负责。在治疗期内，除非得到治疗师的允许，否则伴侣间禁止进行阴道性交。治疗平均需要 12 天，最初几天的治疗方法大致相同，而后则根据不同的性功能障碍进行分类治疗。

在最初几天（4 天）的治疗中，治疗师首先分别向伴侣双方访谈和记录情况，随后，治疗师会引入感官专注训练（sensate focus）。这个训练主要以爱抚为重点，伴侣双方通过触觉感到快乐。最初，治疗师会指导一方触摸、爱抚对方除生殖器和乳头以外所有身体部分，并鼓励给予者和接受者之间进行交流，告诉对方什么动作最令人愉快。这个阶段训练的焦点是触觉和快乐。

对于女性性高潮障碍，在最初的感官专注练习后，让男性爱抚女性外阴，并指导双方进行交流，让男性知道哪种爱抚是女性想要的。刚开始不要刺激敏感性强烈的阴蒂，可从爱抚周围区域开始。

女性阴道痉挛症的治疗方法相对简单，只需睡觉时在阴道内放置阴道扩张器，第二日醒后取出。适应后，阴道扩张器的尺寸可逐渐增大，最后阴道痉挛症终将治愈。

对于男性勃起障碍，在接下来的治疗中，双方在熟悉了一般触觉的身体享受后，可以开始相互抚摸生殖器。注意，在此阶段不以勃起为目的，也不允许进行性交。当勃起后，要让阴茎软下来，然后再勃起，再变软，通过使阴茎反复勃起让男性认识到勃起是在很自然的情况下就能发生的，从而增强男性自信。在治疗的最后阶段，当男性产生足够的自信，已能很成功地勃起时，可以进行阴道性交，高潮也会随之而来。

对于男性早泄的治疗，在经过早期的感官专注练习后，女性用手刺激阴茎，使其完全勃起至即将射精前，用手捏住阴茎冠状沟以下部分，停止一段时间后再进行刺激，至射精前，再停止一段时间，如此反复，可以延长男性射精的时间。这个方法叫挤压法（squeeze technique），尽管简单，但仍很有效。

（二）性心理疗法

对于严重焦虑导致的性欲低下症（性嫌恶），靠单纯的认知—行为疗法的治疗，效果往往不是太好，此时就需要配合性心理疗法共同治疗。这一疗法的代表人物海伦·辛格·卡普兰曾于 1974 年通过性心理疗法对一组性功能障碍的夫妻进行过极为有效的治疗。

（三）医学疗法

随着对导致性功能障碍的生理基础逐步重视，相对的医学疗法也发生了很多进步。但是，在进行医学疗法时，也会和心理辅导同时包括在内。

雌激素、孕激素可用于缓解绝经期阴道壁变薄引起的阴道性交疼痛，改善泌尿生殖道萎缩现象。同时，也可改善血管舒缩症状以提高性反应。严重缺乏睾酮的人可人为补充睾酮。

1998 年，辉瑞公司出品的用于治疗男性勃起障碍的万艾可（Viagra），是第一种治疗此症的口服西药。万艾可（俗称"伟哥"）的主要成分是西地那非，2003 年出品的伐地那非和他达那非都是用于治疗勃起障碍的有效的口服药。

　　尽管口服药品在治疗性功能障碍中有一定的作用，但也不要过分相信药物的作用。其一，药物都有副作用；其二，要相信大多数的性功能障碍是可以通过个人或伴侣双方共同努力治愈的，心理治疗和药物治疗相结合的治疗方式是最为理想的。

　　性是一项基本的生理机能，美好的性体验也是人们期盼的。但我们也应该意识到性功能障碍的出现是常见的，但即使出现某种类型的障碍，我们也可以通过其他方式充分享受性。如果我们把性行为的重点放在各自的性体验上，重视伴侣之间的交流，保持伴侣之间的亲密关系，感觉可能会更好。

参 考 文 献

霭理士. 1987. 性心理学 [M]. 潘光旦，译. 北京：生活·读书·新知三联书店.

北京协和医院. 2004. 泌尿外科诊疗常规 [M]. 2 版. 北京：人民卫生出版社.

陈孝平. 2005. 外科学 [M]. 2 版. 北京：人民卫生出版社.

丰有吉，沈铿. 2005. 妇产科学 [M]. 2 版. 北京：人民卫生出版社.

贺兰特·凯查杜里安. 2009. 性学观止 [M]. 胡颖翀，译. 6 版. 北京：世界图书出版公司.

胡珍，王进鑫. 2004. 大学生性健康教程 [M]. 成都：四川科学技术出版社.

胡珍. 2004. 中国当代大学生性现状与性教育研究 [M]. 成都：四川科学技术出版社.

江剑平. 2006. 大学生性健康教育 [M]. 北京：科学出版社.

刘达临. 1993. 中华性学辞典 [M]. 哈尔滨：黑龙江人民出版社.

刘达临. 1995. 中国当代性文化（精华本）[M]. 上海：生活·读书·新知三联书店.

彭晓辉，阮芳赋. 2007. 人的性与性的人 [M]. 北京：科文图书业信息技术有限公司.

彭晓辉. 2002. 性科学概论 [M]. 北京：科学出版社.

威廉·L. 雅博，芭芭拉·W. 萨亚德，布莱恩·斯特朗，等. 2012. 认识性学 [M]. 爱白文化教育中心，译. 北京：世界图书出版公司.

吴阶平. 2009. 性医学 [M]. 北京：科学技术文献出版社.

徐晓阳，黄勋彬. 2007. 性医学 [M]. 北京：人民卫生出版社.

薛兆英，许文新. 1995. 现代性医学 [M]. 北京：人民军医出版社.

耶尔多·德伦特. 2006. 世界的渊源：女人性器官的真相与神话 [M]. 施辉业，译. 广州：花城出版社.

珍妮特·S. 海德，约翰·D. 德拉马特. 2005. 人类的性存在 [M]. 贺岭峰，等，译. 8 版. 上海：上海社会科学院出版社.

《中国性科学百科全书》编辑委员会，中国大百科全书出版社科技编辑部. 2006. 中国性科学百科全书 [M]. 北京：中国百科全书出版社.

性传播疾病及其预防 第12章

性传播疾病已经成为许多国家严重的公共卫生问题。在我国，性传播疾病的范围正在蔓延扩大，目前已经跃居为第二大传染病，第一大传染病是乙型肝炎。特别是随着人口的流动性加大，性传播疾病的流行波及沿海、内地、城市、农村，患性传播疾病的人数在增多，这对我国公众的健康和社会发展构成了严重威胁。了解性传播疾病的知识对人类的健康和社会的发展有着重要意义。

一、认识性传播疾病

性传播疾病离我们并不遥远，如不及时发现与治疗，很有可能引起多种并发症和后遗症。

（一）什么是性传播疾病

早在20世纪60年代以前，性病（venereal disease，VD）是指通过性行为传染的疾病，主要病变发生在生殖器部位，包括梅毒、淋病、软下疳、性病性淋巴肉芽肿4种，称为第一代性病或者"经典性病"，俗称"花柳病"。

1975年，世界卫生组织对性病范围做了更新和扩展，病种主要包括尖锐湿疣、生殖器疱疹、非淋菌性尿道炎（宫颈炎）、传染性软疣、阴道滴虫病、生殖器念珠菌病以及艾滋病等20多种。这些病都是通过性行为而感染的，或由这些病的感染者作为传染源，通过性行为或类似性行为及间接接触而传播。医学上，将这一组传染性疾病统称为性传播疾病（sexual transmitted diseases，STDs）。性传播疾病的病变不仅发生在生殖器部位，也可累及生殖器所属的淋巴结、皮肤黏膜，甚至侵犯全身其他组织器官，给人体健康带来巨大危害。

（二）性病传播历史

在15世纪以前，世界上未见过梅毒。1492年哥伦布发现西印度群岛，水手被染上了梅毒并带回欧洲，首先在西班牙传播起来。1494年在法国和意大利流行，1497年蔓延到全欧洲，1498年传入印度，1505年传到中国的广州。从这个时期以后，中国古书中开始有梅毒的记载，如李时珍著的《本草纲目》。

淋病在医学文献中记载较早，《黄帝内经·素问》中曾有类似记载。后来张仲景著《金匮要略》、隋代巢元方著《诸病源候论》、唐代孙思邈著《千金要方》中均有叙述和记载。

二、常见的性传播疾病

1991年8月12日，原卫生部发布的《性病防治管理办法》规定，我国将淋病、梅毒、非淋菌性尿道炎、尖锐湿疣、软下疳、生殖器疱疹、性病性淋巴肉芽肿和艾滋病纳入法定检测管理和重点防治的性病。艾滋病广义上属于性传播疾病，但由于其特殊性，本书将单独介绍。

（一）梅毒

梅毒是由梅毒螺旋体感染引起的一种慢性全身性传染性疾病。根据病程的不同，又可分为早期梅毒和晚期梅毒。早期梅毒一般分为一期梅毒和二期梅毒，晚期梅毒又称三期梅毒。

1. 症状

1）一期梅毒

（1）临床症状：潜伏期一般为2～4周，硬下疳直径为1～2cm，圆形或者椭圆形，边缘稍微隆起，呈肉红色轻度糜烂或潜在溃疡，创面比较干净，分泌物少，不痛不痒（无继发感染时），触诊时有软骨样硬度。一般单发，也可多发。患部的近卫淋巴结可肿大，常为数个，大小不等，质硬，不粘连，不破溃，无痛感。

（2）发生部位：男性梅毒多发生于阴茎包皮、冠状沟、龟头或系带部，有些发生于尿道内、阴茎干或其基底部、阴囊上。

女性最多见于阴唇，也可见于阴唇系带、尿道、子宫颈及会阴等处。阴部外最常见的部位是口唇、舌、扁桃体、乳房、肛门等部位。

一期梅毒患者，如果没有及时治疗，梅毒螺旋体会由淋巴系统进入血液循环，并大量繁殖、播散，侵犯皮肤、黏膜、骨、内脏、心血管及神经系统，进而出现多种症状。

2）二期梅毒

（1）临床症状：从感染梅毒后在2年以内发病者，一般发生在感染后7～10周或硬下疳出现后的6～8周。皮疹具多形性，各种皮疹和斑疹、斑丘疹、丘疹、鳞屑性皮疹、毛囊疹、脓疱疹均可出现，以斑丘疹最常见，常泛发对称，掌足可见暗红色圆形脱屑性斑疹，外生殖器及肛周可见扁平湿疣，部分患者可有脱发。口腔可发生黏膜斑，全身浅表淋巴结肿大。也可出现骨关节、眼、神经系统及内脏损害。

（2）发生部位：二期梅毒常发生于大小阴唇间、包皮内、肛门周围及会阴，少数可发生于腋窝、乳房下、股内侧及趾间等。

3）三期梅毒：三期梅毒的损害主要表现为结节性梅毒疹、梅毒树胶肿、心血管梅毒和神经梅毒等多种损害。

（1）三期皮肤黏膜梅毒：通常发生于感染2年以上的患者，特点是损害面积小，不对称，但破坏性大，愈后遗留萎缩性瘢痕，损害部位不易查到梅毒螺旋体；自觉症状轻微，客观症状较重；不经治疗，其损害经数月到数年也可自行愈合。损害形态分为3种。

第一种是梅毒树胶肿，它对身体的破坏很大。开始时，梅毒树胶肿表现为皮下组织中圆形、坚硬、无痛、能移动的结节，数目有多有少，初期只有"豌豆"那么大。这些结节会渐渐增大，并与周围组织黏结，中心逐渐软化。结节软化后，手指按上去有波动感，但无压痛。常见于面部、四肢伸侧、肩胛等处。

第二种是树胶肿，为皮下深在性结节，逐渐增大形成浸润性斑块，中心软化发生溃疡。全身各处均可发生，尤以小腿为多。

第三种为近关节结节，又称梅毒性纤维瘤，为无痛、生长缓慢的皮下纤维性结节，豌豆至核桃大，表皮正常，不破溃，坚硬。容易发生在受摩擦的大关节附近，如肘、膝、髋关节等处，常对称存在。

（2）三期骨梅毒：一般在感染 5～20 年，长骨部出现骨炎及骨膜炎，颅骨、鼻骨、骨盆及肩胛骨等出现树胶肿，分布局限，不对称，疼痛较二期骨梅毒轻微。

（3）心血管梅毒：基本病理变化为梅毒性主动脉炎，常见病变部位升主动脉，其次为主动脉弓。常发生于感染梅毒后 15～25 年，发病年龄在 35～55 岁，男性多于女性。

（4）神经梅毒：未经治疗的梅毒患者，有 8％～10％出现神经梅毒，多发生于感染后的 10～20 年，男性多于女性。临床常见麻痹性痴呆及脊髓痨。

2. 预防 首先是控制传染源。梅毒患者是最主要的传染源，及早发现、及早治疗是消除传染源的最好方法。在做婚前、产前、供血、就业、参军、入学、住院等各种体检时应做梅毒血清筛查试验。

其次是切断传播途径。绝大多数的梅毒是通过性传播的，做好宣传和健康教育十分重要。通过宣传和教育使人们认识到梅毒的危害，增强自身的防范意识，发生性交行为时，采取保护措施，减少梅毒的传播。

（二）淋病

通常指由淋病奈瑟菌引起的泌尿生殖系统的化脓性感染，也包括眼、咽、直肠、盆腔等其他部位的淋球菌感染和播散性淋球菌感染。

1. 症状

1）男性症状：男性潜伏期为 2～14 日，通常以尿道轻度不适起病，数小时后出现尿痛和脓性分泌物。当病变扩展至后尿道时可出现尿频、尿急。检查可见脓性黄绿色尿道分泌物，尿道口红肿。

2）女性症状：女性通常在感染后 7～12 日开始出现症状，虽然症状一般轻微，但有时开始就很严重，有尿痛、尿频和阴道分泌物。子宫颈和较深部位的生殖器是最常被感染的部位，其次依次为尿道、直肠、尿道旁腺管和前庭大腺。子宫颈可发红变脆伴有黏脓性或脓性分泌物。压迫趾骨联合时，可从尿道、尿道旁腺管或前庭大腺挤出脓液。输卵管炎是常见的并发症。

2. 预防 首先，提倡在性生活中使用安全套，做好个人卫生，防止淋球菌的传播和感染。如果有一方已经感染淋病，应该避免性生活，并严格分开使用毛巾、脸盆、床单等。污染物应该消毒。

其次，做好淋病知识的宣传和教育工作。让更多的人对淋病有所了解。

（三）生殖器疱疹

生殖器疱疹是由单纯疱疹病毒 1 型或 2 型感染泌尿生殖器及肛周皮肤黏膜引起的一种常见的、易复发、难治愈的性传播疾病。

1. 症状 生殖器疱疹由单纯疱疹病毒 1 型和 2 型引起，可分为原发性和复发性两种临床表现。

1）原发性生殖器疱疹：一般潜伏期为 3～14 日，皮疹好发于生殖器及肛门周围，通常表现为红斑、丘疹基础上或外观正常皮肤上出现群集或散在的小水疱，2～4 日后破溃形成糜烂或者溃疡，逐渐结痂。有明显疼痛，腹股沟淋巴结常肿大，有压痛，可有发热、头疼、乏力等全身症状。病程为 2～3 周。

2）复发性生殖器疱疹：原发皮损消退后皮疹反复发作，复发性生殖器疱疹较原发性全身症状，病程较短。

起疹前局部有烧灼感，针刺感或感觉异常。好发部位类似，在外生殖器或肛门周围。皮疹一般为群簇小水疱，很快破溃，形成糜烂或浅溃疡，疼痛症状较轻。病程一般7～10日。

2. 预防　首先，避免不安全性交。

其次，对于已经患有生殖器疱疹的患者来讲，要加强对损害部位的护理，每天用清水清洗外生殖器部位，并保持局部清洁和干燥，防止继发。当出现局部的感染后，要在医生的指导下，用消毒水清洗局部。

第三，患病后需注意预防感冒、着凉、劳累，以减少复发；治疗期间要停止性生活，并动员性伙伴共同检查、治疗。

第四，注意休息，增强体质，睡眠充足。在饮食上，不吃各种辛辣食物，多吃富含维生素、蛋白质的食物有助于疾病的康复。

最后，生活洁具分开使用，并且严格消毒。

（四）尖锐湿疣

尖锐湿疣又称生殖器疣或性传播疾病疣，是由人乳头瘤病毒感染引起的皮肤黏膜良性增生性性传播疾病，常表现为外生殖器及肛周部位的疣状增生物。

1. 症状　尖锐湿疣潜伏期一般为3周至8个月，平均为3个月，此期感染者是重要的传染源。好发于任何年龄，16～35岁发病率最高。尖锐湿疣常见于外生殖器湿润处，如男性的冠状沟、龟头、包皮系带两侧或包皮内侧面，有时见于尿道口、阴茎、阴囊等处；女性好发于大小阴唇、尿道口、阴蒂、阴道壁、子宫颈、会阴处等，也可发生于肛周直肠、口腔和乳房等部位，前者多见于有被动肛交者。

初发皮疹为淡红色、淡褐色至深褐色带蒂突起或丘疹。逐渐发展为大小不等赘生物，呈乳头样、鸡冠状或菜花样突起，表面凹凸不平，湿润柔软。大多数无自觉症状，有时伴有轻度瘙痒、灼痛感等。多数缺乏自觉症状，少数患者有瘙痒、烧灼感和压迫感。伴阴道损害者可出现白带增多，刺痒或性交后出血现象。发生于肛门、直肠者可有疼痛和里急后重感。

2. 预防　与其他一些性传播疾病一样，预防尖锐湿疣最好的措施就是避免与尖锐湿疣患者发生性接触。在日常生活中，还要注意以下几点。

1）认真了解该性病的有关知识，如传染途径、发病后的特征性表现等，增强自我保护意识，降低感染尖锐湿疣的风险。

2）早期发现、早期诊断、早期治疗。注意观察自己的外生殖器官是否有可疑增生物出现，争取做到早发现、早治疗。

3）家庭成员中有尖锐湿疣患者时，应该防止家庭用具受到污染而造成间接感染。患者的浴盆、浴巾、内裤要严格分开，并经常煮沸灭菌。

4）尖锐湿疣患者，治疗期间要停止性生活，治疗好后定期复查并注意卫生、增强抵抗力、注意劳逸结合等，以保持身心健康，减少反复发作。

（五）非淋菌性尿道炎

非淋菌性尿道炎通常是指男性性交后几日或几周发生尿道脓性或黏液脓性分泌物，可有尿道刺痒和尿痛，但分泌物镜检和培养均不能发现淋球菌。如果发生在女性则宫颈可见水肿及黏液脓性分泌物，可有腹痛、白带多等症状，也可无症状，称非淋菌性宫颈炎。

1. 症状 男性临床表现与淋病相似但程度较轻。常见症状为尿道刺痒、疼痛感或灼烧感，少数有尿频、尿痛；体检可见尿道口轻度红肿，尿道分泌物多呈浆液性，量少，有些患者晨起时发现尿道口会有少量分泌物结成的脓膜封住了尿道口或内裤被污染；部分感染者无任何症状或症状不典型，无症状性脓尿或尿道拭子涂片有阳性发现。

女性患者主要发生沙眼衣原体感染引起的宫颈炎，阴道分泌物异常，非月经期或性交后出血。体检时可发现宫颈接触性出血，宫颈管脓性分泌物，宫颈红肿、异位，拭子试验阳性。自觉症状多半不明显，或者仅有阴道分泌物增多。

2. 预防 首先，减少性伴侣数、慎重选择性伴侣和提倡使用安全套等，预防衣原体等感染。

其次，早检查、早治疗，避免进一步传播。患者一定要按照医生的要求进行治疗。同时性伴侣也要治疗，并且在治疗期间不要有性交行为。

最后，加强卫生保健的宣传和教育。

（六）软下疳

软下疳又称第三性病，是经典性传播疾病之一，是由杜克雷嗜血杆菌引起的疾病，主要特征表现为生殖器部位的一个或多个疼痛性溃疡，50%以上的患者合并腹股沟淋巴结肿大。此病在热带及亚热带地区比较多见，在我国一直很少发生。但是，20世纪80年代性传播疾病在我国再度流行以来，软下疳在我国各地，如广西、四川等地均有报道。软下疳患者绝大部分是男性。

1. 症状 在感染了杜克雷嗜血杆菌后，通常会在2~5天内出现皮肤损害症状。其特点为圆形或椭圆形的溃疡，溃疡比较浅表，边缘不整齐，上面有脓性分泌物，溃疡的底部较软。另外，大部分患者腹股沟淋巴结肿大，局部潮红，随后化脓、破溃。由于溃疡边缘外翻形状像嘴唇，俗称鱼口，溃疡长好后会形成大块的瘢痕。

2. 好发部位 男性好发于包皮内、外表面、包皮系带、冠状沟、龟头、阴茎体、会阴部及肛周等部位，常伴包皮水肿；女性多见于大小阴唇、阴唇系带、前庭、阴蒂、子宫颈、会阴部及肛周等部位。少数报告偶见于股内侧、乳房、口腔内、手等处。

3. 预防 第一，避免发生不安全性行为，一定使用安全套。第二，早检查、早治疗，及时就医。

（七）性病性淋巴肉芽肿

性病性淋巴肉芽肿是由沙眼衣原体引起的一种慢性经性传播的疾病。其病程较长，各期表现不同。主要临床表现为外生殖器部位出现一过性疱疹损害、溃疡、局部淋巴结肿大、化脓穿孔和晚期外生殖器象皮肿及直肠狭窄等。

1. 症状

1) 早期：开始感染上性病性淋巴肉芽肿病原体后，首先是生殖器部位出现初疮。初疮可有四种形式：表现无痛性小丘疹、小丘疹或脓疱、浅溃疡或糜烂、非特异性尿道炎。最常见的损害是在感染部位出现5~6mm的小丘疹或水疱，可形成溃疡，无自觉症状。常不被注意。

男性好发于冠状沟，其次是包皮系带、龟头、包皮、尿道和阴囊等；女性好发于阴道后壁，其次是前庭、阴唇、阴唇系带、子宫颈及外阴等部位。指交和口交者发生于手指和口腔。

2）中期：在原发性皮损初疮发生后 2～6 周，病程进入第二期。此期腹股沟淋巴结发生病变，出现近卫淋巴结炎，发生腹股沟横痃或称腹股沟综合征，是该病最常见表现。

3）晚期：性病性淋巴肉芽肿发病经数年或者 10 余年的漫长发展，其主要危害为可以引起生殖器部位发生象皮肿及直肠狭窄。

2. 预防　首先，对可疑患者以及不洁性接触者，应及时诊疗。

其次，与所有性病性淋巴肉芽肿患者接触的性生活对象，如果在出现症状之前 30 日内与患者有过性接触，则必须进行检查和治疗，无把握除外的性病性淋巴肉芽肿者，也应该给予抗生素预防治疗。

最后，不断提高卫生水平，加强健康教育宣传，避免不安全性交。

三、性传播疾病的传播

主要包括性接触传播、血液及血制品传播、母婴垂直传播和接触被污染物等间接接触传播。

（一）性接触传播

无保护性性接触（性交行为）是性传播疾病的最主要的传播途径。不同性行为方式传播性传播疾病的概率存在差异。

1. 性互慰（互相手淫）　两人或多人通过手、性工具或其他物品，刺激对方生殖器达到性快感。与他人共用无消毒处理的性工具或物品，可引起性传播疾病感染。

2. 阴道性交　阴道中插入阴茎发生的性行为。无保护的阴道性交可引起性传播疾病传播。性传播疾病从男性感染者一次传染给女性的概率通常明显高于从女性感染者传给男性的概率。

3. 肛交　阴茎插入肛门发生的性行为。肛交可以发生在男男之间，也可以发生在男女之间。不使用安全套等无保护性肛交是引起性传播疾病的危险性行为。此外，肛交还可以传染甲型肝炎、乙型肝炎以及隐孢子虫病等。

4. 口交　口腔与生殖器官接触发生的行为，包括用口刺激男性性伴侣的阴茎（吮阳）、用口刺激女性外阴（舔阴）。口交也可引起肝炎的传播。

5. 其他性行为　如股间性交、指交、拳交及深吻等，也可发生性传播疾病感染，但很少见。

（二）非性接触传播

非性接触传播主要有以下几种情况。

1. 胎盘产道感染　有些性传播疾病病原体可以通过胎盘传染给胎儿或者胎儿在出生时经过母亲产道接触感染，或出生后因哺乳而感染。

2. 血液感染　被输入含有艾滋病病毒或者梅毒的血液和血制品，以及共用注射器、针头等也可引起某些性传播疾病的传播。

3. 日常生活传播　接触感染者污染的衣物、被褥、便器及浴盆等可能经破损皮肤或黏膜感染，尤其是幼女。一般日常接触，如握手、拥抱、共餐不会传染性传播疾病。

4. 医源性传播 未经消毒或消毒不彻底的医疗器械等均可作为间接传播的媒介。所以，一定要去正规医疗机构就医。

性传播疾病是否引起间接传播在很大程度上取决于各种病原体在人体外存活的能力，一般性传播疾病病原体离开人体之后，环境中许多不利因素如干燥或大量水的冲洗，使之不能存活或被稀释而分散。只有在病原体离开患者很短的时间内再接触到其他人的易感部位，才能造成传播。如淋球菌在完全干燥的条件下 1～2 小时就能死亡，在共用被褥的条件下，该菌死亡前要到达健康成人尿道或宫颈黏膜引起感染的概率极低，几乎不可能形成传播。

四、性传播疾病的危害

性传播疾病是危害人类最严重、发病最广泛的一种传染病，它不仅危害个人健康，也殃及家庭，贻害后代，同时还危害社会。

（一）危害个人

1. 影响生理健康 性传播疾病可引起生殖器官、附属淋巴结病变甚至全身皮肤和重要器官的病变。一般患性传播疾病后，首先出现泌尿、生殖器的不适，如淋病的尿频、尿急、尿痛及尿道口溢脓；梅毒的软下疳；生殖器疱疹的阴部溃烂、糜烂及疼痛。除泌尿生殖器的不适之外，常常引起内生殖器的病变，如合并附睾炎、睾丸炎、前列腺炎、盆腔炎、附件炎等引起的不孕或不育。此外，性传播疾病感染可引起全身不同组织器官损害，如梅毒引起的心血管及神经损伤；生殖器疱疹引起的脑膜炎、心肌炎；淋病所致的关节炎、腹膜炎等。多数女性和部分男性患性传播疾病后，因无明显症状或症状较轻，得不到及时治疗，可能引起女性输卵管炎及附件炎等盆腔炎性疾病，引起男性的输精管炎及睾丸炎等，部分致女不孕男不育。

2. 影响心理健康 性传播疾病对很多患者的心理影响远大于生理影响。绝大多数性传播疾病患者表现为紧张、不安、自责、焦虑、担忧、自卑等，伴有程度不同的心理障碍。尤其是个别没有性传播疾病或性传播疾病已经治愈者，不相信屡次检查结果和医生诊断，总以为被误诊漏诊，不能排除疑病症。

（二）危害家庭

性传播疾病的流行还给家庭带来严重危害。例如，淋病通常情况是夫妇中的一方由于某种原因而感染上，然后通过夫妻间的性生活，传染给对方，家中的孩子或是通过母婴途径传播，或是通过日常生活的接触而被感染，使得一家人都深受其害。

另外，性传播疾病常常造成性伴侣，包括夫妻间感情破裂、婚姻和爱情受到不良影响。家庭失和、社会交往的急剧减少，必然影响工作、学习和生活。

（三）危害后代

性传播疾病对后代的危害较为严重，它可使胎儿生长迟缓、大脑发育不全、畸形、智力低下等。孕妇如果患有梅毒，她们所生婴儿有可能不健康，其中有些胎儿或者胎死腹中，或者出生后不久就死掉。还有一些胎儿出生时就感染了梅毒，成为先天性梅毒儿。

如果孕妇感染了淋病，新生儿在通过产道时，容易感染淋菌性眼结膜炎，治疗不及时会导致婴儿失明。

（四）危害社会

性传播疾病对社会的危害也极为重大。性传播疾病的流行与社会风气紧密相关，嫖娼、卖淫、不安全的性接触、吸毒等现象是性疾病传播的高危因素，也是造成社会不安全的潜在因素。性传播疾病的蔓延不仅损害患者的身心健康，还会影响其劳动能力，更会增加国家的经济负担，有碍社会的发展。

五、性传播疾病的预防

性传播疾病的感染主要是经由性接触，尤其是性器官接触而感染，因此，预防性感染的方法就是在性接触的时候采取安全措施。

1. 正确使用安全套　正确使用安全套被证明是最为有效的预防性传播疾病的措施。在任何情况下，都坚持正确使用安全套应当成为每个人性生活的最基本原则之一。除非双方经过血液检测确没有感染艾滋病病毒，否则在性交行为中，正确使用安全套可以有效降低性传播疾病的传播。

2. 养成良好的日常生活习惯　不要穿别人的游泳衣裤或内衣裤；不要和别人共用毛巾、浴巾、洗脚布，或共用脸盆、澡盆、脚盆；尽量避免使用公共厕所的坐式马桶，因为马桶坐圈上可能沾有性传播疾病患者的分泌物；牙刷、刮脸刀、剃须刀都应每人自备，不可互相借用；拔牙、打针、针灸治疗都要到正规医院或诊所去进行；不要因好奇而尝试吸毒，静脉注射毒品有可能传染多种性传播疾病。

3. 定期检查　如果性伴数量多、性行为活跃或防护措施不当，不管是否在尿道口、阴道或肛门等出现异常的分泌物、溃疡、水疱或赘生物等情况，都需要定期检查，不要等到有异常情况发生了才去检查。每1～3个月接受一次检查。就医时，不要隐瞒病史和病情，以免误诊或漏诊。

参 考 文 献

黄明豪，李小宁．2010．性病艾滋病社区健康教育手册［M］．北京：化学工业出版社．
王滨有．2011．性健康教育学［M］．北京：人民卫生出版社．
杨跃进，梁晓夏．2010．校园艾滋病及重大疾病防治教程［M］．郑州：河南大学出版社．
《中国性科学百科全书》编辑委员会，中国大百科全书出版社编辑部．2006．中国性科学百科全书［M］．北京：中国大百科全书出版社．

艾滋病及其预防　第13章

艾滋病是一种目前尚无预防疫苗，又无有效治愈方法，而且病死率极高的传染病。从全世界范围看，艾滋病已经成为人类共同面临的公共卫生和社会发展问题。在我国，艾滋病的流行呈上升趋势。我国政府高度重视艾滋病的防治工作，特别是关注学校艾滋病预防与健康教育。

一、认识艾滋病

自 1981 年发现艾滋病以来，艾滋病以惊人的速度在全球蔓延，严重威胁着人类的健康，夺去了很多人的生命。所以，了解更多的艾滋病知识，不仅能够提高对艾滋病的认识，更能消除对艾滋病的恐惧，做好预防艾滋病的各项工作。

(一) 艾滋病和艾滋病病毒

1. 艾滋病（acquired immune deficiency syndrome，AIDS） 艾滋病的全称是获得性免疫缺陷综合征。它是由艾滋病病毒侵入人体，使人体免疫系统崩溃，最终导致感染者死亡的一种传染病。

从获得性免疫缺陷综合征这一病名中可以了解到艾滋病的 3 个特点：第一，获得性。表示它是人出生后获得而不是先天具有的，不具有遗传性。第二，免疫缺陷。表示感染艾滋病病毒后造成人体免疫功能减退，以至于逐渐丧失，其后果可想而知。第三，综合征。表示感染艾滋病病毒后，临床症状体征很多，会出现全身多个系统的多种症状。

2. 艾滋病病毒 艾滋病病毒即人类免疫缺陷病毒（human immunodeficiency virus，HIV），它使人的免疫系统遭到破坏，使人的机体丧失对各种疾病的抵抗力而最终会发病，以致死亡。艾滋病病毒一旦进入人体，就与细胞的基因整合为一体，人体没有能力使其分开，更没有力量杀灭它。艾滋病病毒就成为一种"病入基因"的病毒。

艾滋病病毒存在艾滋病病毒感染者和艾滋病病人的血液、精液、阴道分泌物、乳汁和伤口等处，具有很强的传染性。目前，还没有研制出能完全清除人体内艾滋病病毒的药物。但已有药物和疗法可以有效抑制艾滋病病毒在人体内的繁殖速度，从而在延长艾滋病病毒感染者发展到艾滋病病人的时间、改善艾滋病病人的症状和延长他们的寿命等方面发挥了重要作用。

艾滋病病毒离开人体后会变得很脆弱。高温、干燥或者通常用的化学消毒剂（如漂白粉、84 消毒液、碘酒、酒精或医院经常使用的一些消毒药品）均可以杀灭体外的艾滋病病毒。

(二) 艾滋病的起源

关于艾滋病的起源，至今还没有明确的说法。根据资料表明，早在 1952 年美国可能就有了艾滋病病例。据文献记载，第一个艾滋病病毒感染病例是 1959 年居住在比利时的非洲刚果男性病人。归纳起来，目前对艾滋病起源的观点主要有：自然说和医源说。

1. 自然说　自然说认为，艾滋病病毒是由于自然演变而产生的，因偶然的机会感染了人类。其中比较流行的观点是艾滋病来源于非洲的黑猩猩。但没有人能真正解释，为什么人类同猴子过去数十年来一直密切地生活在一起，却直到 20 世纪末才出现这种致命的传染病。

2. 医源说　医源说认为，人类在生产小儿麻痹疫苗时，使用了被艾滋病病毒或类似艾滋病病毒污染的黑猩猩的器官组织，人在接种疫苗时被感染。

(三) 艾滋病的发现过程

艾滋病从发现、命名迄今为止已有 20 余年的历史。

1981 年 6 月 5 日，美国疾病控制中心 (Centers for Disease Contorl，CDC) 在《发病率和死亡率周报》上发表了洛杉矶加州大学 Gottlieb 的报告，该报告指出，5 名青年男性同性恋者患有卡氏肺囊虫性肺炎和念珠菌病，并伴有细胞免疫功能低下的症状，最后死于该症状。同年 7 月，该周报又报道了 26 例卡波西肉瘤病人。截至同年 8 月，美国疾病控制中心共收到 111 例同性恋卡氏肺囊虫性肺炎或卡波西肉瘤的病例报告。

1981 年 12 月，美国《新英格兰医学杂志》纽约医学中心共报道了 19 例细胞免疫缺陷病例，病人多为吸毒者或同性恋者。临床症状为卡氏肺囊虫性肺炎、广泛性念珠菌病及多种病毒感染、卡波西氏肉瘤，免疫学检查均有细胞免疫缺陷。这批病例可以被认为是艾滋病的最早期的大宗报道。

1982 年 1 月，美国迈阿密报告了一例卡氏肺囊虫性肺炎病人，但此人既不是同性恋者，也不是毒品吸食者，而是使用过第八因子制药剂的血友病病人，此后又发现了 2 例类似病例。

1982 年 2 月，命名该疾病为男同性恋相关免疫缺陷综合征 (GRID)。

1982 年 9 月 24 日，美国疾病控制中心在《发病率和死亡率周报》中正式提出了"获得性免疫缺陷综合征"这个名词，简称艾滋病。

该疾病中文名最早译为"爱滋病"，为避免歧义，中国艾滋病流行病学先驱郑锡文教授上书原卫生部，定中文名为"艾滋病"。

(四) 艾滋病的世界流行趋势

自 1981 年发现艾滋病以来，艾滋病以惊人的速度在全球蔓延，严重威胁着人类的健康并影响社会的发展；更为严重的是，全球艾滋病流行的势头还在迅猛上升，尤其是撒哈拉以南的非洲、南美洲和亚洲。在将近 30 年的时间里，全球累计已有超过 6000 万人感染了艾滋病病毒，将近 3000 万人死于艾滋病相关因素。

30 年间，艾滋病在全世界的传播过程中表现出如下 3 个特点。

1. 蔓延的速度快、范围广　据联合国艾滋病规划署 (UNAIDS) 2010 年 11 月 23 日发布的报告显示，截至 2009 年年底，估计全球有 3330 万人 (3140 万～3530 万) 为艾滋病病毒感染者，15 岁以下的艾滋病病毒阳性儿童达 250 万人 (160 万～340 万)，因艾滋病而失去父母的 10～17 岁儿童增至 1660 万人（1440 万～1880 万）。2009 年当年全球估计新增艾滋病病毒感染病例为 260 万人（230 万～280 万，相当于平均每天有 7000 人受到感染），同年艾滋病相关死亡例数为 180 万人（160 万～210 万）。

2. 艾滋病已经蔓延到农村人口　在农村地区，由于贫穷、文盲率高、妇女地位低下、人员在城乡间流动频繁、缺乏艾滋病防治基本知识，以及无法得到与防治有关的医疗服务等原因，使得艾滋病在农村人口中迅速蔓延。

3. 发展中国家艾滋病流行率高　全球约 95% 的艾滋病病人来自发展中国家，其中非洲地区格外突出，撒哈拉以南地区成为全球的艾滋病重灾区。

（五）艾滋病在我国的流行趋势

从我国 1985 年 6 月首次报告第一例艾滋病病毒感染者以来，以后每年都有报告发生，并且报告的省市以及人数均呈上升趋势。不仅如此，我国艾滋病流行还具有自己的特点。

1. 艾滋病的传入　在 1982 年，美国 Armour 公司和 Alpha 公司赠送给我国某医院一些不同批号的血液制品——第 8 因子。在 1983—1985 年期间，这些血液制品被输入给一批血友病病人。1985 年，在 19 位输入 Armour 公司第 8 因子的血友病病人中发现 4 例感染了艾滋病病毒，其中 1 例是在 1983 年感染的，3 例是在 1984 年感染的。他们感染的共同点就是注射了同一批号的第 8 因子，可以推断这批第 8 因子携带艾滋病病毒。因此，艾滋病病毒在 1982 年传入中国，1983 年首次感染了中国公民。

1985 年，一位美籍旅游者在我国发病住在协和医院，不久后死亡。其家属告知，他在美国已确诊为艾滋病病人。这是我国境内发现的第一例艾滋病病人。

1987 年，我国从一例在云南死亡的美国艾滋病病人的血液中分离出艾滋病病毒，这是我国分离的第一株艾滋病病毒。随后在云南发现一些感染艾滋病病毒的静脉吸毒者，东南沿海发现一些通过性传播的感染者，之后，在供血者中发现了艾滋病病毒感染者。

2. 艾滋病在我国的发展　自 1985 年我国发现首例艾滋病病人至今，艾滋病在我国的流行经历了以下 4 个时期。

1）传入期（1985—1988 年）。这一时期艾滋病病毒感染报告主要是来华外国人和海外华人，散落分布在沿海一带城市。虽然 1987 年国家成立了预防和控制艾滋病委员会，但是我国政府和舆论普遍宣传认为艾滋病与暗娼、同性恋、吸毒等西方资本主义的生活方式有关，对外开放是艾滋病传入我国的重要途径，因此，采取了"拒艾滋病于国门之外"的政策。这一态度在一定程度上造成了人们对艾滋病的无知和恐惧，给以后的艾滋病防治工作带来了困难。

2）扩散期（1989—1994 年）。1989 年 10 月，在云南西南地区吸毒人群中发现了 146 例艾滋病病毒感染者。从此，艾滋病在我国的流行态势开始发生了转变，由沿海和开放城市向内地一些特殊人群中扩散。一些城市还发现了经性传播途径感染艾滋病病毒的感染者。

3）增长期（1995—2000 年）。20 世纪 90 年代中期，艾滋病从具有高危行为的人群向一般人群扩散，并进入了高速增长和蔓延期。全国有 31 个省报告发现艾滋病病毒感染者和艾滋病病人，其中 21 个省报告了有因静脉吸毒而感染艾滋病病毒者。一些地方开始发现母婴传播病例，而中西部一些省份更出现了大量因非法卖血和单采浆活动而导致的艾滋病病毒感染案例。这个时期呈现出艾滋病病毒波及范围广、全国低流行与局部地区和特定人群中的高流行并存的特点，艾滋病疫情上升趋势明显。

4）局部地区集中发病期（2001年至今）。自2001年以来，中国进入艾滋病发病和死亡高峰期。全年报告艾滋病病例数2001年比2000年增长206.4%，2002年比2001年增长44.0%。艾滋病病人数量明显增加。其中，报告病例总数排前的6个省份（自治区）是云南、河南、广西、新疆、广东和四川。艾滋病问题在我国日益呈现复杂化和多样化趋势。

在此期间，我国政府对艾滋病的态度由被动转为主动，颁布了一系列措施和开展了一系列宣传活动，由局部预防转为全面干预，国家关于防治艾滋病的政策法律也逐渐走向成熟。

中国政府高度关注艾滋病预防教育工作。2012年，由国务院颁布的《中国遏制与防治艾滋病"十二五"行动计划》，要求教育、公安、卫生、共青团等部门和单位要在青少年中开展艾滋病综合防治知识宣传教育活动；教育、卫生、人力资源社会保障部门要建立预防艾滋病宣传教育工作机制，在医学院校、师范院校相关课程中纳入艾滋病综合防治知识教育内容，在初中及以上学校开展艾滋病综合防治知识专题教育，加强师资队伍建设，保证课时落实和教学效果。

3. 艾滋病在我国的流行特点　截至2011年年底，估计中国存活艾滋病病毒感染者和艾滋病病人78万人（62万～94万），女性占28.6%；艾滋病病人15.4万人（14.6万～16.2万）；全人群感染率为0.058%。估计2011年当年新发艾滋病病毒感染者4.8万人（4.1万～5.4万），2011年艾滋病相关死亡2.8万人（2.5万～3.1万）。在78万艾滋病病毒感染者中，经异性传播占46.5%，经同性传播占17.4%；经注射吸毒传播占28.4%，其中，云南、新疆、广西、广东、四川和贵州6个省（自治区）经注射吸毒传播的感染者估计数之和，占全国该人群估计数的87.2%；经既往有偿采供血、输血或使用血制品传播占6.6%，其中，河南、安徽、湖北和山西4省的估计数之和，占全国该人群感染者估计数的92.7%；经母婴传播占1.1%。

2011年疫情估计结果表明，我国艾滋病疫情呈现以下5个特点。

第一，全国艾滋病疫情依然呈低流行态势，但部分地区疫情严重；

第二，艾滋病病毒感染者和艾滋病病人数量继续增加，但新发感染人数保持在较低水平；

第三，既往艾滋病病毒感染者陆续进入发病期，艾滋病发病和死亡增加；

第四，传播途径以性传播为主，所占比例继续增高；

第五，感染人群多样化，流行形势复杂化。

2011年疫情估计结果显示，全国现有78万艾滋病病毒感染者，而截至2011年9月底累计报告感染者约34.3万人，说明仍有大量的艾滋病病毒感染者和艾滋病病人尚未被发现，艾滋病病毒进一步传播的危险很大。

艾滋病监测资料显示，艾滋病流行的危险因素仍然广泛存在：有25%的注射吸毒者仍在共用注射器；有32%的暗娼不能坚持每次使用安全套；有87%的男男性行为者最近六个月与多个同性性伴发生性行为，只有44%的男男性行为者在肛交时坚持使用安全套。虽然注射吸毒的情况有所遏制，但使用新型毒品的现象愈显流行，多性伴（异性性伴和同性性伴）现象仍在蔓延。

同时，艾滋病感染人群多样化。病例报告数据显示，2000—2011年1～9月，50岁及以上年龄组人群报告数增加明显，其中50～64岁年龄组人群报告数占总报告数的构成比在11年间增加7.5倍，从1.6%上升到13.6%；65岁及以上年龄组人群报告数占总报告数的构成比在 11 年间增加约 20 倍，从 0.34％上升到 7.0％。此外，2006—2011 年 1～9 月，报告职业为学生的艾滋病病毒感染者和艾滋病病人数也呈逐年上升趋势，占当年病例报告总数的比例从 2006 年的 0.96％上升至 2011 年 1～9 月的 1.64％。在当年报告职业为学生的艾滋病病毒感染者和艾滋病病人中，20～24 岁年龄组所占比例从 2006 年的 20.3％上升至 2011 年 1～9 月的 49.0％。同时，在感染艾滋病病毒的学生中，经同性传播所占比例从 2006 年的 8％上升为 2011 年 1～9 月的 55.5％，经异性传播比例从 4％上升到 19.3％。

二、艾滋病的传播与预防

艾滋病是一种与人们的行为方式密切相关的传染病，尽管不可治愈，但完全可以预防，只要了解艾滋病的传播途径，采取相应的预防措施，就能够控制艾滋病的流行与蔓延。

（一）艾滋病的传播途径

艾滋病的传播途径有以下几种。

1. 性传播　这是目前全球最主要的艾滋病传播途径。艾滋病病毒感染者的精液或者阴道分泌物中含有大量的艾滋病病毒，无论同性、异性，只要是性接触都会导致艾滋病病毒的传播。在性活动时，由于性交部位的摩擦，很容易造成生殖器官黏膜的细微破损。这时，病毒就会乘虚而入，进入感染者的血液中。

2. 血液传播　血液传播主要存在以下几种行为。

第一，输入含有艾滋病病毒的血液或血液制品。

第二，静脉吸毒者共用受艾滋病病毒污染的、未经消毒的针头及注射器。

第三，医用注射器和针头消毒不彻底或不消毒。特别是儿童预防注射未做到一人一针一管，危险更大。

3. 母婴传播　母婴传播又称为垂直传播或围生期传播。母婴传播是婴儿和儿童感染艾滋病的主要途径，新生儿艾滋病病毒感染约有 90％是通过母婴传播而获得的。如果母亲是艾滋病病毒感染者，婴儿会通过胎盘、分娩和母乳喂养三条途径感染艾滋病病毒，其中分娩时感染约占 70％。在未经任何综合干预的情况下，艾滋病母婴传播率为 33.3％左右。

除了以上 3 种主要传染途径外，还有极少数人是通过其他途径被传染的。例如，在使用被艾滋病病毒污染的器官做移植手术的同时，也将艾滋病病毒植入了体内。在人工授精过程中，接受了感染艾滋病病毒的精液也同样会造成感染艾滋病病毒的机会。

（二）艾滋病的传播条件

艾滋病是一种病死率极高的传染性疾病，但是艾滋病病毒的传播必须具备一定的条件，如果不能同时满足以下 4 个条件，艾滋病病毒的传播也不会发生。

1. 艾滋病病毒从体内排出　病毒从艾滋病病毒感染者或者艾滋病病人体内排出是艾滋病传播的前提。艾滋病病毒需要通过血液、精液、阴道分泌物、乳汁等载体排出体外。

2. 存活　艾滋病病毒在人体外存活能力较弱，其对一般性的消毒液、高温和干燥等十分敏感。在干燥的环境中，艾滋病病毒 10 分钟死亡，在 60℃的环境中 30 分钟可以灭活。艾滋病病毒离开人体数分钟后就大大降低了感染力，在体外的时间越长感染力就越弱。

3. 足量　必须有足够数量的艾滋病病毒才能造成感染。唾液中艾滋病病毒数量较少，所以，接吻和共同就餐不会感染艾滋病病毒。

4. 进入　存活的艾滋病病毒进入另外一个人的体内才有可能感染。这要通过一定的途径，如通过血液传播、性传播、母婴传播等。

（三）艾滋病的防治

根据艾滋病的传播途径，我们主要从性传播、血液传播、母婴传播等方面进行预防。

1. 性传播的预防　性活动是人类生活的重要组成内容，但是，性活动在给人类带来快乐、帮助人类繁衍的同时，也给人类带来了很多烦恼，其中包括艾滋病等性传播疾病的流行。

目前，在世界范围内被证明最为有效的预防艾滋病性传播的措施就是正确使用安全套。在任何情况下都正确使用安全套，应该成为每个人性生活中必须坚守的原则之一。

特别需要指出的是，女性同样有权利要求并坚持使用安全套。学会如何与性伴侣协商使用安全套的技能和技巧，这对保护女性安全尤为重要。同时，要特别注意安全套的正确使用方法，并使用质量合格的安全套，以确保安全套预防艾滋病以及其他性传播疾病的功效。

2. 血液传播的预防　在预防血液传播的过程中，做到使用一次性注射器，拔牙等医疗时，到有严格消毒条件的正规医院。尽量避免不必要的输液或输血。在必须输血时，要确保使用经艾滋病病毒抗体检测过的血液和血液制品。参加正规组织的无偿献血活动，不买卖血液。尽量不文身、不打耳洞等，如果一定要做，要到正规医院使用经过严格消毒的工具。

3. 母婴传播的预防　进行综合干预后，母婴传播率可降到 8%～10%。预防艾滋病母婴传播的主要干预措施包括抗病毒药物的应用、选择剖宫产和人工喂养。婚前体检，婚后夫妻双方保持忠诚，孕产期检测并及时服用抗病毒药物可大大降低艾滋病母婴传播的危险。

4. 艾滋病的治疗　新的艾滋病药物和鸡尾酒疗法已经使得艾滋病逐渐成为一种慢性病。新近发表的研究数据表明，只要能够得到恰当的治疗和良好的长期管理服务，艾滋病病毒感染后的寿命预期几乎已经达到和未感染者相当的水平。近年来随着新药的出现，药物的副作用已经大大降低。同时，中国政府的"四免一关怀"政策措施也大大降低了治疗费用。

"功能性治愈"的概念（不使用抗病毒治疗也能获得长期健康）已经在一些艾滋病病人中得到实现。用于高危群体的"预防性治疗"方法，也在一些国家中开始使用。

（四）日常生活接触不传播艾滋病病毒

艾滋病病毒只能通过体液向体外排出，它不会通过呼吸道随飞沫呼出，也不会通过消化道从粪便中排出。只有通向体液的入口才是艾滋病病毒进入人体的大门，艾滋病病毒无法侵入正常的皮肤和黏膜，只有当皮肤和黏膜有破损时，艾滋病病毒才可以进入身体。所以，与艾滋病病毒感染者或艾滋病病人的日常生活和工作接触不会被感染。

1. 蚊子叮咬不传播艾滋病病毒　艾滋病病毒一旦进入蚊子体内，就无法存活，所以，蚊子在叮咬下一个人的时候也不可能把艾滋病病毒传给他。

2. 吃饭、握手、拥抱不传播艾滋病病毒　与艾滋病病毒感染者或艾滋病病人一起吃饭不会感染艾滋病病毒。原因是胃肠道里的酸性消化液会很快将艾滋病病毒杀灭，艾滋病病毒不会通过消化道进入人的血液中。

与艾滋病病毒感染者或艾滋病病人握手、拥抱，不会涉及体液接触，是安全的，不会传播艾滋病病毒。

3. 游泳、共厕不传播艾滋病病毒　与艾滋病病毒感染者或艾滋病病人在同一个游泳池游泳，不会感染艾滋病病毒。原因是艾滋病病毒要进入人体内才会引起感染，而在游泳池游泳，病毒不会穿过皮肤进入人体内。而且，游泳池的水含有消毒剂，会很快杀死艾滋病病毒。即使游泳池水中含有艾滋病病毒，浓度也很低，并很快失去活性，不会引起感染。

对于蹲式厕所和小便池，因为没有皮肤直接接触，所以，一般情况下是不会传播艾滋病病毒的。但是坐式马桶存在一定的危险，因为皮肤与马桶坐圈有直接接触。一旦坐圈上有艾滋病病毒感染者或艾滋病病人遗留下的精液、月经血或者阴道分泌物，而当其他人接触马桶坐圈的皮肤破损时，艾滋病病毒就有可能通过破损的皮肤进入体内，但发生这种情况的可能性极低。

4. 共同学习、工作不传播艾滋病病毒　与艾滋病病毒感染者或艾滋病病人一起工作或学习，不会感染艾滋病病毒，原因是艾滋病病毒不会通过空气传播。一般的学习和工作环境不具备艾滋病病毒传播的条件。

三、我国预防艾滋病的政策和挑战

到目前为止，我国在艾滋病防治工作上一直给予很大的重视，颁布了一系列的政策和条例。但是也遇到了一些困难和挑战。

(一) 我国防治艾滋病的政策

我国政府十分重视艾滋病防治工作，在认真借鉴国外艾滋病防治经验，结合本国国情和实践的基础上，提出了"预防为主，防治结合，综合治理"的基本策略。为适应艾滋病流行形势的变化和防治工作的需要，建立、健全了组织机构，针对不同时期及时制定、调整和完善相关政策法规和策略，初步建立了一套适合中国国情的艾滋病防治机制，在宣传教育、监测检测、实施干预、救治关怀等方面开展了积极的工作，并取得了初步成效。

1. 国家防治艾滋病的策略

1) 艾滋病防治的有关法律、法规。1987 年 12 月 26 日，经国务院批准，1988 年 1 月 14 日由原卫生部、公安部、原国家教育委员会、国家旅游局、原中国民用航空局、国家外国专家局共同发布了《艾滋病监测管理的若干规定》。这是我国第一个关于艾滋病防控的政策性文件，对艾滋病预防控制工作起到了重要的推动作用。

2004 年 8 月 28 日，第十届全国人民代表大会常务委员会第十一次会议修改了《中华人民共和国传染病防治法》，自 2004 年 12 月 1 日起施行。该法第三条规定艾滋病为乙类传染病；第二十四条规定各级人民政府应当加强艾滋病的防治工作，采取预防、控制措施，防止艾滋病的传播。

2006 年 1 月 29 日，国务院总理温家宝签署第 457 号国务院制令，公布了《艾滋病防治条例》，自 2006 年 3 月 1 日起施行。《艾滋病防治条例》共有七章六十四条，分为总则、宣传教育、预防与控制、治疗与救治、保障措施、法律责任、附则等七部分。

2) 艾滋病防治工作的纲领性文件。1998 年 11 月，国务院印发了《中国预防与控制艾滋病中长期规划（1998—2010 年）》，提出要建立政府领导、多部门合作和全社会参与的艾滋病、性传播疾病预防和控制体系，在全社会普及艾滋病、性传播疾病防治知识，控制艾滋病的流行和传播。到 2010 年，实现性传播疾病的年发病率稳中有降，把我国艾滋病病毒感染人数控制在 150 万以内。

2001年，国务院办公厅为贯彻落实《中国预防与控制艾滋病中长期规划（1998—2010年）》，印发了《中国遏制与预防艾滋病行动计划（2001—2005年）》。

2004年3月，国务院下发的《国务院关于切实加强艾滋病防治工作的通知》（国发〔2004〕7号）指出：要加强组织领导，明确职责任务；要坚持预防为主，实施综合治理；要加强疫情监测，规范疫情报告；要落实救治政策，做好药品供给；要加大投入力度，保障防治经费；要开展关怀救助，加强病人管理；要开展国际合作，提高防治水平。

2006年，国务院办公厅下发了《中国遏制与预防艾滋病行动计划（2006—2010年）》，进一步明确了到2010年实现防治工作的目标，提出了具体的防治策略和干预措施等。

2011年，国务院办公厅下发了《中国遏制与预防艾滋病行动计划（2011—2015年）》，明确了今后五年艾滋病防治工作的总体思路、工作原则、工作指标和防治策略。

2. "四免一关怀"政策　2003年，世界艾滋病日期间，温家宝总理在北京地坛医院看望了艾滋病病人和医务工作者，并宣布了国家关于艾滋病防治工作的"四免一关怀"政策。2006年3月1日实施的《艾滋病防治条例》又将"四免一关怀"政策制度化，具体内容如下。

1）对农村居民和城镇未参加基本医疗保险等医疗保障制度的经济困难人员中的艾滋病病人免费提供抗病毒药物。

2）在全国范围内为自愿接受艾滋病咨询检测的人员免费提供咨询和初筛检测。

3）为感染艾滋病病毒的孕妇提供免费母婴阻断药物及婴儿检测试剂。

4）对艾滋病致孤儿童免收上学费用。

5）将生活困难的艾滋病病人纳入政府救助范围，按照国家有关规定给予必要的生活救济。积极扶持有生产能力的艾滋病病人开展生产活动，增加收入。加强艾滋病防治知识的宣传，避免对艾滋病病毒感染者和艾滋病病人的歧视。

（二）我国当前防治艾滋病遇到的挑战

艾滋病防治有其特殊性和紧迫性。目前最行之有效的策略之一就是进行教育宣传。但是，由于部门的合作机制、艾滋病蔓延的危险因素以及人口流动的复杂性等多种因素并存，使我国的艾滋病预防遇到了困难与挑战。

1. 各部门缺乏有效合作的机制　目前，社会各部门虽然都对艾滋病的防治工作订了种种措施，例如，教育部门加强各方面的艾滋病宣传教育、社会传媒的宣传报道等。但是各级教育、卫生、民政等部门缺乏合作，难以协调，没有形成合力。

另外，在学校教育系统内，缺乏有效的艾滋病教育运行机制。一方面是课时、教师资源等在内的支持环境的不健全；另一方面是教材、课件、音像材料以及教学方法和模式等资源的不充足。由于缺乏上述支持，使学校预防艾滋病教育存在一定困难。

2. 导致艾滋病流行的危险因素广泛存在　引发艾滋病流行的危险因素尚未得到有效遏制。主要的危险因素有静脉吸毒共用注射器、不安全性交行为、母婴传播、医源性传播。并存的易患因素有贫困、缺乏知识导致错误观念、人口流动、社会歧视等。在现实中，危险因素和易患因素是紧密联系在一起的，几乎每一个人的易感性都是与其危险行为分不开的。只有把降低危险性的努力和降低易患性的行动结合在一起，控制艾滋病流行的效果才能更广泛持久。

3. 高危行为人群没有主动咨询检测意识　据了解，2009年我国新发现的艾滋病病毒感染者和艾滋病病人中，约4%是医疗机构在接诊时发现的。其中一个重要原因是，多数病人自认为不是高危行为人群，想不到自己会感染艾滋病病毒。高危行为人群没有主动咨询检测意识，是疫情防控的难点之一。

4. 同性传播 最新评估报告表明，在2011年当年新发的艾滋病病毒感染者中，其中异性传播占52.2%，同性传播占29.4%。

原卫生部疾病预防控制局副局长郝阳说，在目前存活的艾滋病病毒感染者和艾滋病病人中，经性传播途径感染已接近六成。其中，男男性行为传播上升尤其明显，其新发感染在所有新发感染中的构成比例，从2007年的12.2%猛增至32.5%，成为2009年新发感染的重要途径。

为什么男男性行为在艾滋病预防中不容易控制呢？主要原因之一是受社会观念和文化的影响，公众对同性性关系的认识和接受程度低，容易受到歧视，因而许多同性恋者转入"秘密活动"，或被迫与异性结婚，过着双重生活，这给异性婚姻对象带来了很大风险，也给艾滋病的防控带来困难。

（三）艾滋病病毒感染者和艾滋病病人面临的挑战

艾滋病病毒感染者和艾滋病病人一旦被人们熟知，往往会面临社会上很大的压力和挑战，其中包括：情感的缺失、心理的折磨、生理的疼痛、就业的歧视、家庭经济的重负等。

1. 心理和情感挑战 艾滋病是一种不可治愈的病，很多人听到这个名字都会感到恐惧，原因在于它的不可治愈性和高死亡率。当一个人被确诊为感染了艾滋病病毒后，其心理和情感都会遭受重大的创伤。

首先是心理上的变化。当得知诊断结果时，艾滋病病毒感染者会表现出震惊和愤怒，继而出现烦躁和不安；此后，开始担心疾病会如何恶化，害怕被亲戚朋友所孤立，还担心是否会传染他人；导致精神负担过重，甚至产生抑郁倾向。所以，为艾滋病病毒感染者和艾滋病病人提供心理咨询和治疗是非常必要的。

其次是情感上的变化。一旦被确诊感染了艾滋病病毒，艾滋病病毒感染者普遍都会遭受亲情、爱情和友情的挑战。担心丈夫或者妻子会不会跟自己离婚、担心心爱的男（女）朋友会不会离自己而去等。对于艾滋病病毒感染者和艾滋病病人来说，需要来自亲人、家庭和社会的巨大情感支持。

2. 生理挑战 从生理上来讲，艾滋病病毒感染者一旦发展成为艾滋病病人，健康状况就会迅速恶化。艾滋病病人在身体上要承受巨大的痛苦，最后被夺去生命。处在艾滋病的不同阶段，身体上所表现的症状也不同。艾滋病病人除了承受艾滋病本身的生理疼痛以外，还要承受因服用药物所带来的副作用的影响。

3. 社会挑战 在艾滋病还没有被人们很好地认识的环境下，一个艾滋病病毒感染者或艾滋病病人一旦向社会上公开自己的病情，经常会受到来自各方面的压力和挑战。如面临家庭婚姻生活、子女健康与教育以及自己在求职和工作中权利的丧失等，面临各种各样的歧视，自身的合法权利得不到维护。

1）家庭婚姻生活：艾滋病病毒感染者和艾滋病病人常会遇到恋爱、结婚、家庭生活等多方面的艰难处境。有些人面对社会压力而无法结婚；还有些人为了丈夫或妻子的健康而选择了离婚。正常家庭生活的缺失、婚姻的破裂对这个群体的伤害是显而易见的。

2）子女的健康与教育：很多艾滋病病毒感染者和艾滋病病人因为看病丧失了劳动力，使得家庭经济条件下降，家庭生活状况会很快恶化，因而影响到对儿女的正常养育；同时，由于学校老师或同学常常表现出不正确的态度也容易影响子女受教育，在社会的压力下，很多学校的教师和学生拒绝接受艾滋病病毒感染者和艾滋病病人的子女入学，这直接影响到子女受教育权，给子女的心理和人生发展造成消极影响。

3）求职和工作：艾滋病病毒感染者和艾滋病病人在求职和工作中也会遇到不公正的待遇。有些用人单位发现劳动者感染艾滋病病毒后，要么降低劳动者的工资，要么编造借口解除劳动合同。虽然原人事部、原卫生部颁布的《公务员录用体检通用标准（试行）》将艾滋病病毒感染者纳入公务员允许录用范围，规定艾滋病病毒感染者可以和健康人一样，通过公平竞争成为国家公务员。但在现实生活中，艾滋病病毒感染者求职被拒的事例还是经常发生。

4. 经济挑战　由于艾滋病病毒潜伏期长达数年甚至几十年，给个人、家庭和社会经济都造成了很大的影响。对个人和家庭来讲，首先由于患病造成收入减少和家庭开支增大。艾滋病病毒感染者在发病前和发病后，有可能部分或全部丧失劳动力，再加上周围人对艾滋病的恐惧和歧视，相当多的感染者都丧失了工作，使家庭少了经济来源，从而导致家庭经济能力的丧失。

四、尊重权利，反对歧视

（一）尊重艾滋病病毒感染者和艾滋病病人的权利

在我国，艾滋病病毒感染者和艾滋病病人与其他人一样，享有国家法律规定的各种权利。但社会上还是存在对艾滋病病毒感染者和艾滋病病人歧视的现象，侵犯他们权利的事件时有发生，这些都是影响社会和谐发展的不稳定因素。我们有必要了解，现实社会中艾滋病病毒感染者和艾滋病病人的权利状况如何，我国相关法律、法规中对艾滋病病毒感染者和艾滋病病人的权利做了哪些规定，其内容是什么。

1. 为什么要维护艾滋病病毒感染者和艾滋病病人的权利　艾滋病自发现以来，对社会经济和发展造成了严重影响。与此同时，艾滋病病毒感染者和艾滋病病人的权利也遭到忽视。维护艾滋病病毒感染者和艾滋病病人的权利有助于推动社会的和平与发展。

1）尊重个人权利。艾滋病从一出现就与个人权利紧密相关。这些权利包括：健康权；自由选择和人身自由权；工作权；婚姻权；生育权；私生活不受干涉和隐私保护权；以及平等和反歧视等。在我国的相关法律、法规中，也已经对艾滋病病毒感染者和艾滋病病人的权利做了明确的规定。此外，法院已开始审理一些因在治疗中输血或者使用血液制品而感染艾滋病病毒的赔偿案件，使一些因医源性感染而成为艾滋病病毒感染者得到了救助。只有尊重艾滋病病毒感染者和艾滋病病人的各项权利，才能更好地防治艾滋病的流行和传播。

2）体现社会公平。保护艾滋病病毒感染者和艾滋病病人的合法权利体现了社会的公平。现实生活中，许多人将艾滋病病毒感染者和艾滋病病人等同于吸毒人员或者性乱等人群，不仅从道德上鄙视他们，而且还自觉不自觉地伤害或剥夺他们及其家属的合法权利，表现出对他人生命缺乏起码的尊重。所以，一方面要进行普及预防艾滋病常识和尊重、保护艾滋病病毒感染者和艾滋病病人合法权利的宣传教育；另一方面更有必要在全社会加大尊重生命的宣传教育，使广大公众知道生命的意义和生命的平等，在尊重自己生命的同时也尊重艾滋病病毒感染者和艾滋病病人的生命，给他们更多的关爱，保护他们的一切合法权利。唯有如此，人类才有可能共同战胜包括艾滋病在内的所有威胁人类健康的各种疾病。

　　3）利于社会稳定。艾滋病背后隐藏着一系列的社会问题。如卖血、吸毒、性工作者、社会财富分配不公、同性恋人群作为性少数人群的存在与社会价值取向等。这些问题对艾滋病病毒感染者和艾滋病病人所造成的影响远比医学角度下的艾滋病所造成的伤害要大得多。在艾滋病的预防过程中，有很多社会矛盾凸显出来。我们应从社会发展的视角，站在建设和谐社会、实践科学发展观的高度来认识艾滋病、防治艾滋病，增强每一个公民的社会责任感，为切实消除歧视而努力。因此，可以通过维护艾滋病病毒感染者和艾滋病病人的权利，进而缓解他们的心理压力，减少社会歧视和不稳定因素。

　　2. 法律、法规中艾滋病病毒感染者和艾滋病病人的权利体现　　艾滋病病毒感染者和艾滋病病人享有跟所有人一样的权利。目前我们主要关注其在隐私保护、教育、就业、结婚、就医等方面的权利。

　　1）艾滋病病毒感染者和艾滋病病人的隐私权利。在《艾滋病防治条例》第三十九条规定：“未经本人或者其监护人同意，任何单位或者个人不得公开艾滋病病毒感染者、艾滋病病人及其家属的姓名、住址、工作单位、肖像、病史资料以及其他可能推断出其具体身份的信息。”这是法律中对艾滋病病毒感染者和艾滋病病人的隐私权利的明确规定。

　　《艾滋病监测管理的若干规定》第二十一条规定，任何单位和个人不得歧视艾滋病病人、艾滋病病毒感染者及其家属。不得将病人和感染者的姓名、住址等有关个人情况公布或传播，防止社会歧视。

　　《关于对艾滋病病毒感染者和艾滋病病人的管理意见》规定要严格保密制度，保障个人合法权利，履行社会义务和责任，反对歧视。艾滋病病毒感染者和艾滋病病人及其家属不受歧视，他们享有公民依法享有的权利和社会福利。不能剥夺艾滋病病毒感染者和艾滋病病人工作、学习、享受医疗保健和参加社会活动的权利，也不能剥夺其子女入托、入学、就业等权利。

　　2）艾滋病病毒感染者和艾滋病病人受教育的权利。《中华人民共和国宪法》第四十六条规定：“中华人民共和国公民有受教育的权利和义务。”艾滋病病毒感染者和艾滋病病人与其他健康人一样，享有进入各级各类学校接受教育的权利。《艾滋病防治条例》第三条规定：“任何单位和个人不得歧视艾滋病病毒感染者、艾滋病病人及其家属。艾滋病病毒感染者、艾滋病病人及其家属享有的婚姻、就业、就医、入学等合法权利受法律保护。”另外，《艾滋病防治条例》第四十五条规定：“生活困难的艾滋病病人遗留的孤儿和感染艾滋病病毒的未成年人接受义务教育的，应当免收杂费、书本费；接受学前教育和高中阶段教育的，应当减免学费等相关费用。”

　　3）艾滋病病毒感染者和艾滋病病人的劳动、婚姻权利。我国宪法和其他法律、法规明确规定了公民有工作权。艾滋病病毒感染者和艾滋病病人作为公民，法律并没有剥夺他们的工作权利（法律另有规定的除外），只要他们身体条件允许并且自己愿意的话，任何单位、企业或用工部门，都不得歧视或剥夺他们劳动就业的权利。

　　《艾滋病防治条例》第四十七条规定：“县级以上地方人民政府有关部门应当创造条件，扶持有劳动能力的艾滋病病毒感染者和艾滋病病人，从事力所能及的生产和工作。”在《艾滋病防治条例》第三条中，规定了艾滋病病毒感染者和艾滋病病人的婚姻合法权利受到法律保护。

　　4）艾滋病病毒感染者和艾滋病病人接受治疗的权利。《艾滋病防治条例》第四十一条规定：“医疗机构应当为艾滋病病毒感染者和艾滋病病人提供艾滋病防治咨询、诊断和治疗服务。医疗机构不得因就诊的病人是艾滋病病毒感染者或者艾滋病病人，推诿或者拒绝对其其他疾病进行治疗。"

（二）消除对艾滋病病毒感染者和艾滋病病人的歧视

目前，艾滋病歧视问题是预防艾滋病的重要障碍。虽然近些年来国家对防治艾滋病宣传力度加大，公众对艾滋病的认识水平提高，但是对艾滋病病毒感染者和艾滋病病人的歧视仍然严重，并成为遏制艾滋病流行的重要障碍之一。所以，分析对艾滋病病毒感染者和艾滋病病人的歧视原因，消除歧视对预防艾滋病有着重要的意义。

1. 歧视的原因

1）由于无知导致的"恐艾症"。调查显示，我国城乡居民对艾滋病普遍存在恐惧心理，恐惧的主要原因是艾滋病的不可治愈性与高病死率。人们知道艾滋病无法治愈的事实，却不完全清楚其传播途径和预防传染的方法，从而也产生了对艾滋病病毒感染者和艾滋病病人深深的恐惧。恐惧导致对立，加之某些媒体对艾滋病流行的夸大渲染和不负责任的报道，导致艾滋病被妖魔化，加重了人们的恐惧和焦虑，导致了歧视的加剧。

2）将艾滋病与不道德的行为相联系。艾滋病最早在美国的同性恋群体中被发现。此后的20多年中，艾滋病主要通过静脉注射吸毒者、同性恋者和卖淫、嫖娼者等人群传播，也有部分通过输血卖血传播。在我们的社会和文化中，同性恋、卖淫、嫖娼和吸毒是与不道德或违法联系在一起的。有些人把艾滋病与卖淫、嫖娼、吸毒和同性恋等行为等同起来，认为只有那些道德败坏、行为不检点的人才会感染艾滋病病毒，这又造成了人们对艾滋病病毒感染者普遍的歧视心理，不仅艾滋病病毒感染者本人受到歧视，连其家人也受牵连，被人们疏远。甚至一些人认为，艾滋病病毒感染者和艾滋病病人应该受到惩罚，他们应该为自己不道德、不负责任的行为负责。有研究表明，与因输血而感染艾滋病病毒的人相比，人们会更加远离、更加看不起因为吸毒、性交等途径感染艾滋病病毒的人。

3）媒体不恰当的宣传。艾滋病流行早期，在媒体中经常见到对艾滋病的描述是"瘟疫"、"超级癌症"、"同性恋瘟疫"等，更有甚者将艾滋病用漫画的形式画出来，题为《艾滋来了》，把艾滋病比喻为"洪水猛兽"。另外，在媒体中常常出现的"无辜的艾滋病受害者"的宣传，隐含着这样的信息：有些人得艾滋病是由于他们的行为造成的，是咎由自取，罪有应得。媒体这种经常用夸张等描述来吸引观众的手法，逐渐地使人们对艾滋病形成了一些"固有的"但很不准确的理解，从而为艾滋病相关歧视的产生埋下了祸根。

截至目前，国内媒体对艾滋病病毒感染者报道主要存在以下几种问题：少、浅、歧视、过分包容、过分否定等。少、浅，主要是指报道的总量、对象、内容少，新闻工作者对艾滋病病人了解不够深入，很难从深层次抓住问题；歧视问题经常是和所谓艾滋病伦理道德问题挂钩，经常是过分渲染艾滋病的性传播方式，并将这种传播方式赋予伦理道德评判；另外，不少媒体经常习惯先给人或者事定性，由此，不少报道对象或其行为被夸大或被肯定或被否定。

4）不公正的政策和社会环境。对艾滋病病毒感染者和艾滋病病人的歧视主要还是不公正的社会环境造成的，这种不公正的环境首先体现在法律、法规中。新出台的《艾滋病防治条例》明确提出，不得歧视艾滋病病人，但现有法律中对艾滋病病人的歧视性规定还有不少，如《警察法》规定艾滋病病人不能被录用为警察，《公务员条例》规定艾滋病病人不能被录用为公务员。《艾滋病防治条例》明确规定艾滋病病人有婚姻权，而《母婴保健法》规定若被检查出相关传染病则在传染期内不得结婚。艾滋病就属于不得结婚的疾病，而且艾滋病病毒一旦感染上则始终处于传染期。

其次，某些医疗机构也存在对艾滋病病毒感染者和艾滋病病人的歧视。有研究发现，47.8%医务人员认为艾滋病病毒感染者和艾滋病病人不能在普通医院做手术是应该的，而经过教育后也只下降到 40.9%。另外一项研究调查发现，在知晓艾滋病病毒感染者身份后，1/4 的医务工作者持有负面或歧视态度。现实生活中也不乏艾滋病病毒感染者和艾滋病病人四处求医却四处碰壁的辛酸案例。

2. 消除歧视的对策　2011 年 12 月 1 日，温家宝总理在与艾滋病感染者座谈中提出，"凡是有对艾滋病歧视的、不合理的条款，都要抓紧研究修订"。联合国艾滋病规划署中国顾问、上海社科院社会学研究所研究员夏国美呼吁："必须让全社会的人都知晓，只有消除歧视，尊重艾滋病病毒感染者和艾滋病病人的个人权利，使他们能够有尊严地生活在公众之中，才能有效地达到遏制艾滋病在中国大规模蔓延的目的。"

1) 加强艾滋病知识的公众普及教育，创造非歧视的社会环境。在消除对艾滋病病毒感染者和艾滋病病人的歧视方面主要可以从以下几点做起。

第一，加强宣传，提高公众对艾滋病相关知识的了解和认知度，鼓励公众与艾滋病病毒感染者和艾滋病病人进行正常的接触。

第二，在全社会特别是在医务、科研、警察等相关工作人员中进行艾滋病知识的宣传培训。

第三，结合职业暴露问题，在医务人员中就普遍防护、阻断治疗、自愿咨询和自愿检测等相关知识进行培训，以降低工作中的紧张情绪，消除污名化*行为，提高医疗质量。

2) 引导媒体的正确宣传。在社会多部门共同应对艾滋病方面，媒体承担着重要角色。通过媒体增进公众的认识、开展预防和教育，是遏制艾滋病最有效的工具之一。媒体在各个领域都有着惊人的渗透力和影响力，在创建信息透明或"知情"型社会及增进公众认知方面起着关键性作用，这不仅关系到疾病本身，也关系到疾病对个人、家庭、社区和社会多方面的影响。

作为媒体能为预防艾滋病的流行做些什么呢？

(1) 促进公开的对话与交流。媒体的一个非常重要的责任是建立对话与交流平台，促进人们讨论有关艾滋病及歧视的话题。这一平台不仅仅要反映政府的声音，更应该反映社会基层尤其是弱势群体如艾滋病病毒感染者和艾滋病病人的呼声及现实存在的问题。交流必须是让人们了解这是什么样的一种疾病，病因是什么，如何预防与治疗等；政府与社会各界采取了哪些措施及实施效果如何等。媒体应尽可能邀请艾滋病病毒感染者和艾滋病病人及相关利益群体与社会组织的参与，谈论他们的感受和希望、面临的问题与解决办法，同时邀请相关的医学专家、法学专家、社会学专家、政府官员参与讨论，从社会多个视角审视艾滋病的问题。另外，需要以适当的方式促进社会公开讨论性与健康的话题，加深人们对艾滋病的正确理解与认识，消除歧视。

---

* 污名化就是目标对象由于其所拥有的受损的身份，而在社会其他人眼中逐渐丧失其社会信誉和社会价值，并因此遭受到排斥性社会回应的过程。

（2）创建一个平等、支持性的媒体环境。媒体对于创立一个鼓励人们谈论如何预防艾滋病以及改变自身行为的环境是非常有帮助的。这一环境的建立有助于公众对艾滋病认识的提高。

从记者角度来讲，不仅要具有社会责任感，还要有一定的职业道德与业务素养，以公正和开放的态度，潜心探究与艾滋病相关问题的政治、文化和卫生背景，敢于追求与报道事件的真相，尊重艾滋病病毒感染者和艾滋病病人及其相关弱势群体的知情权、隐私权。特别是在报道艾滋病病毒感染者、艾滋病病人或与艾滋病有关的高危行为或有关群体时，不以自己的价值观和道德取向来做评判并影响公众。

3）落实有效的干预措施。切实落实"四免一关怀"政策，提高艾滋病自愿咨询的可及性和保密性，使更多有高危行为的人前去咨询检测，从而为艾滋病病毒感染者和艾滋病病人提供心理支持、关怀等服务，是消除艾滋病相关社会歧视的重要手段；使符合条件的艾滋病病人能够得到及时的治疗，在艾滋病流行重点地区，政府提供免费血液检测，对艾滋病致孤儿童实行免费上学。这些政策的制定与实施，对减少歧视，为艾滋病病毒感染者和艾滋病病人创造一个友善、理解、健康的支持性社会环境起到关键作用。通过在社区开展反歧视的宣传活动和"一帮一"等活动，为艾滋病病毒感染者和艾滋病病人营造良好的生存环境，以关爱代替歧视。

4）构建公正的社会环境。从宏观角度来讲，艾滋病已经不仅仅是一个医学问题或公共卫生问题，而是一个重大社会问题和影响社会发展的紧迫问题。在呼吁消除社会歧视的同时，要构建公正的社会环境。首先，加大公众宣传力度，让更多的普通群众了解艾滋病，消除对艾滋病的恐惧；其次，消除对艾滋病病毒感染者和艾滋病病人在就业、工作、就医、教育、婚姻等方面的歧视和限制，从政策方面得以加强和保护。

构建公正的社会环境最基本的就是要保护艾滋病病毒感染者和艾滋病病人群体的合法权利，其中最重要的就是要保护他们的隐私权，防止污名化。因此，一方面需要医务人员、科研人员、警察等对艾滋病的认识进一步提高；另一方面就是中国艾滋病的立法之路任重而道远。要保护好艾滋病病毒感染者和艾滋病病人的利益和人格尊严，让艾滋病病毒感染者和艾滋病病人依法享有公民应有的工作、学习、医疗保健和参加社会活动的权利。

（三）平等对待与关爱支持艾滋病病毒感染者和艾滋病病人

由于人们缺乏对艾滋病的正确认识，艾滋病病毒感染者和艾滋病病人的身心都会遭到伤害。他们不但会受到肉体上的折磨，还会遭到家庭、亲友的谴责和社会的歧视，对精神造成很大的压力，产生各种各样的心理问题。我们应该认识到，对艾滋病病毒感染者和艾滋病病人的关怀不仅是一种关心，更是一种责任和义务。

1. 家庭成员的关爱　作为艾滋病病毒感染者和艾滋病病人，当得知自己感染艾滋病病毒或患有艾滋病时，一方面要承受身体的巨大痛苦；另一方面也因担心家庭成员是否会接受自己而产生巨大的心理压力。所以，作为家庭成员，需要做到以下几点。

首先，要正确认识艾滋病，应该了解到日常生活接触是不会传播艾滋病病毒的，但性生活等事项需要注意采取保护性措施，要在生活上照顾好病人。

其次，由于艾滋病病人患病后出现一系列的心理压力，作为家人要在情感上关心病人，不要因为社会舆论的影响而歧视艾滋病病人。

最后，作为家庭成员还要鼓励和支持艾滋病病毒感染者和艾滋病病人，给他们营造宽松的家庭氛围，让他们感受到家庭的温暖与关爱。来自家人的关爱有时是支撑艾滋病病毒感染者和艾滋病病人生活下去的最大希望。

2. 社会的关爱　对艾滋病病毒感染者和艾滋病病人的关爱是社会中每个人都应有的爱心。社会的关爱是对他们最大的支持。

1) 社区组织。社区组织是对艾滋病病毒感染者和艾滋病病人及其家人的生存环境有着重要影响力的因素，也是社区关怀所要挖掘的重要的潜在资源。调查显示，村党支部、村委会、妇联、共青团等基层社区组织在关怀和支持艾滋病病毒感染者和艾滋病病人中扮演着重要的角色。在社区中发展志愿者，定期给生活较困难的艾滋病病毒感染者和艾滋病病人提供及时的帮助；通过艾滋病的健康教育，改变人们对艾滋病的认识及态度，消除人们对艾滋病的恐惧心理；与有关部门联系，尽可能给有自立能力的艾滋病病毒感染者和艾滋病病人提供就业机会，解决其生活来源；培训艾滋病病毒感染者和艾滋病病人家属，做好家庭护理并包括临终关怀。

2) 医护人员。医生对病人具有权威性影响。增强医务人员对艾滋病的认识和理解，使其具备良好的心理素质，充分理解病人确诊后遭受到的心理打击和精神创伤，积极热情地对病人进行关怀护理。因为不慎的语言、歧视的态度、对病情严重性和疗效的悲观评价、对病者不恰当的怜悯等，都会给艾滋病病毒感染者和艾滋病病人带来不良的心理暗示。医护人员除了应给予病人情感上的关怀外，还要与病人共同创造一个既舒适又富于人情味的空间，建立良好的医患关系。不仅要为他们减轻病痛，还应给予心理上的支持，最大限度地满足病人的心愿。对艾滋病病毒感染者和艾滋病病人的护理和心理干预可以推迟艾滋病病毒感染者的发病，延长艾滋病病人的寿命，提高他们的生活质量。

参 考 文 献

艾滋病病人的隐私权保护 [EB/OL]. 好医生网站. http://www.cmechina.net/qypx/resource/HIV040414003/06/index.html? course_id=HIV040414003&paper_id=06.

艾滋病的传播是有条件的 [EB/OL]. 中国输血协会，http://www.csbt.org.cn/science/science_detail.php?id=68&t=1.

卜卫. 2007. 青少年艾滋病的脆弱性 [M]. 联合国儿童基金会.

曹晓斌，庞琳，吴尊友. 2005. AIDS 相关歧视产生的原因、表现形式及消除策略 [J]. 中国艾滋病性病，6：235.

东欧的艾滋病鸵鸟政策 [EB/OL]. http://news.gd.sina.com.cn/news/2011/01/05/1085784.html.

高建华，郑锡文，史小明，等. 2004. 农村既往有偿供血社区居民相关歧视和耻辱调查 [J]. 中国艾滋病性病，10 (3)：175.

何力. 2009. 对我国艾滋病立法相关问题的思考 [J]. 新远见，4：79-85.

黄明豪，李小宁. 2010. 性病艾滋病社区健康教育手册 [M]. 北京：化学工业出版社.

黄世敬，王阶. 2010. 艾滋病防治知识 [M]. 北京：金盾出版社，8.

李一，王开利，僮雪，等. 2011. 黑龙江省 2010 年高危人群艾滋病哨点检监测报告分析 [J]. 中国初级卫生保健，25 (5)：59-61.

联合国艾滋病规划署 2009 年报告 [EB/OL]. http://www.hyey.com/MemberServices/ArtcleCharge/ShowArticle.aspx? ArticleID=171540.

联合国艾滋病规划署文献数据库 [EB/OL]. http://www.unaids.org.cn/cn/index/download.asp? id=201&class=2&classname=Document+Database.

刘钢，张伟，王江．抗艾的进步与忧虑［EB/OL］．http://finance. qq. Com/a/20100724/001814. htm.

刘巍．2006．艾滋病病人的权益——从艾滋病法律咨询热线中发现的问题谈起［L］．人权杂志，3：44.

彭勃．2010．艾滋病科普读物［M］．北京：人民军医出版社，2.

齐建国，马迎华．2005．预防艾滋病教育教程［M］．北京：高等教育出版社，12-13.

任学锋，余冬保．2005．艾滋病防治——媒体报道参考手册［M］．北京：军事医学科学出版社，87.

什么叫做"窗口期"？有多长？［EB/OL］．中国基础教育网，http://www. cbe21. com/hiv/cbybx-7. html.

孙国新．2004．论艾滋病病人的合法权益保护［J］．云南警官学院学报，3：89.

王滨有．2011．性健康教育学［M］．北京：人民卫生出版社.

王文明，薛黎坚，陈彦卿．2011．MSM人群感染性病/艾滋病的脆弱性构成及预防控制研究［J］．中国热带医学，11（3）：296-298

我国艾滋病疫情向一般人群扩散总体仍为低流行［EB/OL］．http://news. sina. com. cn/c/2009-12-01/074616696529s. shtml.

我国首部艾滋病歧视报告公布［N］．华西都市报，2009-11-29（5）.

新浪网新闻中心，http://news. sina. com. cn/s/2002-12-01/20528805s. html.

薛茜．1998．大学生艾滋病知识读本［M］．北京：中国大百科全书出版社.

杨跃进，梁晓夏．2010．校园艾滋病及重大疾病防治教程［M］．开封：河南大学出版社.

预防控制艾滋病领导小组办公室，中华全国总工会．2009．预防控制艾滋病法律法规文件汇编［M］．北京：中国工人出版社，40-60.

袁原，王艳红．全球艾滋病疫情概况［EB/OL］．http://news. xinhuanet. com/world/2004-07/12/content_1591213. htm.

曾毅．2010．警惕艾滋病［M］．北京：清华大学出版社，1，11，13，15-16，22-23，63-64.

张晓燕，师伟．2007．艾滋病特定高危人群的研究［M］．杭州：浙江大学出版社，38，6.

中东欧艾滋病患病人数增长迅速［EB/OL］．http://tech. sina. com. cn/o/2002-07-11/125549. shtml.

中国艾滋病呈暴发趋势男同性恋者感染率飙升［EB/OL］．搜狐网，http://news. sohu. com/20091201/n268586988_1. shtml.

中国疾控中心性艾中心政策信息室．2010．对六省艾滋病疫情及防治状况数据的社会性别分析报告［J］，11：1-2.

周金兰．社会歧视是开展艾滋病防治工作绊脚石［N］．郴州日报，2008-12-10（4）.

HAYS R D, CUNNINGHAM W E, SHERBOURNE C D, et al. 2000. Health-related quality of life in patients with human immunodeficiency virus infection in the United States: results from the HIV cost and services utilization study［J］. Am J. Med, 108（9）：714-722.

性暴力 第14章

性暴力是指"无论当事人双方是何种关系，以及在任何情况下（不仅包括在家里和工作中），一方通过强迫手段使另一方与其发生任何形式的性行为。"* 性暴力类型主要有 3 类，一类是在自我暴力中的性暴力因素，因遭受强奸等性暴力而导致的自残、自杀行为，因性要求遭到拒绝，以自我暴力恐吓而达到目的的强迫性行为；另一类是个人之间的性暴力，包括亲密关系的暴力（婚内/伴侣间的强奸、性虐待；陌生人之间的性暴力）和公共场所、公共机构中的强迫性关系、强奸、性骚扰、强迫卖淫等；最后一类则是集团之间的暴力：在战争中的集体强奸、国家组织或默许的性暴力等。

性骚扰、强奸和儿童性侵害作为性暴力中常见的形式，严重侵犯了受害者的权利，应该坚决禁止。作为大学生，了解什么是性骚扰、强奸和儿童性侵害，掌握相关防范对策，有利于保护我们自身的利益不受侵害。本章将重点与大学生讨论性骚扰、强奸和儿童性侵害这 3 种性暴力。

一、性骚扰

性骚扰，一个古老而又现实的社会问题，这类事件总是层出不穷，时至今日依然有许多人遭受着性骚扰的痛苦。因此，认识和预防性骚扰，对于每个人而言都是非常必要且有用的。

（一）认识性骚扰

2005 年，我国修改完善了《中华人民共和国妇女权益保障法》。此法第四十条规定："禁止对妇女实施性骚扰。受害妇女有权向单位和有关机关投诉。"

1. 性骚扰（sexual harassment）的定义　性骚扰原指男上司或男雇员用隐晦的语言或者下流的动作挑逗、侵犯女雇员，甚至强行要求与其发生性关系的行为，后引申为社会上以各种非礼的信息侮辱异性（主要是妇女），或向异性提出性要求的行为。

在我国，性骚扰被定义为是指向特定的对象且不受欢迎的与性有关的言语、行为、信息、姿态等，它是一种侵犯他人人格尊严权的民事侵权行为。为了更进一步认识性骚扰，《〈中华人民共和国妇女权益保障法〉释义》对性骚扰的外延作如下具体阐释。

2. 性骚扰的外延　性骚扰的外延指的是哪些行为属于性骚扰的范畴。在现实中，性骚扰的方式是多种多样的，从行为人的行为方式上分，性骚扰一般有 3 种方式：口头性骚扰、行为性骚扰和环境性骚扰。

---

* 王滨有. 2011. 性健康教育学［M］. 北京：人民卫生出版社.

1）口头性骚扰。使用下流语言、讲述个人性经历或色情文艺都属于口头性骚扰。在现实生活中，语言上的性骚扰往往比身体上的性骚扰更加普遍，如在谈话中以某人的性特征来开玩笑等就构成了口头性骚扰。

2）行为性骚扰。行为性骚扰包括：不必要的故意碰撞或触摸异性身体敏感部位、强行搭肩搂腰、故意紧贴他人、故意吹口哨或发出接吻的声调、用身体或手做出具有性暗示的动作、用暧昧的眼光打量他人等。

3）环境性骚扰。环境性骚扰是指在工作场所展示与性有关的物件，如淫秽图片、海报、色情书刊等。

需要注意的是，并非所有与性相关的言语、行为、信息、姿态等都是性骚扰，构成性骚扰应当符合一定的条件。首先，性骚扰有特定的对象，如果只是泛泛地谈论两性话题，没有明确指向某人，就不应当被视为性骚扰；其次，性骚扰行为是不被他人欢迎、令他人反感或感到不被尊重、被侮辱的行为，以受害者是否做出不欢迎的表示作为判定性骚扰是否成立的标准，是当今大多数国家采用的方法。

（二）性骚扰的分类

根据性骚扰发生的场合，将性骚扰分为校园性骚扰、公共场所性骚扰、职业场所性骚扰和家庭性骚扰。

1. 校园性骚扰　校园性骚扰主要发生在校园当中，存在于师生之间、教师之间、同学之间，如教师利用自己管理、教育学生的便利条件，对学生进行性骚扰。

2. 公共场所性骚扰　在市场、车站、公共汽车、地铁、电影院、舞厅、电梯、公园、KTV 包厢等场所，往往容易出现性骚扰者。另外，一些性骚扰者会随意打电话对接话人进行性骚扰，如电话总机接线员有时会收到性骚扰电话。

3. 职业场所性骚扰　职业场所性骚扰有时也被称为办公室性骚扰，这类性骚扰通常是在上司和下属、单位同事之间发生的。性骚扰者往往是男性上司和同事，而受害者往往是单位里的女秘书、女下属和女同事等，当然也有相反的情况。具体表现也是各不相同，既有利用女性的从属地位，以升迁、加薪等为诱饵进行的性骚扰，也有利用工作之便对女性进行搜身等侮辱行为，还有利用在一起工作的机会讲黄色笑话等。

4. 家庭性骚扰　这类性骚扰通常发生在有一定亲属关系或在同一家庭内居住生活的人之间。如兄弟对姐妹、公公对儿媳、兄长对弟媳、继父对养女、姐夫对妻妹、雇主对保姆等的性骚扰。当然，有时候男性也会遭到女上司、女老板、女亲属的性骚扰。除此之外，随着离婚率的增加，在曾经有过婚姻关系的男女之间，离婚之后也很容易受到来自对方的性骚扰。

（三）性骚扰的危害

性骚扰会对被害人造成多方面的伤害，不仅会影响被害人的身体健康，还会严重影响到被害人的正常生活。《〈中华人民共和国妇女权益保障法〉释义》对被害人的伤害作了如下总结陈述。

1. 对身体的损害　性骚扰的发生会给受害者造成身体损害。在遭受性骚扰后，受害者会产生消极情绪体验和相应的身体反应，包括头痛、恶心、消化不良、梦魇盗汗、失眠紧张、浑身无力等，这些身心反应长期存在，会使受害者的身体健康受到严重影响。在极少数情况下，持续进行的或者后果严重的性骚扰，可能会引起受害者自杀。

2. 对精神的损害 在大多数情况下，性骚扰对受害者造成的危害主要表现在精神方面，不仅给受害者造成沉重的精神负担，也使受害者对人际关系产生灰暗心理。性骚扰对精神的损害突出表现在两个方面：一是创伤，受害者常常因此背上沉重的心理包袱，经常感到情绪紧张、烦躁、内疚、困惑、恐惧，受害者的自信心和自尊心下降、进取心减弱，且容易产生悲观、沮丧甚至绝望等情绪体验；二是造成受害者建立和保持人际关系的能力下降。遭受过性骚扰的受害者，会产生对他人的不信任感，这种心理的泛化会使受害者对周围的人都持猜疑、不信任的态度，严重影响受害者的人际关系，给受害者适应社会生活带来困难。

3. 对婚姻关系或异性交往的损害 遭受性骚扰的受害者有时可能会对异性产生敌视心理，对性行为产生恐惧感。

对于未婚女性而言，遭受性骚扰的经历会使她们对男性的正向评价下降，难以对男性产生亲近感、信任感，不利于她们进行正常的异性交往。此外，性骚扰会使她们的名誉遭受严重损害，难以找到合适的异性朋友，难以建立婚姻家庭，一些已经有固定异性朋友的受害者，也有可能被其异性朋友抛弃，使正常的恋爱关系难以维系。

对于已婚女性来讲，性骚扰经历会影响夫妻性生活，造成夫妻感情恶化。她们遭受性骚扰的经历，有时难以得到配偶的理解，即使得到配偶的同情，也常常会使婚姻关系蒙上阴影，使受害者在配偶心目中的地位下降，从而影响婚姻关系的稳定。

4. 对人格和名誉的损害 人格和名誉是个人权益的重要组成部分，应受到他人的尊重。遭受性骚扰会损害受害者的人格和名誉，使受害者感到自己的社会地位受到动摇，感到自己在异性眼里不是有点轻佻就是生活作风有些随便，使自己得不到他人应有的尊重，使自己的人格尊严受到侵犯，在社会中的威信降低。

5. 对职业发展的损害 性骚扰可能会不同程度地影响受害者的职业发展。很多性骚扰具有交易性质，性骚扰者以职业发展机会作为交换条件，如允诺给受害者晋升、加薪、升学、提供职位等。如果受害者不能忍受性骚扰，就很可能失去这些机会，对其职业发展造成不利结果。有的受害者不堪忍受上司的性骚扰，不得不忍痛辞去自己喜爱的工作；有的受害者拒绝上司的性骚扰后，被上司以似是而非的理由解雇、辞退或者开除，职业生涯受到严重影响。

6. 经济损失 性骚扰会影响受害者的情绪状态，使受害者不能集中注意力做好自己的业务工作，在工作中经常出现精神涣散、分心的现象，工作效率降低，工作业绩下滑，影响他们取得正常的经济收入。同时，在企图进行性骚扰时，性骚扰者往往会利用自己所掌握的权力，对受害者进行要挟，如果受害者不同意或者不能忍受性骚扰，性骚扰者就会制造事端，剥夺受害者的正当利益，其中包括经济方面的利益，给受害者造成经济损失。

（四）性骚扰的防范和对策

在日常生活中遇到性骚扰时，一味的忍气吞声，只会受到更深的伤害。因此，大学生增强自身防范意识，掌握防范和应对性骚扰的一些技巧，可以增强自我保护的能力。

1. 性骚扰的防范

1）避免容易引起性骚扰行为的情境。性骚扰行为往往是在特定情境中发生的，如在拥挤的场所、娱乐场所等。为了预防性骚扰的侵害，应当尽可能避免在那些不利的情境中滞留、谈话或者进行其他的活动。如果由于种种原因而处在不利的情境中，并且在这种情境中遇到性骚扰时，要选择恰当的方式尽快离开。

在避免性骚扰的情境时，要注意时间和空间。人民公安大学教授王大伟在《公民防范安全手册》一书中指出，一年有三次犯罪高峰："较为平安一二三，四月五月往上蹿，夏季多发强奸案，冬季侵财到峰巅。"因此，大学生外出一定要注意做到以下方面。

尽量不要走人烟稀少的小路、近路或小胡同；不横穿空旷的地带；夜行选择光线明亮的街道；夜行时要注意观察街道周围而不是只看前方，随时回头看看是否有人尾随；不穿高跟鞋；更不要搭乘陌生人的车，最好有亲人或熟悉的人接送；乘出租车回家时，请司机稍待片刻目送自己进楼/屋后再离去；经常夜行者，应购买防身器具。如果遇到色狼，要做到"四喊三不喊"，即：男友在旁高声喊，二三女友高声喊，白天高峰高声喊，旁有军警高声喊。天黑人少慎高喊，孤独无助慎高喊，直觉危险慎高喊，斗智斗勇智为先。

大学生面对校园性骚扰威胁，需要注意的是，性骚扰不一定是来自陌生人，恋人或曾经交往过的人之间也可能发生性骚扰。如果被某人用某种方式"挑逗"而感到了威胁、恐惧和不安，应严正地向对方表明自己的态度，必要时，可以告诉好友、父母、老师或校方以获得帮助。

在职业场所中，无论是男性还是女性都应警惕与个人工作、学习、业绩不相符的奖赏和提拔。很多时候性骚扰具有交易的性质，骚扰者往往利用对方的弱点或需要，提出不合理的要求，因此，要对哪些弱点可能导致性骚扰有所了解。当需要讨好客户、有求于对方时，升迁机会依附有权势者时，为逃避处罚寻求庇护时，都是容易引发性骚扰的情境。要避免性骚扰的发生，也要相应地避免这些情境。

2）提高警惕，沉着应对。在外面不要轻易接受异性的邀请与馈赠。对于那些总是探询个人隐私、过分迎合奉承讨好的异性，应引起警觉，尽量避免与其单独相处。遭到性骚扰的对象多数是女性，因此，女性更要注意防范，增强自身抵御能力。外出时，尤其在陌生的环境中，若有陌生的男性搭讪，不要理睬。要注意那些不怀好意的尾随者，必要时采取躲避措施。这里我们向大学生提供一套女士手包防护操，供学习和利用。

学习女士手包防护操的要诀：双手支架，手抱防护。以肘代挤，胸针在手。

在学习女士手包防护操时，需要明确敏感部位和不敏感部位：前胸和小腹是最敏感的部位，其次就是后背、臀部，而身体侧面是不敏感的部位。

在拥挤的公共汽车上，女性一定不要把自己的敏感部位对着旁边的乘客，而是用不敏感的部位，像螃蟹那样侧着挤。上车后，如果觉得旁边可能有发生性骚扰的危险，就把胳膊抬起来，两臂互抱置于胸前，为自己搭建一个小小的可防御的空间。

女性在乘车时，可以充分利用携带的包来防护自己。把包挡在胸前，用包把自己的胸与其他人隔开，这样就能起到很好的防护作用。如果后面有人推推搡搡，就把包放在后面挡一下，也可以很好地保护自己。无论是前胸、后背还是臀部，都可以利用包来防护。

再有，每个女子最好都准备一个胸针，看情况不妙就拿胸针，如果真有哪个色狼胆敢轻举妄动，就用胸针刺他一下。

3）了解被骚扰者的特质。在职业场所中，任何年纪、职位、社会背景的人都有可能成为被骚扰者，但具有某些特质的人更容易成为被骚扰者。有调查显示，30岁以下的年轻、单身、寡居、离异和第一次进入劳务市场的女性，都属于容易成为性骚扰对象的群体。因此，具有这些特质的人需要有所准备，学会预防、阻止性骚扰的发生。

　　在职业场所，性骚扰者有时会选择一些容易施害的目标对其进行性骚扰，因此，我们要尽力避免成为性骚扰易侵犯的目标。

　　2. 性骚扰的对策　　在遇到性骚扰时，受害者应该采取积极的措施，尽量保护自己，让自己受到的伤害降到最低。一些遭遇公共场所性骚扰的受害者，经常由于担心被其他人发现而不敢反抗，这种不理睬的方式可能会使性骚扰者以为得到许可的暗示，助长性骚扰者的气焰，导致性骚扰行为的持续发生。而工作、职业场所是男性和女性接触最为频繁的地方，要更加注意保护好自己。如何正确地处理在工作场所中与异性的关系，对于一个人来说，在人际交往日益频繁、复杂的现代社会显得尤为重要。因为职业场所性骚扰不仅会给被骚扰者带来身心伤害，还可能影响被骚扰者的职业权利，如就业、升迁机会、工作绩效和收入等。为了避免遭受性骚扰的侵害，应了解如何应对在各种场合下遭遇到的性骚扰。

　　1）发生性骚扰时的对策

　　（1）冷静对待性骚扰。受害者在遇到性骚扰时，首先要保持头脑冷静，不要惊慌失措。性骚扰初始阶段往往是试探性的，其发展和结果取决于双方之间接着发生的相互作用。例如，遇到电话骚扰时，切忌用激烈的言辞，更不要反唇相讥，因为这可能会引起对方的兴奋，要用严正的语气说："你打错电话了!"若对方是个经常骚扰的陌生人，只要他打进电话，应该马上挂断电话，不要理他；或者告诉他这部电话装有追踪器或录音设备。最后，要记得告诉父母或其他家庭成员事情的经过。如果对方要到家里来，马上报警处理。

　　性骚扰者开始时，会用一些带有性意味的言行试探对方的态度，如果对方表明自己很反感这类言行，很多性骚扰者就会停止自己的行为。如果性骚扰者不顾对方反对的态度，执意强行采取进一步骚扰行动的话，只要受害者保持头脑冷静，则更有可能沉着机智地找到应付对策，摆脱困境，保护自己免受进一步侵害。

　　有时，大学生在校园里可能会受到个别老师的性骚扰。提醒大学生：不要单独去老师宿舍或家里，如果需要去的话，请可靠的同伴、朋友陪伴；如果遇到性骚扰，应该明确地表明，你不喜欢其言行，并提出警告。若事情没有好转，或受到对方威胁，应该向父母和学校寻求帮助，或者向公安部门报案。

　　（2）要理直气壮地拒绝和反对。如果在公共场所遇到被他人用暧昧的眼光上下打量或予以性方面的评价，必须直接警告对方，保护自己。若有陌生的男性搭讪，不要理睬，及时避开，换个位置，可以的话立刻抽身离开；对有性骚扰企图的人，首先要用眼神表达你的不满；若对方并无收敛，可直接用言语提出警告，把你的拒绝态度表示得明确而坚定，告诉对方，你对其言行感到非常厌恶；若性骚扰者一意孤行，可报警并请警察协助处理。

　　如果在公共汽车上遇到性骚扰，千万不要退缩或不好意思，可以大声斥责对方，可以狠打其手，也可以使劲踩骚扰者的脚。若这些做法都不奏效，可以告知同行的伙伴，引起周围人的注意，使侵犯者知难而退，对情节恶劣严重的，可报警。

　　如果在学校或职业场所遇到性骚扰，应明确表示性骚扰者的行为使自己感到很厌恶。当口头表示无效时，可以将反对意见写下来并复制一份，尤其是要将骚扰行为详细地写下来，还可以将性骚扰事件的日期、时间、地点、行为、性骚扰者的言行、自己所表达的反对意见和目击证人等相关信息以日志的形式记录下来，以便日后作为有力证据。在上司、教师利用职权对下属或学生性骚扰，甚至采用胁迫的手段时，应该明确地表明你不喜欢其言行，并提出警告。若事情没有好转，或受到对方威胁，要向其他教师、父母、校长或相关机构寻求帮助。

当收到与性有关的礼物或被展示色情刊物等淫秽物品时，一定要正面表明态度。不要畏缩或偷偷将其处理掉，要用坚定的语气向对方说："你的行为实在无聊，你若不收回，我将投诉。"并把事情转告其他相识的人，留下物品作为证据；另外，要消除贪小便宜的心理，不要轻易接受异性的邀请与馈赠。

受害者不仅要勇于对性骚扰者说"不"，也要有保存证据的意识，还可以使用微型录音机、数码录音笔等设备搜集证据。

无论男性或女性，遇到性骚扰时都必须坚决地表明自己的立场及保持可以接受的界线。拒绝的态度要明确，平静、清楚地告诉对方自己的不悦，请对方尊重自己，也请对方自爱自重。

（3）使用尖叫报警器。在应对性骚扰时，一些防御的工具或者器材会对受害者有帮助，像尖叫报警器。在正常情况下，拉开尖叫报警器后，它会发出很大的声音，而且非常难听。这种声音有可能阻止性骚扰者的进一步骚扰行为，也能引起周围人的注意。尖叫报警器的好处是，拉开以后，扔在地上，完全不用管它，它会发出持续的尖叫声。这时性骚扰者的注意力就会被分散，受害者可以借机避开骚扰或逃离现场。

2）发生性骚扰后的对策

（1）不要责备自己。性骚扰者的意向更多地在于实现自己的控制欲。因此，作为受害者，不要假定是自己的所作所为引起了性骚扰，也不要为此感到羞愧或自责。性骚扰者的行为是受到受害者的某些言行的"刺激"而发生的，这种观点有失偏颇，必须得到纠正。

（2）爱护自己。如果不幸受到伤害后，应尽快去医院检查，以防止内伤，并及时进行心理咨询、心理治疗，医治精神创伤。一定要学会珍爱自己、保护自己。

（3）将性骚扰事件告诉信任的人。一些受害者对性骚扰存在顾虑，担心自己不仅不能获得理解和同情，反而会受到责备，因此，不敢向他人倾诉。如果能将性骚扰事件告诉父母、信任的老师或朋友，可以得到更多的保护、关心和支持。

（4）向相关机构投诉或寻求帮助。对于已经遭遇性骚扰的受害者，可以向有关组织、上级机构和政府的信访办提出控诉，也可以请法律援助机构提供法律援助。如果遭到性骚扰者的暴力袭击、殴打等，则应当向警察提出犯罪指控。

目前，在应对职场性骚扰中，企事业单位内部投诉与处置性骚扰事件被世界各国普遍采用，并在实践中证明是有效的做法。如果所在的企事业单位设立了处理性骚扰事件的投诉部门，或具有禁止性骚扰及处罚方式的规定，则可以通过向相关部门、负责人投诉的方法解决性骚扰事件。身在职场的大学生如果遭受到性骚扰，还可以向所在单位的工会、妇联或者法律机构投诉。

二、强奸

强奸，作为一种严重侵害他人的行为，一直受到人们的普遍关注。相互认识或熟悉的男女之间发生强奸的机会反而比陌生男女多，而且，比遭遇陌生人突袭强奸更难防范。强奸给受害者及其家人造成巨大伤害，也危害社会的秩序稳定、和谐发展。了解有关强奸的知识和防范对策，有利于大学生的自我保护。

（一）强奸的定义

《中华人民共和国刑法》中对强奸的定义：违背妇女意志，使用暴力、胁迫或者其他手段，强行与其发生性行为或者奸淫幼女的行为。这里所指的"性行为"应该是指狭义的"性交行为"。

一些国家的有关法律规定，在男性强迫鸡奸男性、女性强迫与男性性交等情况下，男性也可以成为强奸犯罪侵害的对象。

（二）强奸的类型

按照受害者与强奸人之间是否相识，将强奸划分为陌生人强奸和熟人强奸两大类。

1. 陌生人强奸　陌生人强奸是由受攻击的个体之前并不认识的攻击者所实施的强奸。陌生人强奸者通常会选择看起来比较脆弱的目标，如独居女子、在荒凉的街道上行走的女子、睡着的或喝醉的女子。在选定目标之后，强奸者会寻找一个安全的时间和地点实施犯罪，如在荒凉的郊区，或黑暗的街道。

2. 熟人强奸　熟人强奸指的是强奸犯和受害者彼此认识，受害者被他们认识的人所强奸。在现实生活中，实施强奸的人更多的是认识受害者的人，如家庭成员、教师、邻居、同学、办公室同事，甚至可能是她们兄弟的朋友。熟人强奸比陌生人强奸更少报案，其中一个原因可能是强奸受害者并不将熟人所做出的性侵害认定为强奸。

约会强奸是熟人强奸的一种，即当事双方彼此已经相互认识或短暂相识，或者他们以前曾经约会过，或者他们以前曾经自愿地发生过性交行为，但只要是发生在双方本次约会时的强迫性交，就是约会强奸。约会强奸不是一个法律概念，而是指在男女双方约会的时候发生的强奸行为。

在辨别什么才是熟人强奸时，人们还存在着很多误区，如表 14.1 所列。

表 14.1　熟人强奸的误区

误 区	事 实
强奸是疯狂的陌生人才会犯下的罪行	大多数女性都是被"正常"熟人强奸的
被强奸的女性是自作自受，尤其是她同意到男性家里或者上了他的汽车更是如此	男性和女性都不应该被强奸。女性到男性家里或者乘坐他的汽车并不意味着她同意和他发生性交行为
与没有肢体抗拒的女性发生性交行为不是强奸	无论反抗与否，违背女性自己意愿的性交行为就是强奸
没有用枪和刀威逼而发生的性交行为不是强奸	无论是否使用了武器、拳头、口头威胁、毒品/酒、身体隔离，只要是违背了女性意愿的性交行为就是强奸
如果受害者不是处女，即使发生了性交行为也不是强奸	即便这个女性不是处女，即便她曾经同意和这个男性发生过性交行为，违背她的意愿的性交行为就是强奸
如果一个女性让一个男性请她吃饭、看电影或喝酒埋单，她就该和他有性交关系	无论男女约会花费如何昂贵，双方都不应该为这些花费向任何人付出性交的代价
同意和男性接吻、缠绵或爱抚意味着她已经同意和他发生性交行为	无论性活动的进程如何，人人都有权利对性活动说"不"，而且这个"不"应该得到尊重
当男性性唤起时，他们需要性或将会"勃起"。同理，当男性性兴奋时，他们不能控制自己与女性发生强迫的性交行为	在生理上，男性性唤起后并不比女性更需要性交。而且，即使男性在性兴奋时，他们仍然具有控制自己的能力
关于强奸，女性是在说谎，尤其当她们控告与她们约会的男性或相识的男性强奸她们的时候，就更是在说谎	强奸确实是发生了的。无论是你认识的人，还是认识你的人，都可能是强奸者

摘自：阮芳赋，彭晓辉.2007.人的性与性的人［M］.北京：北京大学医学出版社.

（三）强奸的危害

强奸，作为一种严重损害他人人身安全的犯罪行为，不仅会给受害者带来极大的伤害和痛苦，同时，强奸者也要为此承担相应的法律后果，受到法律的制裁。

1. 对被强奸者的生理危害　强奸发生后，男女双方的身体表面和内部可能会出现不同于事前的某些征象，这些征象在女方身上出现的可能性更大。当然，有了这些征象，并不表示一定发生了强奸。

1）被强奸者的征象

（1）身体征象。强奸过程中，由于强奸者可能会使用暴力手段，如压住双手或捂住嘴，被强奸者也可能进行反抗，被强奸者的身体上可能会有不同程度和类型的损伤。

（2）中毒征象。为了实施强奸，强奸者可能会对被强奸者使用催眠药等药品或者用酒来醉倒对方，从而使对方没有反抗的能力，这种做法可能会造成被强奸者中毒。

（3）精液（斑）痕迹。强奸发生后，被强奸者的阴道内可能留有精液。另外，被强奸者的外阴等部位、身体表面，或者衣服上也可能遗有精液（斑）（如强奸者还没有接触被强奸者的外阴时已经射精）。

（4）其他征象。强奸发生后，被强奸者的外阴、衣物表面或者身体的其他部位会附有强奸者身上脱落的体毛。有时候，被强奸者的衣服表面可能还会有从对方衣物上脱落的衣物纤维。

2）强奸者的征象。强奸发生后，强奸者的阴茎表面会沾染有被强奸者的血液（痕）或（和）阴道内容物（包括脱落的阴道上皮细胞）。强奸者身上也可能会附有被强奸者身上脱落的体毛。强奸者身上还可能有被强奸者反抗时留下的伤痕。

2. 对被强奸者的心理危害——强奸创伤综合征　伯吉斯（AnnWolbert Burgess）和霍姆斯特龙（Lynda Lytle Holmstrom）于1974年在《强奸创伤综合征》一文中提出了强奸创伤综合征的概念。强奸创伤综合征是指，强奸发生后，受害者会表现出一系列明显的心理冲突症状。

强奸对受害者所造成的心理冲突可能持续几个小时、几天、几个月、一年甚至更长时间，并且绝不会被遗忘。受害者通常会处于惊恐状态，他们不知道如何做，也不知道向谁倾诉。有时，受害者可能会在不同的情境中反复体验她的痛苦经历。由于个体之间的差异以及每个人所经历的强奸时间长短不同，这种心理冲突也会有所不同。害怕、羞愧、震惊、愤怒、孤寂、消沉、绝望、耻辱、悲痛、焦虑、紧张和失去信任感等是通常的反应；往后，则会表现出否认被强奸的事实、冷漠、呆滞、行动迟钝及自责感、耻辱感、惊恐不安、想报复、精神委靡不振等许多反应，但也因人而异。

如果不幸遭遇强奸，不论强奸者是谁，都会给被强奸者带来剧烈的身体上或情感上的痛苦。而且，如果女性被男友或者认识的人强奸，她受到的伤害并不比被陌生人强奸的程度低，反而常常给女性带来特别的伤痕，她们会因此怀疑自己的判断力，觉得男性是不可信的，在以后的生活交友中也会受其影响。

（四）强奸的防范

无论是陌生人强奸还是熟人强奸，都会给受害者带来很深的痛苦。为了避免、远离这种犯罪事件，我们需要了解一些有关防范强奸的措施和方法。

1. 陌生人强奸的防范 大学生要提高自我保护意识，在这里我们给出一些防范强奸的建议。

1）不要单独去偏僻的地方，夜晚应该尽量避免单独外出或走人少、黑暗的小道。

2）不要轻易与刚认识或素不相识的人单独一起外出。

3）不要搭乘陌生人的汽车。

4）如果被可疑的人尾随或纠缠时，不要单独处理，要立即找他人帮助，或者进入附近住家、派出所、单位求助。

5）洗澡、睡觉时，把门窗关好，拉上窗帘，避免外人从窗户或门中直接看到室内情景。

6）在特殊场合，如夜总会、酒吧里，不要轻易接受别人的赠烟、酒、饮料、食物等入口的东西。已经打开的酒和饮料等，不要离开自己的视线。

7）与他人发生冲突时，不要恶言相加、污蔑或咒骂对方。

8）平时学习反击技巧。在遭到攻击时，用手指戳对方双眼、鼻子、喉咙、面部或踢其阴部等。

9）学习女子防身术。女子防身术强调"狠"和"毒"，讲究"一招制敌"，特别强调时机，要隐蔽、突然地进攻。下面介绍几种防身术。

第一，如果侵犯者从侧面抱住你，就用靠近他的那只手猛击他的裆部，不管效果如何，迅即用同一只手的肘部猛撞侵犯者的肋部。

第二，如果侵犯者从前边抓住了你的肩，用同侧的手轻轻地搭在他的手臂上，然后朝被抓的方向转身，头一低，可紧紧地咬住他的小臂，千万不要松，摇头，趁他大声号叫时，再朝他的脚尖上猛踏一脚。

第三，如果侵犯者抱起了你，切忌不要胡乱挣扎。用双臂抱住他的脖子，认准部位，比如耳朵或脖子，狠狠一口咬下去，拼命咬紧，歹徒就会松手。如果被歹徒面对面地抱住，特别是手不能动时，你可以毫不犹豫地咬他一口，这是非常有效的招数。

陌生人强奸的情形是比较复杂的。不可能对所有情况列举穷尽。要反击，除了需要勇气，还需要一定的体能和技巧。因此，预防才是上策。

2. 熟人强奸的防范 统计表明，女性和男性都可能被熟识的人强奸，尤其是儿童更容易被强奸。大学生掌握一些应急防范策略，可以有效防止熟人强奸。

1）给女生的建议。在男女认识和交往中，女生如果完全没有戒备和防范，不懂得适时地说"不"，那么，就可能遭遇强奸。

（1）保持清醒头脑。在打算外出约会时，可以带上自己的女性朋友，或者事先告知她你要去约会，以保持联系。另外，自己的朋友外出约会时，也要关照她。男女关系微妙、彼此不熟悉对方者，单独约会时，最好选择饭店、酒店大堂等人多的公共场所。约会时，要保持头脑清醒，即使关系亲密的两个人，也不能因为熟悉而放松了防范和戒备，如果男方谈到比较暧昧的话题，并让你感到不舒服时，你要明确表达你的感受。另外，酒精、麻醉药或催眠药能使人丧失防范能力，因此，在饮酒和其他饮料时，要特别小心。

（2）谨慎对待与通过网络结识的人见面。和现实生活相比，网络上相识的朋友毕竟是虚拟的。如果你决定要和网络上认识的人约会见面，最好带上信任的朋友，或者将自己的去向告诉他们，以便他们能联系和找到你。

（3）危机面前知道如何做。约会时，如果觉得形势难以控制，应当机立断，立即走开。如果没有办法走掉，在强奸危机要发生时，大声喊叫以便引起他人注意，或者用肢体极力反抗，设法脱身。当然，生命安全是最重要的，在反抗时，不能不计后果。

2）给男生的建议。在约会中，在亲密程度上男生如果没有把握好尺度和分寸，没有了解女生言语中表达的准确的意思和真正的愿望，就可能造成恶果。

（1）尊重、理解对方。对于性，女性有自己的价值取向和选择。没有人会喜欢被强迫去做一件违背自己意愿和价值观的事情。因此，要尊重她们的选择，就如同你也希望自己的选择得到尊重一样。只有当你确定对方接受了你的性爱邀请，或对方用语言明确表达了自己的意愿，你才能与她发生性交行为。

（2）审视自己的性观念。有的男生可能以为，女生约会时跟他们一样都想发生性交行为，请女生吃饭或者花钱为她买衣服，女生就应该和他发生性交行为。甚至有的男生可能认为，女性就是用来性交的工具。这些想法都是错误的。每个人都有自己的需求，女生喜欢什么、想要什么，你只有询问她们才会知道。因此，有这种想法的男生要审视一下自己的性观念，人与人都是平等的，要学会从对方的立场上思考问题，考虑对方的感受，尊重对方。

（3）口头胁迫性交也是强奸。强奸的发生并不一定需要肢体上的暴力，口头胁迫对方与你发生性交行为，也是强奸。例如，死缠烂打用尽各种语言让她"就范"也可能会被认定为强奸。男性的体格和体能优势对女性会造成一种威胁，使她屈就。许多强奸受害者报告说，她们由于害怕男性强壮的体格和体能，而放弃了反抗或挣扎。

（4）"不伤害他人"是必须承担的责任。"不伤害他人"是每一个人必须承担的责任。如果女生明确表达了不愿意，那么男生就不能强行与她发生性交行为。如果你仍坚持那样做，那么就有可能犯下强奸罪。不论怎样，如果女生不想发生性交行为（或不能允诺发生性交行为，如女孩不满14周岁、弱智、患有精神病、昏睡、醉酒等）而发生了，就是强奸。

（五）强奸发生后的对策

当遇到强奸的事件发生时，要敢于斗争、善于反抗、机智勇敢和注意自我保护，形势不利时要假装顺从、拖延时间、寻机脱身和呼救反抗等。一旦不幸发生强奸，受害者本人及其家人、朋友等要采取一系列对策，齐心协力共渡难关。

1. 向信任的人倾诉　强奸受害者的恢复程度，因处理和医疗过程不同而有所差异。统计数据表明，寻求各种服务的受害者恢复得比较快，这些服务包括危机干预、应急帮助、临床帮助、临床咨询、个别咨询或小组咨询等。

这种时候不要一个人独自承受痛苦，从自己信任的朋友或亲人那里获得情感支持是非常重要的。寻找值得信任的人倾诉痛苦，他们一定会帮助受害者渡过难关，帮助受害者做出正确的判断，采取有效的办法，缓解痛苦，并从痛苦中走出来。

2. 尽快去医院检查、取证　强奸发生后，不要急于清洗身体，要尽快去医院检查。一方面检查身体可能受到的外伤或内伤；另一方面收集强奸的证据。在去医院检查和取证时，需要注意以下事项。

1）强奸案检查的实效是5天以内，因此，要收集强奸的证据，在5天之内不要淋浴、坐浴、冲洗、换衣服或去检查之前不要熨烫所穿衣物的任何部位。

2）受害者可能需要做预防性的治疗和包括艾滋病病毒在内的检测。

3）受害者可能担心会意外怀孕，要采取紧急避孕方法，在72小时内吃紧急避孕药是有效的。

4）如果受害者怀疑自己可能被迫服用了麻醉药，如约会强奸药，也称"迷幻药"，请记得尿液检查的确诊时效是3天。

5）保管好处理危机事件全过程所有开支单据，以备提出赔偿时做结算凭证。

3. 拨打110报案，寻求法律解决　对受害者来说，报案可能是件难以抉择的事情，因为它不仅意味着将歹徒绳之以法，更意味着将自己被强奸的事实公之于众。但是，报案确实是解决危机和获得补偿的必要途径。另外，歹徒接下来很有可能会强奸其他的人，如果早点报案，还可以挽救更多可能的受害者。所以，应该尽快拨打110报案。

个别公安和司法人员可能会因为各种原因难以对强奸案做出公正的裁决，甚至可能会认为是受害者"勾引"了他人。因此，在决定诉诸法律之前，需要慎重考虑，最好咨询优秀的律师或相关专业人员，以获取帮助和建议。

4. 寻求专业人士的支持和帮助　不幸遭受强奸对受害人的心理会造成很大的伤害。此时，需要向心理咨询师、社会工作者或心理治疗师等专业人员寻求咨询或治疗，以便把因强奸对受害人造成的伤害降到最低。

（六）给强奸受害者周围人的建议

对受害者的治疗一般包括帮助受害者度过侵犯事件后的危机，然后致力于建立长期的适应。危机干预则是要为受害者提供支持和信息，鼓励受害者将情绪表达宣泄出来，并且制定应对创伤的策略。心理治疗包括团体或个体治疗，可以帮助受害者处理强奸后的一系列情绪问题，避免自责，提高自尊，认识与此经历有关的情绪起伏，以及建立或维持爱的关系。受害者的家人、朋友，以及医疗保健的专业人士等都是提供帮助的潜在资源。

1. 给受害者家人的建议　孩子受到了伤害，非常糟糕的就是家长还会责备她。统计数据表明，大多数女孩不敢向父母说出强奸的真相，就是因为她们害怕父母埋怨和责备。诸如"我曾经告诉过你，不要……"、"叫你不要在晚上外出，你偏不听话"等，在得知孩子被强奸后说出来这样的话是绝对不合适的。要将受害孩子的痛苦和需要看成是全家人目前最重要的大事。家长，尤其是父母如果给受害的孩子提供一个宽松的、充满爱心的和能够依赖的家庭环境，那会给孩子带来温暖和勇气。

家人要无条件地信任受害孩子。社会中对强奸受害者存有极大偏见，如果连家长都不信任孩子，这无异于在孩子的伤口上撒了一把盐，让她感到更加痛苦、无助。家人要明确地向受害者表示，你是相信她的。

在平时，家庭就是孩子的避风港，遇到危机则更要是"防空洞"，在受到侵害后，孩子更加需要来自家人的支持，需要家人在她愿意的时候认真地听她倾诉。父母在面对这样的倾诉时，首先要做孩子的朋友，其次才是家长，给孩子朋友般的关爱。作为受害者的家人，要相信发生的一切事情绝对不是孩子的过错。在孩子的脑海里，此时充满着不堪回首的记忆，这得需要时间让她抚平创伤，去明辨事件的性质和后果。除此以外，要尽量布置适宜、温馨的家庭环境，陪孩子出去走走，即使不说话，散散心也是非常有益的。

不要强迫孩子做任何事情，让孩子自己做选择，因为她刚刚被人强迫过，此时她需要自主。给孩子充分的时间让她处理危机和调整自我，不要强制她恢复常态。家人不要随意透露强奸事件。有时，家人这样做是为了向人讨回公道，但也许这样的"公道"并不是孩子所需要的公道，反而会伤害她。所以，如果家长在获得赔偿时，不要违背孩子的愿望。一定要端正自己的动机并且与孩子取得一致。

受到侵害后，一定要及时寻求检查和治疗及专家咨询。家人要尽可能快地找专家咨询，带孩子到医院检查和治疗，尤其不要忘记让女儿在事发 72 小时内口服紧急避孕药，以避免非意愿怀孕。总之，作为受害者的家人，要尽量做好各种准备和支持，帮助你的受害家人渡过难关。

2. 给受害者朋友的建议　作为受害者的朋友，所能够做到的就是要完全相信她、耐心地倾听她、支持她。因为别人可能怀疑或责备她，这时的她比任何时候都需要朋友的理解和支持。如果作为朋友不确切知道如何帮助她，可以建议找专家咨询来帮助她。作为朋友，还可以提醒受害者报案，及时陪受害者去医院检查和治疗，加深彼此的情谊，做体贴她的好朋友。

3. 专业人员的支持　专业人员对强奸受害者的支持是非常重要的，这些支持来自咨询专家、医生等。对待强奸受害者在某些方面和对待意外事件的受害者类似，需要医学、法律和心理学等多方面的支持。

1）强奸危机干预中心专业人员的支持。在一些国家，有专业的强奸危机干预中心来处理强奸事件。及时与强奸危机干预中心取得联系对受害者是有益的。这些强奸危机干预中心都是 24 小时服务。中心都配有专门人员，可以为受害者提供感情上的支持和安慰、帮助接送等，还有许多其他种类的服务。进入中心，第一个救助是生理救助，有人会拿纸盒子帮受害者取证；第二个救助是法律救助，有专门的人指导受害者怎么报案，为受害者提供相关法律信息；第三个救助是心理救助，专业人员对受害者提供心理咨询和治疗。

在我国目前还没有强奸危机干预中心。为应对强奸给受害者带来的一系列重大伤害，我们也应该建立类似的机构。

2）医生的支持。对于强奸案的受害者，一般的身体检查和治疗，医生能够做出周到的处置。但要做好强奸的证据收集，即强奸的性法医学鉴定，则需要遵循一定的规则和具备专门技能。

强奸的性法医学鉴定的关键是要证实是否发生过性交或双方性器官是否有接触。根据中国法律规定，对于 14 周岁以下的女子，嫌疑人的阴茎最小限度地接触她的外阴，便算性交；对于 14 周岁以上的女子，嫌疑人的阴茎最小限度地插入她的阴道，便是性交。但是，需要注意的是，医生检查所收集到的证据，只能证明是否发生了性交，而证明不了是否强奸。因为性交仅仅是强奸的条件充足特征（指在推论过程中，与一个或几个必需的特征联合考虑时，才能得出确定性结论的特征）。性交过程中有过暴力行为却不是强奸的必需特征（指在推论过程中，能够确定某种结论的特征）。强奸案的必需特征是性交违背了妇女的意愿，或被奸淫对象是 14 岁周岁以下的幼女，或失去性防卫能力的女精神病人、女弱智者。只有把上述条件充足特征和必需特征联合一起考虑，强奸方能确立。

（1）对幼女的性法医学鉴定要点。按照中国新刑法的规定精神，不满 14 周岁的女子便属幼女。幼女的生殖器官发育尚未成熟，处女膜位置较深，阴道较为狭小。因此，成年男子的阴茎一般难以插入幼女的阴道。若未曾使用强力强奸，仅见处女膜、外阴部或阴道前庭黏膜有充血和擦伤。如使用暴力用阴茎插入阴道，不仅处女膜会破裂，还会有会阴部、阴道，甚至肛门的撕裂创伤。如果在阴道内发现精液，则可以做出性交发生的性法医学鉴定。

（2）对成年处女的性法医学鉴定要点。未经历过性交生活史的女子才是处女。世俗认为处女膜未破的女子是处女，这是不准确的。实际上，处女膜破裂的女子未必就不是处女，因为性交并不是处女膜破裂的唯一条件，自慰、手指或异物插入阴道及外伤等也是处女膜破裂的可能原因。有时，性交发生后处女膜也未必就一定破裂。所以，在性法医学鉴定中，过高估计处女膜的鉴定价值是不可取的。从统计学考虑，通常第一次性交大多造成处女膜破裂，而且未完全性破裂。与临床医学一样，性法医学也以钟的盘面刻度来描述或标示处女膜破裂的部位。

对于处女膜的鉴定一定要考虑受害者的心理感受，必须征得受害者及其近亲属的理解和征求其同意。因为文化习俗的原因，这种鉴定可能对受害者造成二次伤害。

（3）对已婚妇女的性法医学鉴定要点。从是否性交过的角度考虑，经历过性交生活史的女子称为已婚妇女。确定已婚妇女新近有否性交，处女膜检查已无鉴定价值。所以，确定新近有否性交的证据只能依赖在阴道内发现精液或设法证实阴茎已经接触过外阴或插入过阴道这其中之一的事实。

（4）其他鉴定要点。如果受害者既往无性病史，且未曾接触其他性病感染源，但被强奸2～8天后有阴道黏液脓性分泌物，经性病细菌学和病毒学检查可以确诊性病。只要发生了性交，就有可能受孕。所以，还要注意提醒被检查人到医院复查，以确诊是否怀孕。

此外，对于各种身体的损伤，必须注意拍摄彩色照片，以保存证据。

三、儿童性侵害

（一）认识儿童性侵害

1. 儿童性侵害的定义 儿童性侵害指发生在成年人和青春期前的儿童之间的任何性接触（包括抚摸、性意味的亲吻、口交，以及阴道或者肛门插入）。一种更广泛的定义还包括没有身体接触的一些行为，例如在儿童面前暴露生殖器，让儿童在摄像机或照相机前全裸摆姿势、或者让他们对自己进行性刺激。

2. 性侵害者及性侵害方式 侵害者包括家庭成员、亲属、家庭朋友、教师及陌生人，可以是成人，也可以是年龄稍大的青少年。侵害的方式有性辱虐、猥亵儿童行为和奸淫幼女等所界定的所有方式，如性暴露、强行将手指插入阴道、性交，后者也包括口交和鸡奸等形式。

3. 受侵害者 受侵害者一般女孩多于男孩。女孩多受家庭成员的侵害，发生年龄偏大，其方式多为性抚弄和性交。男孩常常受家庭以外的人员侵害，发生年龄偏小，方式多为阴茎—肛门性交，较多地使用暴力和伴有躯体虐待。从他们的年龄特征来看，男女儿童受害高峰是在幼儿期和10～14岁。

（二）儿童性侵害的类型

儿童性侵害一般可根据亲属关系分类，分为家族外侵害和家族内侵害。

1. 家族外侵害 家族外侵害指被没有亲属关系的人所施行的性侵害。

家族外的施害者通常包括教师、家庭的朋友、母亲的男友、父母的同事、受害者的较年长的朋友、邻居和陌生人。

2. 家族内侵害　家族内侵害指被有血缘关系的人和有继亲属关系的人所施行的性侵害。

侵害的过程可能伴有暴力或者暴力要挟、压力、操纵，以及信任感或纯真的丧失。在绝大部分人类社会中，乱伦都是禁忌。乱伦一般定义为亲属关系过近而不可合法结婚的人之间的性行为（通常理解为父亲—女儿，母亲—儿子，或者兄弟—姐妹的结合）。家族内侵害可能涉及血缘亲属（最常见的侵害者是父辈男性亲属和祖父），以及继亲属（最常见的是继父和异父母的兄弟）。在祖父性侵害孙女的案例中，祖父也经常性侵害其他孩子。

1) 父亲—女儿性侵害。创伤最大的性侵害之一是父亲—女儿性侵害，包括继父所为的案例。美国的一项研究指出，54%的被父亲性侵害的女孩受到极大困扰。

2) 兄弟—姐妹性侵害。关于兄弟—姐妹乱伦的后果，学术界有不同的观点。美国的一些学者倾向于认为，这是同胞之间自愿而无害的性游戏或者性探索。有研究结论指出，兄弟—姐妹乱伦与父女乱伦一样，会对受害者造成严重危害。有一种观点以为，兄弟—姐妹乱伦通常无害而且是双方当事人自愿，其实，这是一种误解。女性主义研究者黛安娜·罗素（Diane Russell）的研究发现，兄弟（平均17.9岁）和姐妹（平均10.7岁）之间的年龄差异很大，以至于人们无法把他们看成是同龄。年龄差距大，就意味着权力差距大，这就难以让人相信在兄弟和姐妹之间发生的这种性行为是"自愿"的，而很可能是年龄大的一方使用了强制力，而迫使年龄小的一方屈服。在大多数案例中，是兄弟先发起性接触，而且在性接触的过程中以"主导者"的角色出现。

3) 父辈男性亲属对女性的性侵害。美国一些学者研究发现，最常见的家族内侵害是父辈男性亲属对女性家庭成员的性侵害。罗素曾在她的研究中发现大约有5%的女性曾被她们的父辈男性亲属侵害，这一百分比略大于被父亲性侵害的百分比。

（三）儿童性侵害的危害

关于儿童性侵害的文献大多是故事性的或者是个案的研究，又或是在不具备代表性的群体内的小规模调查，这种情况直到近些年才有所改变。但无论如何，大量记载证明了家庭内和家庭外的性侵害会造成相同的初期影响和长期影响。

1. 初期影响　性侵害的初期影响发生于事件后2年内。根据不同的研究发现，经历性侵害影响的受害儿童比例从1/4到2/3不等。儿童遭受性侵害的典型的初期影响包括如下几个方面。

身体影响：失眠、进食习惯改变、怀孕和感染性传播疾病。

感情影响：恐惧、愤怒、脾气暴躁、抑郁、敌意、内疚和羞耻感。

性生活影响：发生率显著提高的公开的性自慰、沉湎性事、暴露生殖器，以及频繁而随便跟人发生的性行为。

社会生活影响：学习困难、逃学、离家出走、早婚。

2. 长期影响　尽管初期影响可能有所复原，但是儿童性侵害也可能在受害者成年后留下长久的伤痕。遭受性侵害的儿童出现心理、身体和性问题的概率往往比一般人高出很多。儿童遭受性侵害对其造成的长期影响包括以下几点。

抑郁：这个症候在童年曾被性侵害的成年人报告里最多。

自我毁灭的倾向：有自杀念头或试图自杀。

身体失调和精神分裂：焦虑和紧张、饮食异常（厌食症或贪食症）、神不守舍的感觉、灵魂出窍的体验，以及觉得事物"不真实"的感觉。

负面的自我观：自卑、孤独和异化的感觉。

人际关系障碍：与两性交往困难，与父母交流困难，难以跟自己的孩子打交道，难以信任他人。

再次受害：童年曾遭受性侵害的女性更容易受强奸和婚内暴力的伤害。

性障碍：曾遭受性侵害的人难以放松地享受性活动，或避免性行为，性欲低下（受抑制），没有性高潮。

美国的一项对再次受害的研究发现，强奸受害者中大约66%有童年遭受性侵害的历史。另一项研究发现在工作和社交情境中最容易遭到性骚扰的女性也在童年受过性侵害。研究者非常担心，女性多次受害的经历可能导致其心理健康受损，更容易受到性的侵害。

儿童和青少年时期受过性侵害的同性恋男女可能面临一些其他问题；如果性侵害发生在他们逐渐意识到自身性倾向之时，更是如此。由于害怕自己的同性恋倾向，被家人或心理咨询师猜到并因此而受责怪，他们通常不会把遭受的性侵害告诉任何人，也很难从社群中获得支持。

（四）儿童性侵害的预防和治疗救助方案

在中国社会，还没有建立一个有效的机制来防范对儿童的性侵害，预防儿童性侵害也没有被纳入家庭和学校的教育计划。这是目前国家要立即着手做好的工作，同时，父母、教师、医疗人员在救助经历过性侵害的儿童时也要付出真正的努力。

1. 儿童性侵害的预防　在家庭、学校、社会"三位一体"的儿童防护网络建立之前，有专家认为学校正规性教育是一个必须先行的措施，学校有责任帮助学生学会自我保护的对策。通过系统的性教育教会孩子认识自己的身体，让他们知道别人不能随意触摸自己的身体，告诉他们胸部、乳房、外阴等是身体的隐私部位，必须保护好，使他们明白自己才是自己身体的主人，如果有人触摸了自己，要告诉家长和老师。

在性教育中，要提醒儿童回避可能受到性侵害的环境，帮他们列出遇到害怕、担心的事项时，请他们相信自己的直觉，如果自己感到有什么不好，就尽快离开现场，并告诉家长和老师。教孩子对粗暴的对待敢于说"不"，如果孩子对大人的话有疑问，他是可以不听从和拒绝的。遭遇危险时要想办法跑到人多的地方、派出所、公安局等。告诉他们如果无法逃脱，最重要的是首先保住性命，事后告诉自己信任的大人。

2. 受性侵害儿童的救助

1）救助原则。及时将儿童特别保护起来，安抚和解除孩子的紧张和不安，以避免受到再度伤害或加深心理创伤。

明确地告诉孩子，受到伤害并不是自己的过错，让他们不必过于内疚和自责。

及时向有关部门，如孩子所在的幼儿园、学校和辖区派出所、妇女儿童保护机构报告。

及时带孩子到医院接受身体检查和治疗。

咨询心理专家和律师，获得他们的心理咨询和法律援助。

2）医疗救助。对经常处理儿童创伤的医护人员来说，一定会遇见儿童遭受性侵害的事件。但是，除了一些突发的重大伤害事件外，大部分儿童性侵害事件并未被外人所知，其中原因之一是大众尚未能重视此类事件，医疗人员对受身体伤害事件背后所隐含的性伤害未有警觉，使许多案件都没有被及时揭发。

医务人员在诊治儿童的创伤时，如果能注意到"可疑的外伤事件"，常会发现创伤背后可能隐藏的儿童性侵害事件。

儿童性侵害事件可能是偶发的或是长期的侵害。大部分性侵害行为不造成明显的身体或外部性器官外伤，而且性侵害败露的时间与性侵害事件实际发生在时间上有间隔，所以，一般问诊或心理学检查的结果不一定可靠。如果事件发生在 72 小时内，应该马上进行检查。医护人员应该意识到儿童伤害事件背后可能的性伤害，应该以温和及关怀的态度面对受伤害儿童，对他们的隐私应该着重给予尊重和保护。外阴部如有明显的损伤，应该详细记录并拍照（以彩照为宜）。会阴部的外伤如果是对称性，而且处女膜破裂，应该怀疑阴道有损伤，必要时可麻醉后再进行检查。如果外伤是非对称性，而且处女膜完整，可酌情延后检查阴道。体检时，对所有的证据都要小心保存以留证据（特殊情况，如怀疑家长、监护人或临时陪护人员有嫌疑时，物证一定要设法留存在医院），必要时进行法医学物证鉴定。此外，还要检查各种可能的性传播疾病，并对女童实行紧急避孕措施。最后，对明显的或可疑的性侵害，医务人员有责任及时报案。对那些明显案件中的性伤害，最好有公安人员出席医学诊疗现场。

3）其他救助。律师可以与临床医生合作，评估对儿童的现存威胁，决定是起诉侵害者还是给予治疗，或者两者同时进行。目标不在于简单地惩罚侵害者，而在于尽量帮助受害者及其家人抚平侵害的影响。

儿童性侵害的预防和救助需要跨部门、多专业的通力合作，包括教育、卫生、司法、社会工作、传媒等，提高全民儿童权利和儿童保护意识。

参 考 文 献

《妇女权益保障法释义》编写组. 2005. 中华人民共和国妇女权益保障法释义［M］. 北京：中国法制出版社，112-121.

郭慧敏. 2003. 职业场所性骚扰及防范［J］. 西北工业大学学报（社会科学版），23（1）：45-49.

贺兰特·凯查杜里安. 2009. 性学观止［M］. 北京：世界图书出版公司，591-600.

纪康保. 2003. 对性骚扰说"不"：最新性骚扰研究报告［M］. 北京：中国盲文出版社，223-232.

林慧莲. 2006. 青少年的性心理与性教育［M］. 北京：中国社会科学出版社，205-236.

马晓年. 2009. 性健康蓝皮书［M］. 重庆：重庆出版集团，339-345.

女士防止性骚扰的一些应对方法［EB/OL］. 新华网，http://news. xinhuanet. com/school/2008-08/07/content_9005943. htm，2008-08-07.

彭晓辉. 2003. 大学生性教育读本［M］. 长春：北方妇女儿童出版社，326-328.

阮芳赋，彭晓辉. 2007. 人的性与性的人［M］. 北京：北京大学医学出版社，200.

王滨有. 2011. 性健康教育学［M］. 北京：人民卫生出版社.

王大伟. 2010. 公民安全防范手册［M］. 北京：京华出版社，85-107.

王大伟. 2010. 王大伟自救手册［M］. 北京：中央编译出版社，141-145.

威廉·L. 雅博，等. 2012. 认识性学［M］. 爱白文化教育中心，译. 北京：世界图书出版公司.

《中国性科学百科全书》编辑委员会，中国大百科全书出版社科技编辑部. 2006. 中国性科学百科全书
　　［M］. 北京：中国大百科全书出版社.

中华人民共和国妇女权益保障法［Z］. 2005.

中华人民共和国刑法 2009. （实用版）［M］. 北京：国务院法制办公室，中国法制出版社.

HUGHES，JEAN O'GORMAN，SANDLER，BERNICE. 1987. "Friends" Raping Friends. Could It Happen to You? Association of American Colleges：Project on the Status and Education of Women［C］. Washington D. C. ：Association of American Colleges.

WARSHAW R. 1994. I Never Called It Rape［M］. New York：Harper Paperbacks.

第15章 作为权利的性教育

　　性是人类生活的一项基本内容，具有生理、心理、精神、社会、经济、政治和文化等多层面的意义。多样性是性的一个基本特征。性与社会性别紧密相关。关于什么是可接受和不可接受的性行为，因文化和社会习俗而不同，但是享受性生活本身是人的一项基本权利。

　　性教育是作为基本人权的教育权的一部分，也是实现人类健康权的重要保证。国际社会对教育权和性与生殖健康权利的界定，赋予性教育以人权的视角。当然，在全球性传播疾病包括艾滋病肆虐流行的情况下，开展性教育可以减少高危性行为，从而减少对青少年健康的危害。

　　但是，全面性教育的意义不止于此。全面性教育能够促进青少年对社会性别平等和性多元的理解和尊重，培养其在人际关系方面的沟通和决策技能，帮助其采取对自己和他人负责任的行为。

　　中国政府出台的一系列相关法律和政策，对性教育在中国的开展提供了一定的保障，但是在政策的细化以及具体实施方面还存在很多改善的空间。除了政府和社会各界的努力外，青少年自己可以通过积极的社会参与，争取其性健康和生殖健康权利的实现。

一、性教育是人权的一部分

　　性教育是人权的一部分，这一点从国际公约的发展历程中清晰可见。

（一）《世界人权宣言》

　　1948 年 12 月，联合国大会通过了《世界人权宣言》，呼吁各成员国就尊重和保护所有人的基本权利和自由作出承诺。《世界人权宣言》认为，人人生而自由，在尊严和权利上一律平等（第一条）；人人有资格享受本宣言所载的一切权利和自由，不因种族、肤色、性别、语言、宗教、政治或其他见解、国籍或社会出身、财产、出生或其他身份等而有任何区别（第二条）；教育是一项基本人权……教育要促进人的个性的全面发展，增进对人权和基本自由的尊重（第二十六条）。

（二）其他相关国际公约

　　联合国大会 1966 年通过的《经济、社会、文化权利国际公约》保护人人有权享有能达到的最高标准的身心健康（第十二条）以及教育权利（第十三条），同时禁止任何形式的歧视（第二十六条）。

　　1989 年，联合国通过的《儿童权利公约》保护儿童享有能够达到的最高标准的健康（第二十四条）和受教育权利（第二十八条）。

在 2000 年的达喀尔世界教育论坛上，国际社会承诺在 2015 年实现全民教育的六大目标。2005 年，联合国教科文组织通过了《反对教育歧视公约》，再次强调了人人享有受教育的权利，被认为是"全民教育的重要支柱"。

其他保护生命权、健康权、不受歧视权、教育权和知情权的公约包括《公民权利和政治权利公约》、《消除对妇女一切形式歧视公约》、《消除一切形式种族歧视公约》、《残疾人权利公约》和《保护所有迁徙工人及其家庭成员权利国际公约》等。这些公约指明了缔约国必须采取的实施这些权利的措施，为缔约国设定就其为实施这些公约所做的努力定期报告的义务，并建立了条约监督机构，以受理和审议缔约国的报告、国家间的指控或个人来文，或进行国际调查等。

中国政府是部分上述国际公约的缔约国。一般来说，条约监督机构明确建议性健康和生殖健康教育成为教育的必要组成部分，如联合国消除对妇女歧视委员会要求各国在学校强制性和有计划地提供性教育，联合国儿童权利委员会则建议各国将性教育列入小学和中学正式教育课程。

（三）联合国关于教育权问题的特别报告

人人都享有受教育的权利，而性教育是教育的一部分，因此，教育权包括性教育权。

2010 年，联合国大会第 65 次会议审议了一份关于教育权问题的特别报告，特别提出了性教育权的专题，把这个专题放在父权制和性控制的背景下，从性别和多样性的角度，说明了性、健康与教育之间的相互依存关系，以及性与其他权利的关系。

该报告在国际人权法的框架内提出性教育权，认为这项权利与教育权不可分割，是切实享有生命、健康、知情和不歧视等权利的关键，因此，各国必须作出安排，尊重、保护和实行全面性教育权，采取尽责的行动和通过一切必要措施，确保个人从生命的最初阶段起即不受歧视地享有这种权利。

二、性与生殖健康和权利

国际社会非常关注性与生殖健康和权利的问题，因为能否得到与性及生殖相关的权利对人的生与死、身体安全、身体尊严、健康、教育、流动性、社会经济地位以及与贫困相关的其他因素都有重大影响。联合国《千年发展目标》虽然一开始没有为性及生殖健康和权利确立具体目标，但是性权利和生殖健康是实现性别平等、母亲健康、艾滋病及消除贫困等相关目标的基础，并且对于实现整体目标至关重要。2006 年，联合国秘书长在第 61 届联合国大会上建议把包括"2015 年之前普及生殖保健"在内的四项新具体目标纳入千年发展目标及其监测指标体系。2007 年，第 62 届联合国大会采纳了秘书长的建议。

（一）性与生殖健康和权利的意义

人人都有权享有性与生殖健康，这无关他们的年龄、性别、是否结婚，也不论他们是否是性行为遵循传统者、男同性恋者、女同性恋者、双性恋者、跨性别者，也不管他们是否是艾滋病病毒感染者和艾滋病病人。这些权利允许人们在自己的性和生殖方面做出决定，只要他们同时也尊重他人保持身体尊严的权利。同时，人们还有获得所需信息和服务的权利，以帮助他们做出关于性和生殖方面的选择，并优化自己的健康状况。

（二）性与生殖健康和权利的定义

对性与生殖健康和权利也存在着一系列不同的理解。有些理解更关注健康，有些理解则更重视人们在性与生殖问题上的选择权。

1. 国际人口与发展大会对生殖健康和权利的定义   在 1994 年开罗国际人口与发展国际会议上，国际社会首次就生殖健康与权利的广泛性定义达成一致，承认了"生殖健康是指这样一种状态，即在与生殖系统相关的所有问题上保持身体、精神和社会关系等各方面的健康和福祉"。儿童和青年的生殖健康与权利第一次在一个国际发展大会上被作为一个重要议题。《国际人口与发展大会行动纲领》指出："青少年作为群体的生殖健康需求迄今一向为现行的生殖保健所忽视。社会针对青少年生殖健康需求的行动应是提供信息，帮助他们成长并且能做出负责任的决定。特别应向青少年提供能够协助他们了解自身性特征的信息和服务，保护他们不发生非意愿的怀孕、感染性传播疾病以致不育。"（7.41 段）为此，"各国应酌情消除妨碍向青少年提供生殖健康信息和照顾的法律、管理及社会障碍"（7.45 段）。《国际人口与发展大会行动纲领》建议，性健康和生殖健康教育必须从小学开始，并且要在所有各级正规和非正规教育中持续进行。

2.《北京宣言》对生殖权利定义的扩展   1995 年，第四次世界妇女大会通过的《北京宣言》和《行动纲要》扩展了生殖权利的定义，将性（sexuality）也包括在内。《行动纲要》第九十六条指出："妇女的人权包括她们在不受强迫、歧视和暴力的条件下自由地和负责任地控制与其性有关的事项包括性保健和生殖保健并做出决定的权利。"性权利的主要部分已经包含在该定义中，虽然这个词当时并未出现。

3. 世界卫生组织对生殖健康和权利的定义   世界卫生组织将健康定义为体格、精神与社会的完全健康状态，而不仅仅是没有疾病。在此框架内，生殖健康涉及生命各个阶段的生殖过程、功能和系统。因此，生殖健康意味着人们能够拥有负责任的、满意的和安全的性生活，具备生育能力并能自由决定是否生育，以及生育的时间和间隔。这当中不言而喻的是，男人和妇女有权了解并自己选择安全、有效、能负担得起和可接受的生育调节方法，还有权获得适当的卫生保健服务从而使妇女能够安全度过妊娠和分娩，并为夫妇提供生育健康婴儿的最佳机会。

4. 国际计划生育联合会关于性与生殖健康的宪章   国际计划生育联合会（International Planned Parenthood Federation，IPPF）于 1995 年通过了一个关于性与生殖权利的宪章，提出了与性和生殖有关的生命、自由、安全、隐私、选择、信息、教育、保健、参与等 12 个方面的权利：①生命权；②人身自由与安全权；③平等和不受歧视权；④隐私权；⑤思想自由权；⑥信息与教育权；⑦选择结婚和建立与计划家庭的权利；⑧决定是否以及何时生育的权利；⑨保健与健康保护权；⑩享受科学进步所带来的益处的权利；⑪集会与政治参与权；⑫免受酷刑和虐待的权利。

5. 世界性学协会关于性权利的宣言   世界性学协会（World Association for Sexocogy，WAS）在 1999 年召开的第 14 届世界性科学大会上，发表了关于性权利的宣言，指出性权利包括以下各项具体权利：① 性自由的权利；②性自主、性完整和性器官安全权；③性隐私权；④性平等的权利；⑤性愉悦的权利；⑥性情感表达的权利；⑦自由性结社的权利；⑧自由与负责的生育选择的权利；⑨以科学调查为基础的性权；⑩全面性教育的权利；⑪性保健服务的权利。

6. 联合国经济社会文化权利委员会对健康权的定义 联合国经济社会文化权利委员会在一般性意见 14 中对健康权的解释认为,健康权"不仅包括及时和适当的卫生保健,而且也包括决定健康的基本因素",其中特别包括"获得健康方面的教育和信息,包括性健康和生殖健康的教育和信息"。

三、开展性教育的现实意义

很少有青少年能够为他们的性活动做好充分准备,这导致他们容易受到性胁迫、性虐待和性剥削、意外怀孕以及包括艾滋病病毒在内的性传播感染的伤害。性教育是一项权利,及时和有效的性教育可以帮助青少年远离由于不安全的性行为所导致的各种风险,对实现青少年的受教育权和健康权有着至关重要的作用。

(一) 全球艾滋病流行对青少年的威胁

联合国艾滋病规划署《2008 艾滋病疫情报告》称,全球有 3340 万人感染艾滋病病毒,而因艾滋病致死人数约为 200 万人,其中包括 30 万男孩和女孩。在全球新发艾滋病病毒感染者中,15~24 岁的青年人占 45%,每天有近 3000 名青年人感染艾滋病病毒。然而,在这个年龄段的青年人中,只有 19% 的女性和 30% 的男性掌握关于艾滋病病毒和预防艾滋病传播的综合知识。联合国艾滋病规划署《2010 艾滋病疫情报告》显示,15~24 岁青年人全面正确掌握艾滋病预防知识的比例有所上升,但也仅有 34%。联合国儿童基金会 2011 年的调查显示,亚太地区有大约 50 万 15~24 岁的青年人感染了艾滋病病毒。联合国艾滋病规划署《2012 艾滋病疫情报告》指出,全球艾滋病病毒感染者有 3400 万,其中新增感染者为 250 万,另有 170 万死于与艾滋病有关的疾病。此外,还有 650 万感染者无法及时得到医治,艾滋病防治形势依然严峻。

(二) 中国青少年的性与生殖健康状况

根据中国第六次人口普查的数据,全国 0~14 岁人口为 2.2 亿,占全国总人口的 16.6%。在快速的经济和社会发展过程中,大量的青少年从农村流入城市,面临一系列生活和社会适应问题。青少年的性成熟期在逐渐提前,而平均结婚年龄较迟,这容易增加他们的婚前性行为和商业性行为的可能。如果他们不具备正确的性与生殖健康知识,在性行为中不采取安全措施,将会面临非意愿怀孕、性传播感染(包括艾滋病病毒感染)等诸多风险。

截至 2012 年 10 月底,中国累计报告艾滋病病毒感染者和病人 492 191 例,2012 年 1~10 月新报告的艾滋病病毒感染者中经性途径传播比例为 84.9%(2011 年同期为 77.9%)。15~24 岁年龄段感染数逐渐上升,仅 2012 年 1~10 月就报告 9514 例,比 2011 年同期增加了 12.8%。2009 年,由国务院妇女儿童工作委员会和联合国人口基金支持开展的一项关于性与生殖健康可及性的全国性调查发现,中国 15~24 岁未婚青年中,约有 60% 在不同程度上接受婚前性交行为或持模糊态度,22.4% 曾有性交行为,其中,超过半数的青年在初次发生性交行为时,未采取任何避孕措施。在性与生殖健康知识方面,只有 4.4% 的被访青年能够正确回答关于生殖健康的三个基本问题,14.4% 能够正确回答关于艾滋病的五个基本问题。

（三）基于性倾向和性别身份的歧视和暴力

近些年来，世界各地不断出现的由于不同的性倾向和性别身份而导致的羞辱、歧视、骚扰和暴力逐渐被人们所关注。2012 年，爱白文化教育中心在网上主要针对中国的性少数人群做了一项调查，调查显示，基于性倾向和性别身份的歧视和欺凌在中国普遍存在，在 421 位填写问卷的青少年中（其中超过八成的人自我认同为同性恋、双性恋或者跨性别），77% 报告说，他们曾经经历过不同程度的校园欺凌，如遭遇同学和老师言语上的攻击；对其性倾向和性别身份进行恶意传播；遭遇来自同学和老师直接或间接的人身攻击、性骚扰；以及来自家庭的暴力等。这些现象的背后是传统的社会性别二元论和对人的多样化性表达和性诉求的否定，是一种不尊重人权的表现。随着社会的发展，传统上严格的社会性别二分法已经不能涵盖人们在性倾向和性别身份方面的多样化表达。充分尊重不同的性倾向和性别身份，实现真正的性平等，是社会民主和文明进步的体现。

1. 传统的社会性别规范 传统的社会性别规范以及与此相关的性别歧视往往会导致性关系双方权力的不对等，从而造成对弱势一方的身心伤害。例如，年轻女性在两性关系中往往处于弱势地位，或者缺乏掌控力，这导致她们在某些情况下更容易受到男性特别是年长男性的虐待和剥削。男性也可能迫于同伴的压力而遵循陈旧的男性性模式，做出一些有害行为。同时，在我们这个依然视异性恋为规范的社会里，具有同性性倾向以及那些自我性别认同有异于其生理性别或社会性别的人，即男女同性恋和双性恋者以及跨性别人士，其在社会上遭受误解、歧视和暴力越来越引起各界关注。

2. 恐同、恐跨与校园欺凌现象 恐同（性恋）是指，对同性间的性欲望以及性行为存在的非理性的恐惧。而恐跨（性别）是指，对那些性别认同和（或）性别行为与其生理性别或社会的性别角色不符的人产生的非理性的恐惧。为了方便，我们在使用"恐同"一词的时候也同时包含了恐跨。校园欺凌又称校园霸凌或校园暴力，指的是一种长时间持续的并对个人在身体、心理和言语方面进行的恶意攻击，且因为欺凌者与受害者之间的权力或体形等因素不对等，导致受害者不敢或无法有效地反抗。恐同是造成校园欺凌的一个重要因素。近年来，由于恐同所导致的校园欺凌现象在全球日益引起关注。

许多国家和地区的研究都在不断地显示，学校仍然是恐同现象最为严重的社会空间。每天，世界上都有无数的学生由于其性倾向、性别表达或性别身份，或者由于别人对其性倾向和性别身份的判断而遭受着身体和言语以及性的骚扰、虐待和暴力。

校园欺凌的欺凌者可以是个人，也可以是群体，且他们对受害者的伤害往往不可逆转。研究显示，欺凌行为对欺凌者同样有害，容易导致他们成年以后更多发生反社会以及违法行为。

3. 恐同和校园欺凌对教育权和健康权的影响 应对由于恐同所导致的校园欺凌问题的原则基础是，人人享有受教育的权利，以及享有健康、安全、尊严和不遭受歧视和暴力的权利。

由于对同性恋和跨性别的恐惧所导致的欺凌、暴力、污名和歧视，严重损害了当事人的基本权利。已经有来自很多国家的证据表明，这些行为导致学生出勤率的下降，过早地辍学，学业成绩和水平下降等不良后果。作为一种基于社会性别的暴力，由于恐同所导致的欺凌和骚扰也严重影响到人的健康。研究结果显示了骚扰和欺凌与健康状况的下降有着显著的关系，比如导致抑郁、缺乏自尊、就医行为减少、高风险性行为的增加，以及由此加剧艾滋病病毒的传播等。

爱白文化教育中心做的上述校园欺凌网上调查显示，校园欺凌对 59% 的被调查者带来了学业上的负面影响。41% 的被调查者与同学间的关系变得不和谐；23% 的被调查者失去学习兴趣，学习成绩随之退步；10% 的被调查者曾有过逃课和逃学行为；3% 的被调查者被迫辍学。除了学业上的负面影响外，校园欺凌还对 63% 的被调查者的心理和精神上造成负面影响。42% 的被调查者曾有过抑郁；26% 的被调查者容易愤怒，并有报复心理；分别有 16% 和 19% 的被调查者长时间处在恐惧状态，并伴有失眠；5% 的被调查者身体上留有不同程度的轻重伤。遭遇欺凌后，26% 的被调查者有过酗酒、自残、自杀以及因情绪压抑和陌生人发生性行为。

4. 联合国关于人权、性倾向以及性别身份的立场 2011 年，联合国人权理事会第一次通过了关于人权、性倾向和性别身份的决议，要求联合国人权事务高级专员对基于性倾向和性别身份的暴力行为和歧视性法律进行全球调研。2011 年 11 月，联合国人权事务高级专员全球调研报告出台。2011 年 12 月 8 日，联合国秘书长潘基文发表声明，称基于性倾向的欺凌"有悖道德、有违人权、有损公众的健康"，并敦促各国政府"采取必要的措施保护其公民免遭基于性倾向和性别身份的暴力和歧视"。

联合国秘书长于 2012 年 3 月在联合国人权理事会的发言中，进一步提到了同性恋、双性恋以及跨性别者在人类安全上面临的多重威胁。他指出，"有一种针对一些人的暴力和歧视，仅仅因为这些人是男同性恋者、女同性恋者、双性恋者或跨性别者"，这包括"骇人听闻的暴力袭击，包括性侵犯"以及"在工作、学校和医院环境中普遍存在的偏见"。作为回应，他强调："我们必须对付暴力，使同性关系去刑事化，禁止歧视，并加强公众教育。"

联合国教科文组织在 2011 年 12 月就教育系统内由于恐同所导致的欺凌问题在巴西的里约热内卢召开全球技术咨询会，有 25 个国家的政府、民间组织、联合国机构和学术界的代表参加，并一致达成《里约宣言》，呼吁各国政府有效应对基于性倾向和性别身份的校园歧视和暴力。之后，联合国教科文组织又发布了《教育部门应对由于恐同所导致的欺凌：好的政策与实践》，并就该出版物的主要内容举行国际圆桌会议。这一举动与 2012 年"国际不再恐同日"的主题"通过教育抗击教育系统内的恐同现象"互相呼应。

（四）禁欲教育与全面性教育之争

在中国，由于受传统文化价值观的影响，青少年的性与避孕问题在很多地方仍是一个禁区。很多父母和教师以及医护人员担心为青少年提供性与生殖健康信息和服务会导致他们"早恋"和过早发生性行为，因此，反对同青少年公开而坦诚地就性的问题进行交流。2008 年，由于某大学举办婚前守贞培训课程引起了一场关于婚前守贞教育的华人大讨论，自此之后，又有少数地区也开展了守贞教育的活动。

在欧美国家，从政府到民间关于禁欲教育和全面性教育的争论由来已久。一些有着宗教背景的组织对联合国所提倡的全面性教育持强烈的反对态度，认为禁欲教育是唯一可行的教育方案。对此，联合国教育权问题特别报告指出，禁欲教育方案剥夺了学生获取确切信息的权利，从而不利于他们做出知情和负责任的决策。

联合国教科文组织对全球 87 个性教育项目所做的研究发现，性教育不会导致性交行为过早或过多地发生，相反，符合某些共同特点的性教育项目对推迟初次性交行为，减少性交行为的频率和性伴侣的数量以及提高安全套使用等方面都有积极的促进作用。这项研究为提倡全面性教育提供了证据基础。

四、性教育的目标、内容与方法

联合国教科文组织 2009 年发布的《国际性教育技术指导纲要》对性教育的目标、内容和方法提出了一个综合性框架，同时强调这不是一个强制性规定，各个国家或地区可以根据自己的实际情况灵活应用。

(一) 性教育的目标

《国际性教育技术指导纲要》将性教育的首要目标界定为：让儿童和青少年掌握相关的知识、技能和价值观，以帮助他们在自己的性关系和社会关系方面做出负责任的选择。具体而言，性教育要达到以下目标：①增加对科学的性知识的了解；②探讨与性行为相关的感受、态度和价值观；③提高人际关系技能；④培养责任意识，提倡和坚持低风险行为。

有效的性教育可以为青少年提供适合其年龄的、符合其文化特点的、同时在科学意义上又准确无误的性知识。其中也包括为青少年有计划地提供各种机会，让他们探求自己的态度和价值观，锻炼自己的决策能力及相应的生活技能。这些都是他们日后能够为自己的性活动做出知情选择而需要的能力。

(二) 性教育的内容

《国际性教育技术指导纲要》针对儿童和青少年的信息需求和受教育权，提供了一套综合性的关于性教育的主题和学习目标的一揽子方案，涵盖了学习过程中的四部分内容：信息；价值观、态度和社会规范；人际关系技能；责任。

1. 信息　性教育能够提供有关人类性征的准确信息，其中包括：成长和发育、性解剖和生理学、生殖、避孕、怀孕与生产、艾滋病病毒和艾滋病、性传播感染、家庭生活和人际关系、文化和性、赋予人权、不歧视、平等与性别角色、性行为、性虐待、基于性别的暴力，以及有害的行径。

2. 价值观、态度和社会规范　在考虑到宽容、尊重、性别平等、人权以及平等原则的前提下，性教育能够为学生提供机会探讨与性行为、健康、风险和决策有关的价值观、态度和行为规范（个人、家庭、同伴和社会层面的）。

3. 人际关系技能　性教育能帮助学生掌握决策制定、自信、交流、协商和拒绝等方面的相关技能。这些技能有助于学生与家庭成员、同伴、朋友、恋爱对象或性伴侣建立更好、更有成效的关系。

4. 责任　性教育鼓励学生不仅要为自己的行为负责，也要抱着对所有人（无论其健康状况或性倾向如何）的尊重、宽容和同情之心，为自己的行为对他人所造成的影响负责。性教育还坚持主张性别平等；反对过早的、非自愿的或胁迫性性行为，反对人际关系中的暴力行为；并主张更安全的性行为，包括坚持正确使用安全套和避孕用具。

(三) 有效开展性教育的方法

《国际性教育技术指导纲要》在对很多性教育项目的评估中，发现在增加知识、澄清态度和价值观、提高技能、影响行为等方面行之有效的性教育项目具有一些共同特征，其中，在正规教育中以固定课程的形式开展性教育效果尤佳。

1. 课程开发　　在课程开发过程中遵循如下一些规则：① 邀请从事人类性征、行为改变和相关教学理论研究的专家参与；② 评估青少年的生殖健康需求和行为，为逻辑模式的建立提供信息基础；③ 采用一种逻辑模型对健康目标、影响目标实现的行为类型、影响行为类型的风险和保护因素以及能够改变这些风险和保护因素的活动等进行详细阐述；④ 设计一些能够敏锐感知社会价值观并与可用资源（如工作人员的实践、技能、设施条件和设备供应）相匹配的活动；⑤ 试运行性教育方案，收集来自学习者的即时反馈，了解其在多大程度上满足了他们的需求。

2. 课程目标　　制定课程目标是为了更有效地开展性教育，因此必须做到：① 在确定课程的内容、实施方式和具体活动时，要时刻围绕课程目标，这些目标应当包括艾滋病病毒感染、其他性传播感染和意外怀孕的预防；② 密切关注和这些健康目标有直接相关性的、具体的危险性行为和保护行为。

3. 课程内容　　在确定课程内容时，要考虑如下方面：① 提供科学意义上准确无误的信息，介绍无保护性交的风险和各种保护手段的效果；② 重点关注那些会影响特定性行为并能够通过基于课程的教育计划予以改变的具体风险和保护性因素（例如知识、价值观、社会规范、态度和技能）；③ 讨论对风险的认识（特别是易感性）；④ 针对那些有助于降低性传播感染或意外怀孕风险的行为进行详细介绍；⑤ 讨论在安全套和避孕方法使用方面的个人态度和同伴行为规范；⑥ 讨论各种技能和使用这些技能的自我效能；⑦ 讨论可能导致非自愿或无保护性交的具体情况，并研究如何加以避免和摆脱；⑧ 讨论个人价值观以及家庭和同伴的行为规范对性活动和拥有多个性伴侣现象的看法；⑨ 按照逻辑顺序论述各主题。

4. 教学手段　　对于在性教育实施过程中可以调动的教学手段，有如下提醒：① 采用能够让学生积极参与其中并能够帮助他们吸收和整合所学知识的参与式教学法；② 开展多样的、符合教育学原理的活动，以改变每一项所针对的风险和保护性因素。

五、中国政府关于性教育的相关法律政策

中国政府尚没有专门的性教育法规和政策，但是我们能在一些与青少年相关的政策法规中找到和性教育有关的规定。为了保障青少年的性与生殖健康，使他们远离非意愿怀孕、性传播疾病包括艾滋病的影响，政府需要加强相关政策的细化和具体落实。

（一）与性教育相关的全国性法律、法规

《中华人民共和国人口与计划生育法》（2001）第十三条规定，学校应当在学生中，以符合受教育者特征的适当方式，有计划地开展生理卫生教育、青春期教育或者性健康教育。《中华人民共和国未成年人保护法》（2006）第十九条规定，学校应当根据未成年学生身心发展的特点，对他们进行社会生活指导、心理健康辅导和青春期教育。

2003 年 7 月 11 日是第 14 个世界人口日，当年，联合国确定的世界人口日主题：青少年性健康、生殖健康和权利。时任原国家人口和计划生育委员会主任张维庆在当天的讲话中强调，在人口和计划生育领域中，我们要特别关注青少年的性与生殖健康教育，重视、尊重青少年的权利教育。2007 年的世界人口日，原国家人口和计划生育委员会确定的宣传活动主题为"生殖健康是一种权利，让我们将它变成现实"。

2008 年 12 月，教育部颁发的《中小学健康教育指导纲要》指出，中小学健康教育内容应包括五个领域，其中包括艾滋病预防在内的疾病预防、心理健康、生长发育与青春期保健

等重要内容，而涉及性教育的内容主要放在"生长发育和青春期保健"之下。

2011年8月，国务院发布的《中国儿童发展纲要（2011—2020年）》进一步明确提出了"提高适龄儿童性与生殖健康知识普及率"的目标，提出要加强儿童生殖健康服务，将性与生殖健康教育纳入义务教育课程体系，增加性与生殖健康服务机构数量，加强能力建设，提供适合适龄儿童的服务，满足其咨询与治疗需求。

2011年8月，国务院发布的《中国妇女发展纲要（2011—2020年）》提出了"性别平等原则和理念在各级各类教育课程标准及教学过程中得到充分体现"的目标，并且规定："实施教育内容和教育过程性别评估。在课程和教材相关指导机构中增加社会性别专家。在教育内容和教育方式中充分体现社会性别理念，引导学生树立男女平等的性别观念。"

2011年9月，教育部发布《普通高等学校学生心理健康教育课程教学基本要求》，要求各高校通过教学使学生了解自身性生理和心理的发展，认识大学生恋爱心理的特点，了解大学生在性心理和恋爱心理方面存在的问题，形成对性心理和恋爱心理的正确认识。

2012年9月，教育部发布《小学教师专业标准（试行）》，要求教师"了解对小学生进行青春期和性健康教育的知识和方法。"为了满足在中小学中开展性教育、普及性知识的需求，需要具有相关知识和技能的师资，这就对培养未来教师的师范类院校提出了更高的要求。

（二）艾滋病预防政策与性教育

中国政府高度关注教育系统内的艾滋病预防教育工作。2006年，中国启动了为期5年的中国儿童青少年艾滋病预防活动，教育部和原卫生部联合印发了《青少年预防艾滋病基本知识》。2006年2月，国务院办公厅颁布《中国遏制与预防艾滋病行动计划（2006—2010年）》，要求"普通中学、技工学校、中等专业学校、高等学校要开展预防艾滋病健康教育……高等学校要发挥青年志愿者服务组织的作用，在校园内外广泛开展预防艾滋病宣传教育活动和关爱艾滋病病毒感染者及艾滋病病人的活动。"2007年6月，国务院防治艾滋病工作委员会办公室、教育部、原卫生部、共青团中央共同发起主题为"预防艾滋，共建美好校园"的大学生预防艾滋病宣传教育活动。

《中国遏制与防治艾滋病"十二五"行动计划》进一步要求，教育、公安、卫生、共青团等部门和单位要在青少年中开展艾滋病综合防治知识宣传教育活动。教育、卫生、人力资源社会保障部门要建立预防艾滋病宣传教育工作机制，在医学院校、师范院校相关课程中纳入艾滋病综合防治知识教育内容，在初中及以上学校开展艾滋病综合防治知识专题教育，加强师资队伍建设，保证课时落实和教学效果。充分发挥学校社团、互联网、学生刊物等平台的作用，鼓励青少年主动参与宣传教育活动，并将落实艾滋病综合防治知识和技能等相关教育作为学校年度考核的内容之一。

（三）教育部门对性教育的相关政策性规定

性教育对减少青少年的危险性行为有着重要作用，而危险性行为也是造成青少年感染艾滋病病毒及其他性传播疾病的主要原因。因此，中国政府也逐渐从关注青少年的艾滋病预防教育深入全面性教育。

1988年8月24日，原国家教育委员会和原国家计划生育委员会联合发布了《关于在中学开展青春期教育的通知》，该通知的发布，标志着性教育被正式纳入我国中学教育的内容。

2008 年 12 月，教育部颁发的《中小学健康教育指导纲要》指出，中小学健康教育内容应涵盖五个领域，包括艾滋病预防在内的疾病预防、心理健康、生长发育和青春期保健等是其中的重要内容。涉及性教育的内容主要放在"生长发育和青春期保健"之下。

2011 年 9 月，教育部发布《普通高等学校学生心理健康教育课程教学基本要求》，要求各高校通过教学使学生了解自身性生理和心理的发展，认识大学生恋爱心理的特点，了解大学生在性心理和恋爱心理方面存在的问题，形成对性心理和恋爱心理的正确认识。

2012 年 9 月，教育部发布《小学教师专业标准（试行）》，要求教师"了解对小学生进行青春期和性健康教育的知识和方法"。这对我国的教师教育提出了一个新的要求，这将有助于推动性教育的普及和青少年性教育权利的实现。

（四）政策与实践的不足

上述政策规定对青少年的性教育的开展有一定的保障，但是总体来说，在推动性教育的政策与实践方面尚存在诸多亟待加强的空间。例如，教育部颁发的《中小学健康教育指导纲要》在初中阶段的教育目标中才提到"了解什么是性侵害，掌握预防方法和技能"，这个内容应该放在小学阶段。疾病预防部分也隐含提到"判断安全行为与不安全行为，拒绝不安全行为的技巧；学会如何寻求帮助的途径和方法"。但始终没有明确触及威胁很多青少年健康的不安全性行为。高中阶段的教育目标中也同样含糊其辞地谈及："认识婚前性行为对身心健康的危害，树立健康文明的性观念和性道德。"这显然仍狭隘地以道德说教为重心，而且对于何谓"健康文明的性观念和性道德"缺乏清晰明确的阐释。在高中的学习内容中，包括"婚前性行为严重影响青少年身心健康"和"避免婚前性行为"，这些提法与全面性教育的理念相冲突。

原国家人口和计划生育委员会 2004 年发布的《中国人口与发展国家报告》指出："有关青少年性与生殖健康教育的政策法规并没有得到很好落实，实际开展工作的范围主要限于城市中学和试点地区；内容侧重于生理解剖知识的介绍，缺乏心理、伦理等方面的辅导和安全性行为和避孕知识的教育；正规的性与生殖健康教育开始得太晚，多数青少年在进入青春期之后才有机会接受性教育。另外，现行性与生殖健康教育大多只区分已婚和未婚对象，未充分重视不同年龄、性别、生长环境的青少年在性与生殖健康方面的不同特点和需求"；"从事青春期性教育的人员缺乏人际交流和咨询辅导的技巧，青少年参与程度非常有限，宣传形式和内容难以为青少年所接受。"诸多事实表明，中国距离世界上具有社会性别敏感性的全面性教育标准还相去甚远。

根据教育部 2008 年制定的《中小学健康教育指导纲要》，健康教育每学期安排 6～7 课时，主要载体课程为《体育与健康》，还是在"如遇下雨（雪）或高温（严寒）等不适宜户外体育教学的天气时可安排健康教育课"。在小学阶段，健康教育可与《品德与生活》、《品德与社会》等学科教学内容结合；在中学阶段，健康教育可与《生物》等学科教学内容结合。无法在《体育与健康》等相关课程中渗透的健康教育内容，可以利用综合实践活动和地方课程的时间来完成。上述规定，使健康教育课时很难落实，更不用说被包括在健康教育中的性教育了。

另外，我国师范院校专业设置中，"健康教育"没有独立的学科地位。体育教师的专业训练中并不包括健康教育的内容，体育专业毕业的师范生能够胜任体育教师的工作，但并不能胜任健康教育教师的工作。

在性教育的教学实践中，由于没有学科地位，没有课时，没有师资，没有课程教学材料，性教育很难在学校持续而稳定地开展。加之教育监管不力，开展与不开展性教育对校长的职位和所谓"政绩"不构成任何威胁，因此，少有学校开展性教育。

中国要在 2020 年实现《中国儿童发展纲要（2011—2020 年）》提出的"提高适龄儿童性与生殖健康知识普及率"的目标，还需要很多具体措施的保障，包括"将性与生殖健康教育纳入义务教育课程体系"。性教育只有纳入正规教育的课程体系，有固定的课程、固定的课时、合格的师资、优质的教材才能保证其有效性。中国必须探索这样一条道路。

六、青少年如何争取自己的性与生殖健康权利

中国青少年的性与生殖健康状况令人担忧，面向青少年的信息、教育和医疗保健服务与他们的需求尚存在很大的距离，远未达到国际社会所提出的理念和实践的标准。要实现青少年的性健康与生殖健康权利，需要政府和全社会包括青少年自己的努力。传统的社会观念，以及政府官员和其他对青少年负有责任者对青年参与和赋权等观念缺乏理解，导致青少年在跟自己的生活密切相关的问题上缺乏足够的话语权和影响力。要改变这种现状，需要政府和社会观念的不断转变，同时，在这个过程中，青少年的主动参与对实现其性与生殖健康和权利具有不可替代的作用。

（一）中国青年网络

中国青年网络是在中国计划生育协会和联合国人口基金的支持下于 2004 年 6 月成立的全国性青年组织，目的是针对 10～24 岁青少年开展性与生殖健康同伴教育，倡导性与生殖健康及权利，帮助青少年获得性与生殖健康相关的信息、教育和对青少年友好的服务。自成立以来，中国青年网络致力于推动 1994 年开罗国际人口与发展大会《行动纲领》的贯彻和实施。该《行动纲领》强调，性与生殖健康权利是基本人权，各国政府必须满足青少年具体的性与生殖健康需求。

中国青年网络通过以下功能推动实现青少年的性与生殖健康和权利。

1. 青年参与　中国青年网络于 2006 年至 2010 年间，在中国 30 个项目县推动成年人与青少年的合作伙伴关系的建立，让青少年参与到与其性与生殖健康和权利相关的政策以及项目的制定、实施和评估的过程，从而保证针对青年人的政策和项目能够满足青年人的需求，最终实现青年人的性与生殖健康和权利。

2. 同伴教育　同伴教育是一种参与式的培训方式，它鼓励有相关知识和技能的青年人，通过形式多样的互动练习，向其他同伴传递有关性与生殖健康的正确信息以及负责任的态度，推广安全套的使用，并支持青少年培养自己的生活技能，学习建立良好的人际关系。

3. 权利倡导　为了倡导青少年的性与生殖健康及权利，中国青年网络成员积极参与政府和非政府组织的国际和国内会议，并通过发言以及青年宣言，呼吁决策者对青少年性与生殖健康问题的关注，促进相关政策的出台，保证青少年能够接受对青年人友好的、与其性与生殖健康和权利相关的信息、教育、服务以及支持性的政策环境。

（二）中国青少年爱心大使

为了减少艾滋病对儿童青少年的危害，把儿童青少年置于全球应对艾滋病行动的重要位置，2005 年年末，联合国机构启动了"携手儿童青少年，携手抗击艾滋病"全球运动。
2006 年，中国健康教育中心和联合国儿童基金会在中国共同启动了"携手儿童青少年，

携手抗击艾滋病"青少年爱心大使项目。此项目在全国范围内,通过层层选拔的方式,选拔社区中的青少年骨干作为青少年爱心大使,并支持他们深入社区开展以"了解、分享、关爱"为主题的健康传播活动。这些青少年爱心大使在接受培训后,分别在自己的社区和学校里积极参与支持、关爱受艾滋病影响的同伴及其家庭,并且通过参与式方法在同伴和社区中组织关于艾滋病预防的知识和技能的培训活动。

(三)青年先锋培养计划

玛丽斯特普国际组织中国代表处以促进青年人性与生殖健康为宗旨,通过成立"你我健康服务中心",为青年人提供避孕、流产、生殖道感染、性传播疾病、艾滋病自愿咨询与检测以及咨询与转诊等医疗服务,同时,以各个中心为依托,面向大中学生、工厂女工、流动打工人群、娱乐服务场所的青年人开展性与生殖健康相关的宣传教育和行为改变教育。

青年先锋培养计划是玛丽斯特普国际组织中国代表处于 2010—2011 年期间执行的一个项目,目的是通过培养青年先锋,鼓励青少年通过运动和艺术等创新模式,在同伴中开展性与生殖健康教育。该计划共培养了 18 名青年先锋,并通过他们所主导的社会实践活动,发展了280 名核心志愿者,通过专题活动,共计为 8 万名青少年提供了生殖健康教育。

七、联合国教科文组织《国际性教育技术指导纲要》

性与生殖健康不良是造成青少年疾患的主要原因之一。确保青少年的性与生殖健康具有社会意义和经济意义。促进青少年的性健康和生殖健康,包括在学校开展性教育,也因此成为一项旨在实现千年发展目标(MDGs)的重要战略,特别是目标 3(实现性别平等并赋予妇女权利)、目标 5(减低产妇死亡率,实现生殖健康的普及)和目标 6(降低艾滋病病毒感染)。

《国际性教育技术指导纲要》(以下简称《纲要》)是 2009 年由联合国教科文组织和联合国艾滋病规划署的共同支持机构,包括联合国人口基金、世界卫生组织、联合国儿童基金会以及一些独立专家和在世界各国致力于推广性教育的人士合作完成的一个纲领性文件。《纲要》的出台,体现了联合国优先发展青少年工作的议程。

(一)《纲要》的证据基础

《纲要》在对很多性教育项目的严格的证据考察的基础上,为教育和卫生领域的决策者和专业人员提供了一个开展全面性教育的指南。其所依据的原则来自国际人权标准,即青少年有权利获得对其健康和发展以及有效参与社会活动所必需的、充分的信息,包括获得性与生殖健康的准确和适当的信息。

《纲要》分为两卷,第一卷关注的是性教育的基本原理,同时对有效的性教育项目应该具备哪些特征提出了中肯的技术性建议;第二卷则介绍关键概念和主题,针对 5~18 岁的儿童和青少年分四个不同年龄段提出了性教育的主题和学习目标的"最低基准"。作为一整套文件,《纲要》为参与政策制定、宣传和项目实施人员提供了一个平台。

《纲要》基本原理部分的内容源于一项针对性教育对性行为所产生的影响的文献分析,总计审阅了世界范围内的 87 项研究,其中 29 项来自发展中国家,47 项来自美国,还有 11 项来自其他发达国家(表 15.1)。研究结果显示,性教育项目不会产生有害结果,特别是不会导致初次性交行为发生的时间提前或者增加性交行为频率。研究同时表明,通过性教育可能会推迟初次性交时间、增加安全套或者其他形式的避孕措施的使用率。换言之，针对处于性活跃期的青少年，同时强调禁欲和保护措施的使用并不会使他们感到迷惑。相反，这可以成为开展性教育的现实而有效的方法。

表 15.1   性教育项目对青少年产生的影响

	发展中国家（29 个案例）	美国（47 个案例）	其他发达国家（11 个案例）	所有国家（87 个案例）	百分比
初次性交行为					
延迟初次性交行为	6	15	2	23	37%
没有显著影响	16	17	7	40	63%
使初次性交行为提前	0	0	0	0	0%
性交行为的频率					
频率降低	4	6	0	10	31%
没有显著影响	5	15	1	21	66%
频率增加	0	0	1	1	3%

通过独立的审议工作，基于各项计划在增加知识、澄清价值观与态度、培养能力以及对行为产生持久影响等方面的效果，关于这些现行教育计划的一些共同特征得到了证实。

（二）《纲要》的主题和学习目标

《纲要》在主题和学习目标的编写过程中，通过多种渠道收集了所需要的相关信息，包括一项专门针对来自 12 个国家的现有课程设置的委托审议，一些由主要信息提供者确认的相关指导方针和标准，以及大量的数据库和网站等。随后通过与知名专家的访谈以及 2009 年一个由 13 个国家的专家参加的全球技术咨询会议，进一步完善了《纲要》。本书主编刘文利作为来自中国的专家访谈了中国性教育领域的专业人士，并带着所收集的来自中国的意见和信息参加了此次全球技术咨询会议。

《纲要》将性教育的主题归纳为六个关键概念：① 人际关系；② 价值观、态度和技能；③ 文化、社会和人权；④ 人体发育；⑤ 性行为；⑥ 性与生殖健康（表 15.2）。

表 15.2   性教育关键概念和主题

关键概念 1：人际关系	关键概念 2：价值观、态度和技能	关键概念 3：文化、社会和人权
主题：	主题：	主题：
1.1 家庭	2.1 价值观、态度和性知识的来源	3.1 性、文化和人权
1.2 友谊、爱情和亲密关系	2.2 规范和同伴对性行为的影响	3.2 性和媒体
1.3 宽容和尊重	2.3 决策	3.3 性别的社会建构
1.4 长期承诺、婚姻和养育子女	2.4 交流、拒绝和协商技巧	3.4 基于性别的暴力，包括性虐待、性剥削和有害行径
	2.5 寻求帮助和支持	
关键概念 4：人体发育	关键概念 5：性行为	关键概念 6：性与生殖健康
主题：	主题：	主题：
4.1 性和生殖的解剖学和生理学	5.1 性、性征和性周期	6.1 怀孕预防
4.2 生殖	5.2 性行为和性反应	6.2 理解、认识和降低包括艾滋病病毒在内的性传播感染的风险
4.3 青春发育期		
4.4 人体形象		6.3 与艾滋病病毒和艾滋病有关的羞辱、关爱、治疗和支持
4.5 隐私和身体健全		

每个主题下都有明确的学习目标，并根据 4 个年龄段将这些目标进行了分组：① 5～8 岁（第一阶段）；② 9～12 岁（第二阶段）；③ 13～15 岁（第三阶段）；④ 16～18 岁及以上（第四阶段）。

（三）《纲要》的非约束性与价值观基础

《纲要》是自愿和非约束性文件，不具备国际规范性文书的效力。《纲要》的使用必须与各国的法律政策保持一致，并依照当地的价值观念和行为规范进行本土化调整，例如，让相关地区的文化以及宗教界人士等利益相关方参与性教育工作的规划。但是，《纲要》强调，有必要改变某些有违人权并会增加青少年，特别是女孩和年轻女性脆弱性和风险的社会规范和有害做法。《纲要》认为，讨论性的话题必须涉及价值观，其中，尊重、接纳、容忍、平等、同情和互惠等价值观都与人们普遍认可的人权密切相关。

（四）实施性教育的主要利益相关方

《纲要》认为，教育部门在帮助青少年准备迎接成年人的角色和责任方面发挥着关键作用。学校通过有力的性教育政策，为学生在"安全的场所"里接受性教育提供机会。学校还可以成为可信赖的社区中心，与关注性与生殖健康、药物滥用、性暴力和家庭危机的相关服务机构建立联系，共同保护学生的健康成长。《纲要》认可父母和家庭作为性信息来源在帮助孩子们建立健康的性关系和人际关系方面的重要作用，并主张让青少年参与相关课程的开发以增加性教育计划的吸引力和教育效果。促进青少年和成年人之间的对话也有助于争取更多对性教育的支持。《纲要》鼓励教育部门要配备专门从事性教育工作的教师，强调性教育课程的正规化，以及给予教师更多的专业化发展机会的重要性。

针对性教育是否有利于年幼儿童的担忧，《纲要》强调性教育的适龄原则。性教育包含一系列人与人之间的关系，而不仅仅是性关系。儿童在性意识产生之前很长时间，就已经对这些关系产生了意识并有所认识。因此，他们从很小的时候就需要具备相关技能来了解自己的身体、各种关系和感觉。性教育就是为他们的这种探索打下基础，例如，通过学习身体各部分的正确名称，了解人类生殖繁衍的原理，探索家庭关系和人际关系，学习如何保护自己以及树立自信。这些知识体系都可以配合着儿童的年龄和成长状况而逐渐建立起来。

（五）教育机构开展性教育的良好做法

《纲要》根据一些教育机构所探索的良好做法，对如何开展性教育提出了一些普遍性建议：① 性教育课程至少要包含 12 节或更多课时；② 开设循序渐进、持续多年的课程；③ 选择能力强、积极主动的教育工作者授课；④ 为教育工作者提供优质培训；⑤ 提供经常性的管理、监督和支持。

目前，中国各地有越来越多的学校和教师开始参与到性教育的教学和研究工作中，同时也有一些民间组织通过非正规教育的形式为中国亿万儿童和青少年提供他们所需要的性知识。相信他们的努力会带动性教育在中国的逐步发展。

参 考 文 献

《华人性健康报》新浪博客. 华夏论剑——婚前守贞教育的全球华人大讨论. http：//blog. sina. com. cn/s/blog _ 5168cdf1010097ip. html. 2008-5-3.

爱白文化教育中心. 基于性倾向和性别身份的校园欺凌调查报告. http：//www. aibai. com/booksview. php? id＝19521. 2012-6.

国家统计局. 中国统计年鉴. http：//www. stats. gov. cn/tjsj/ndsj/2009/indexch. htm. 2009.

国务院. 中国儿童发展纲要（2011—2020 年）. 2011.

国务院. 中国妇女发展纲要（2011—2020 年）. 2011.

国务院办公厅. 国办发［2012］4 号文件《国务院办公厅关于印发中国遏制与防治艾滋病"十二五"行动计划的通知》. http：//www. gov. cn/zwgk/2012-02/29/content _ 2079097. htm. 2012-1-13.

胡玉坤，刘爽. 2011. 风雨兼程的艰难探索——促进中国青年性与生殖健康的干预［J］. 清华大学学报（哲学社会科学版），26（1）：60-72.

教育部. 普通高等学校学生心理健康教育课程教学基本要求. 2011.

教育部. 中小学健康教育指导纲要. 2008.

联合国. 联合国教育权问题特别报告员的报告［EB/OL］. 联合国大会文件 A65/162，http：//www. un. org/zh/documents/view _ doc. asp? symbol＝A/65/162. 2010-7-23.

联合国教科文组织. 达喀尔世界教育论坛全民教育目标［EB/OL］. http：//www. unesco. org/bpi/pdf/memobpi01 _ EFA _ zh. pdf. 2005.

联合国教科文组织. 反对教育歧视公约［EB/OL］. http：//unesdoc. unesco. org/images/ 0015/ 001537/ 153765c. pdf. 2005.

联合国教科文组织. 国际性教育技术指导纲要. 2009.

联合国经济社会文化权利委员会. 第二十二届会议（2000 年）第 14 号一般性意见：享有能达到的最高健康标准的权利（第 12 条）［EB/OL］. 载于 E/C. 12/2000/4 号文件. 汇编于联合国文献 HRI \ GEN \ 1 \ Rev. 7（2004）. International Planned Parenthood Federation. IPPF Charter on Sexual and Reproductive Rights. http：//www. unfpa. org/swp/1997/box8. htm. 1997.

玛丽斯特普国际组织中国代表处. 青年先锋培养计划［EB/OL］. http：//cn. npfpc. gov. cn/cn/file/xyl20120221-4. pdf.

世界卫生组织. 生殖卫生［EB/OL］. http：//www. who. int/topics/reproductive _ health/zh/index. html.

性权宣言［EB/OL］. 香港：第 14 届世界性科学大会，1999. www. tc. umn. edu/~ colem001/was/wde-clara. htm.

原国家人口和计划生育委员会. 中国人口与发展国家报告. http：//www. china. com. cn/chinese/zhuanti/252050. htm. 2004.

CORNWALL A，JOLLY S. Sexual and reproductive health and rights［EB/OL］. Eldis Health Resource Guide，www. eldis. org/health/srhr. htm. 2006.